여행은 꿈꾸는 순간, 시작된다

여행 준비 체크리스트

D-60	여행 정보 수집 & 여권 만들기	☐ 가이드북, 블로그, 유튜브 등에서 여행 정보 수집하기 ☐ 여권 발급 or 유효기간 확인하기
D-50	항공권 예약하기	☐ 항공사 or 여행 플랫폼 가격 비교하기
D-40	숙소 예약하기	☐ 교통 편의성과 여행 테마를 고려해 숙박 지역 먼저 선택하기 ☐ 숙소 가격 비교 후 예약하기
D-30	여행 일정 및 예산 짜기	☐ 여행 기간과 테마에 맞춰 일정 계획하기 ☐ 일정을 고려해 상세 예산 짜보기
D-20	현지 투어, 교통편 예약 & 여행자 보험 및 필요 서류 준비하기	☐ 내 일정에 필요한 패스와 입장권, 투어 프로그램 확인 후 예약하기 ☐ 여행자 보험, 국제운전면허증, 국제학생증 등 신청하기
D-10	예산 고려하여 환전하기	☐ 환율 우대, 쿠폰 등 주거래 은행 및 각종 앱에서 받을 수 있는 혜택 알아보기 ☐ 해외에서 사용할 수 있는 여행용 체크(신용)카드 준비하기
D-7	데이터 서비스 선택하기	☐ 여행 스타일에 맞춰 로밍, 포켓 와이파이, 유심, 이심 결정하기
D-3	태국 디지털 입국 카드 (온라인 입국신고서) 작성하기	☐ 홈페이지(tdac.immigration.go.th)에 접속하기 ☐ 개인 정보, 여행 및 숙박 정보, 건강상태확인서 입력 후 제출하기
D-1	짐 꾸리기 & 최종 점검	☐ 짐을 싼 후 빠진 것은 없는지 여행 준비물 체크리스트 보고 확인하기 ☐ 기내 반입 금지, 위탁 수하물 금지 품목을 다시 확인해 짐 정리하기 ☐ 항공권 온라인 체크인하기
D-DAY	출국하기	☐ 여권, 비자, 항공권 등 필수 준비물 확인하기 ☐ 공항 터미널 확인 후 출발 시각 3시간 전에 도착하기 ☐ 공항에서 포켓 와이파이 등 필요 물품 수령하기

치앙마이 여행 준비물 체크리스트

필수 준비물
- ☐ 여권(유효기간 6개월 이상)
- ☐ 여권 사본, 사진
- ☐ 항공권(E-Ticket)
- ☐ 바우처(호텔, 현지 투어 등)
- ☐ 현금
- ☐ 해외여행용 체크(신용)카드
- ☐ 각종 증명서(여행자 보험, 국제운전면허증 등)

기내 용품
- ☐ 간단한 필기구
- ☐ 수면 안대
- ☐ 목베개
- ☐ 귀마개
- ☐ 가이드북, 영화, 드라마 등 볼거리
- ☐ 수분 크림, 립밤
- ☐ 얇은 외투

전자 기기
- ☐ 노트북 등 전자 기기
- ☐ 휴대폰 등 각종 충전기
- ☐ 보조 배터리
- ☐ 멀티탭
- ☐ 카메라, 셀카봉
- ☐ 포켓 와이파이, 유심

의류 & 신발
- ☐ 현지 날씨 상황에 맞는 옷
- ☐ 속옷
- ☐ 잠옷
- ☐ 수영복, 비치웨어
- ☐ 양말
- ☐ 여벌 신발
- ☐ 슬리퍼

세면도구 & 화장품
- ☐ 치약 & 칫솔
- ☐ 면도기
- ☐ 샴푸 & 린스
- ☐ 바디워시
- ☐ 선크림
- ☐ 화장품
- ☐ 클렌징 제품

기타 용품
- ☐ 지퍼백, 비닐 봉투
- ☐ 보조 가방
- ☐ 선글라스
- ☐ 간식
- ☐ 벌레 퇴치제
- ☐ 비상약, 상비약
- ☐ 우산
- ☐ 휴지, 물티슈

출국 전 최종 점검 사항
① 여권 확인
② 항공권의 출국 공항 터미널 확인
③ 위탁 수하물 캐리어 크기 및 무게 측정
   (항공사별로 다르므로 홈페이지에서 미리 확인)
④ 기내 반입 금지, 위탁 수하물 금지 품목 확인
⑤ 유심, 포켓 와이파이 등 수령 장소 확인

리얼
치앙마이
치앙라이 빠이

여행 정보 기준

이 책은 2025년 11월까지 취재한 최신 정보를 바탕으로 만들었습니다.
정확한 정보를 싣고자 노력했지만 여행 가이드북의 특성상
책에서 소개한 정보는 현지 사정에 따라 수시로 변경될 수 있습니다.
변경된 현지 정보는 개정판에 반영해 더욱 실용적인 가이드북을 만들겠습니다.

한빛라이프 여행팀 ask_life@hanbit.co.kr

리얼 치앙마이

초판 발행 2025년 12월 11일

지은이 성혜선 / **펴낸이** 김태헌
기획·편집 총괄 임규근 / **편집팀장** 고현진 / **책임편집** 박지영 / **디자인** 천승훈 / **교정교열** 박성숙 / **지도·일러스트** 조민경
영업·마케팅 총괄 신우섭 / **영업** 문윤식, 김선아 / **마케팅** 손희정, 박수미, 송수현 / **제작** 박성우, 김정우

펴낸곳 한빛라이프 / **주소** 서울시 서대문구 연희로2길 62 한빛빌딩
전화 02-336-7129 / **팩스** 02-325-6300
등록 2013년 11월 14일 제25100-2017-000059호
ISBN 979-11-94725-28-2 14980, 979-11-85933-52-8 14980(세트)

한빛라이프는 한빛미디어(주)의 실용 브랜드로 우리의 일상을 환히 비추는 책을 펴냅니다.

이 책에 대한 의견이나 오탈자 및 잘못된 내용은 출판사 홈페이지나 아래 이메일로 알려주십시오.
파본은 구매처에서 교환하실 수 있습니다. 책값은 뒤표지에 표시되어 있습니다.

한빛미디어 홈페이지 www.hanbit.co.kr / **이메일** ask_life@hanbit.co.kr
블로그 blog.naver.com/real_guide_ / **인스타그램** @real_guide_

Published by HANBIT Media, Inc. Printed in Korea
Copyright © 2025 성혜선 & HANBIT Media, Inc.
이 책의 저작권은 성혜선과 한빛미디어(주)에 있습니다.
저작권법에 의해 보호를 받는 저작물이므로 무단 복제 및 무단 전재를 금합니다.

지금 하지 않으면 할 수 없는 일이 있습니다.
책으로 펴내고 싶은 아이디어나 원고를 메일(writer@hanbit.co.kr)로 보내주세요.
한빛라이프는 여러분의 소중한 경험과 지식을 기다리고 있습니다.

치앙마이를 가장 멋지게 여행하는 방법

리얼 치앙마이

치앙라이
빠이

성혜선 지음

한빛라이프

작가의 말

치앙마이부터 치앙라이와 빠이까지
애정과 취향을 꾹꾹 눌러 담은 여행서

수많은 나라와 도시로 여행, 출장을 다니는 게 일인 나에게 주변 사람들이 가장 많이 묻는 말이 있다. "지금까지 가본 곳 중 어디가 가장 좋았어?" 그럴 때 주저하지 않고 나오는 답변이 바로, '태국'이다. 자기 몸집만 한 배낭을 메고 여행을 다니는 서양 사람들, 코끼리 바지에 민소매 티셔츠, 쪼리 하나 끌고 동네를 누벼도 괜찮은 편안함, 다양한 인종과 스타일이 섞여 있지만 모든 게 수용되는 포용력과 자유분방함, 누구에게나 친절하게 인사를 건네는 현지인들의 따뜻함까지.

이토록 다양한 매력을 가진 나라가 또 있을까. 게다가 먹어도 먹어도 질리지 않는 맛있는 음식과 저렴한 물가 덕분에 장기 스테이를 하기도 좋다. 그렇게 자주 발길을 들이다 보니 어느새 마음의 고향같이 되어버린 태국. 그중에서도 치앙마이는 도시지만, 시골의 푸근함도 갖고 있고, 조금만 근교로 나가면 특별한 자연 볼거리가 있으며 현지 젊은 예술가가 많은 덕분에 치앙마이만의 감성과 트렌디함까지 넘친다. 디지털 노마드를 위한 인프라까지 완벽해 나 홀로, 가족 여행은 물론 한 달 살기 등 장기로 머무르기에도 딱이다. 많은 사람의 사랑을 받는 만큼 인터넷으로도 여행 정보를 얻을 수 있지만, 〈리얼 치앙마이〉에서는 다양한 취향의 여행자들을 위한 다채로운 즐길 거리, 오랫동안 머물러도 하루하루 지루하지 않게 보낼 수 있는 깊이 있는 치앙마이 정보를 담았다.

여기에 치앙마이에서 차량으로 각각 3~4시간 거리에 있는 치앙라이, 빠이 정보까지 총망라해 태국 북부를 함께 돌아보실 분들께 특히 유용한 가이드가 될 것이다. 치앙마이를 제2의 고향이라고 생각할 정도로 작가의 애정이 듬뿍 담긴 이야기들이 독자들에게도 닿아 누군가의 인생 여행지 또는 여운이 오래 남는 장소가 되길 바란다. 〈리얼 푸껫〉, 〈리얼 스페인〉에 이어 세 번째 책인 〈리얼 치앙마이〉의 출간을 함께 해주신 한빛라이프 출판사, 콘텐츠 제작에 도움을 주신 태국 관광청에 감사의 인사를 전한다.

성혜선 여행 같은 일상, 일상 같은 여행을 꿈꾸는 역마살 가득한 방랑자. 나름 안정적이었던 대기업 엔지니어를 그만두고 15년째 세계 곳곳을 여행하며 네이버 블로그 '방랑일기'를 운영하고 있다. 좋아하는 일을 하는 지금 이 순간이 가장 행복하다. 블로그와 인스타그램을 통해서도 다양한 여행 정보를 기록하고 있으며, 남미, 코카서스 등 낯선 여행지의 인솔자로도 활동하며 끊임없이 영역을 넓히고 있다. 저서로는 〈리얼 푸껫〉, 〈리얼 스페인〉이 있다.

블로그 blog.naver.com/diary_travelssun   인스타그램 @sunghyesun

일러두기

- 이 책은 2025년 11월까지 취재한 정보를 바탕으로 만들었습니다. 정확한 정보를 수록하고자 노력했지만, 여행 가이드북의 특성상 책에서 소개한 정보는 현지 사정에 따라 수시로 변경될 수 있습니다. 여행을 떠나기 직전에 한 번 더 확인하시기 바라며, 변경된 정보는 개정판에 반영해 더욱 실용적인 가이드북을 만들겠습니다.
- 태국어와 영어의 한글 표기는 국립국어원의 외래어 표기법을 따르되 관용적인 표기나 현지 발음과 동떨어진 경우에는 예외를 두었습니다.
- 대중교통 및 도보 이동 시 소요시간은 대략적으로 적었으며, 현지 사정에 따라 달라질 수 있으니 참고용으로 확인해주시기 바랍니다.
- 명소는 운영시간에 표기된 폐관/폐점 시간보다 30분~1시간 전에 입장이 마감되는 경우가 많으니 미리 확인하고 방문하시기 바랍니다.

주요 기호·약어

🚶 가는 방법	📍 주소	🕐 운영시간	❌ 휴무일	฿ 요금
📞 전화번호	🏠 홈페이지	📷 인스타그램	🏃 명소	🛍 상점
🍴 식당, 카페	🌙 나이트라이프	✈ 공항	🚌 버스 터미널	⛴ 선착장

구글 맵스 QR 코드

각 지도에 담긴 QR 코드를 스캔하면 소개한 장소들의 위치가 표시된 구글 지도를 스마트폰으로 볼 수 있습니다. '지도 앱으로 보기'를 선택하고 구글 맵스 앱으로 연결하면 거리 탐색, 경로 찾기 등을 더욱 편하게 이용할 수 있습니다. 앱을 닫은 후 지도를 다시 보려면 구글 맵스 애플리케이션 하단의 '저장됨' – '지도'로 이동해 원하는 지도명을 선택합니다.

리얼 시리즈 100% 활용법

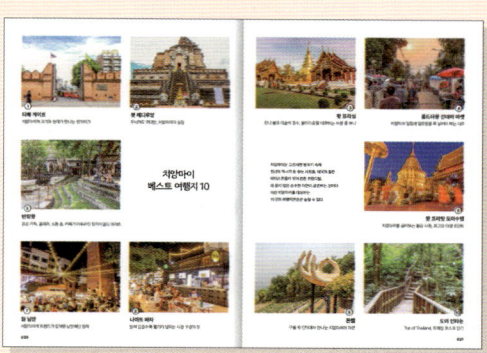

PART 1
여행지 개념 정보 파악하기

치앙마이에서 꼭 가봐야 할 명소부터 여행 시 알아두면 도움이 되는 국가 및 지역 특성에 대한 정보를 소개합니다. 기초 정보부터 추천 코스까지, 치앙마이를 미리 그려볼 수 있는 다양한 개념 정보를 수록하고 있습니다.

PART 2
테마별 여행 정보 살펴보기

치앙마이를 가장 멋지게 여행할 수 있는 각종 테마를 보여줍니다. 치앙마이에서 놓칠 수 없는 축제와 웰니스 프로그램부터 우리에게 친숙한 듯 새로운 태국 음식, 나만의 쇼핑 리스트까지! 자신의 취향에 맞는 키워드를 찾아 내용을 확인하세요.

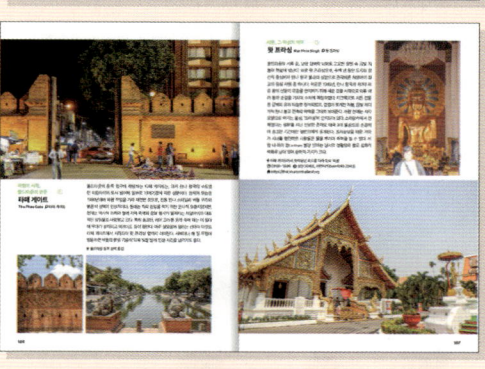

PART 3·4
지역별 정보 확인하기

치앙마이를 3개의 구역으로 나누고 각 구역별로 볼거리, 맛집, 카페, 쇼핑 상점, 야시장이나 바 등 꼭 가봐야 하는 명소부터 저자가 발굴해낸 찐 로컬들이 가는 곳까지 치앙마이를 속속들이 소개합니다. 특히 파트 4에서는 치앙마이 근교인 치앙라이와 빠이까지 소개하고 있습니다.

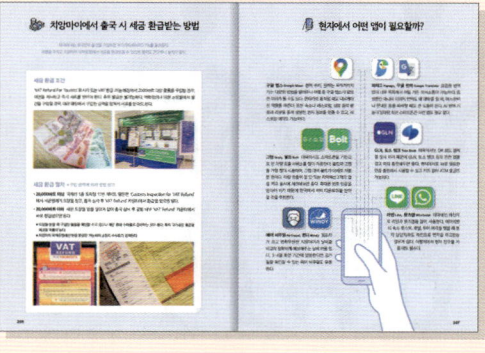

PART 5
실전 여행 준비하기

여행 시 꼭 준비해야 하는 정보만 모았습니다. 여행 정보 수집부터 세금 환급 방법, 여행에서 필요한 애플리케이션, 저자가 추천하는 숙소 등으로 구성되어 있습니다.

차례

작가의 말 　　　　　　　　　　　　　　　004
일러두기 　　　　　　　　　　　　　　　006

PART 1
미리 보는
치앙마이 여행

치앙마이로 떠나야 하는 10가지 이유 　　　012
치앙마이 한눈에 보기 　　　　　　　　　016
치앙마이 여행 기본 정보 　　　　　　　　018
치앙마이 베스트 여행지 10 　　　　　　　020
최적의 시기를 알려주는 치앙마이 여행 캘린더 　022
주요 사건으로 보는 치앙마이 역사 　　　　024
치앙마이 불교 문화의 모든 것 　　　　　　026
태국 북부 문화 탐방 　　　　　　　　　　027
현지에서 유용한 태국어 　　　　　　　　　028
기간별로 정리한 치앙마이 추천 여행 코스 　　030

PART 2
가장 멋진
치앙마이 테마 여행

🚶 태국 축제를 즐기는 법 　　　　　　　　036
　 디지털 노마드를 위한 작업 공간 　　　　040
　 웰니스 치앙마이 　　　　　　　　　　　042
　 막 찍어도 인생 사진 　　　　　　　　　044
　 평범한 동물원은 거부한다! 　　　　　　046
　 코끼리와의 특별한 만남 　　　　　　　048
　 대자연 속으로 풍덩! 　　　　　　　　　050
　 이색 체험 　　　　　　　　　　　　　　052
　 특별한 투어 프로그램 　　　　　　　　　053
　 치앙마이 한 달 살기의 모든 것 　　　　054
🍴 대표 태국 음식 　　　　　　　　　　　056
　 달콤한 열대 과일 　　　　　　　　　　060
　 대표 주류 & 음료 　　　　　　　　　　062
　 태국 북부 음식 열전 　　　　　　　　　065
　 치앙마이의 3대 커피 　　　　　　　　　068
　 비건 카페 　　　　　　　　　　　　　　070
　 길거리 음식 & 포장 전문점의 맛 　　　　071
🛍 대형 쇼핑몰 　　　　　　　　　　　　　072
　 마트 쇼핑 아이템 　　　　　　　　　　074
　 야시장 　　　　　　　　　　　　　　　076
　 주말 마켓 　　　　　　　　　　　　　078
　 드러그스토어 쇼핑 　　　　　　　　　　080
🌙 루프톱 바 　　　　　　　　　　　　　　082
　 호텔 바 　　　　　　　　　　　　　　　083
　 칵테일 바 　　　　　　　　　　　　　　084
　 라이브 공연 　　　　　　　　　　　　　086
　 클럽 갈 시간 　　　　　　　　　　　　088
💆 고급 스파 　　　　　　　　　　　　　　089
　 가성비 로컬 마사지 숍 　　　　　　　　092

PART 3
진짜 치앙마이를 만나는 시간

치앙마이 가는 법	096
치앙마이 대중교통	098
AREA ① 올드타운	100
AREA ② 님만해민	140
AREA ③ 나이트 바자 & 핑강	186

리얼 가이드

오늘은 내가 태국 공주! 전통 의상 입고 스튜디오에서 사진 찍기	115
커피 이상의 커피 아카아마 커피	116
속도 마음도 편안한 올드타운 비건 식당	128
치앙마이 여행 필수 코스 치앙마이 대학교 캠퍼스 즐기기	152
치앙마이 바이브 가득 감각적인 님만해민의 서점	181
치앙마이에 왔다면 한 번쯤 주말 마켓	194
강변의 낭만을 가득 담아! 아난타라 핑강 크루즈	200
핑크빛 낭만이 흐르는 빠이 일몰 명소	272
REAL PLUS ① 치앙마이 외곽 북쪽 코스	220
REAL PLUS ② 치앙마이 외곽 서남쪽 코스	223
REAL PLUS ③ 치앙마이 외곽 동쪽 코스	228
REAL PLUS ④ 도이 인타논	233

PART 4
치앙마이 근교 여행

AREA ① 치앙라이	238
AREA ② 빠이	258

PART 5
실전에 강한 여행 준비

한눈에 보는 여행 준비	288
치앙마이에서 출국 시 세금 환급받는 방법	296
현지에서 어떤 앱이 필요할까?	297
인터넷 사용하기	298
저자가 추천하는 치앙마이 숙소	299
찾아보기	314

PART 1

미리 보는
치앙마이
여행

치앙마이로 떠나야 하는 10가지 이유

01
현지인들의 여유로운 일상 속에 묻어가기

"오늘 어땠어?", "사바이~사바이~ 괜찮았어!"
"미안해, 내가 좀 늦었지?", "사바이~사바이~ 천천히 해!"
'사바이'는 태국인들의 느긋하고 여유로운 삶을 나타내는 마법의 단어다. 긍정적으로 살아가는 치앙마이 사람들 속에서 지내다 보면 절로 마음이 편해진다. 인생 뭐, 급할 게 뭐 있어? "사바이 사바이!"

02
천년 고도 란나 왕국의 숨결

담장 위로 솟은 반짝이는 사원 지붕, 황금 불상, 향 냄새 가득한 골목. 치앙마이의 셀 수 없이 많은 사원엔 과거 화려했던 시절의 이야기가 고스란히 담겨 있다.

03 광활한 대자연을 품다

해발 2565m인 태국의 최고봉 도이 인타논, 북부 3대 고산 중 하나인 도이 치앙다오 외에도 정글과 숲, 협곡과 계곡이 많아 하이킹이나 다양한 액티비티를 즐길 수 있다.

04 도시를 가득 채운 커피 향

태국의 커피 수도. 인근 고산지대에서 재배하는 아라비카 원두는 부드럽고 향이 깊다. 올드타운 골목의 작은 카페, 님만해민의 세련된 카페, 포토제닉한 외곽의 정원 카페까지 다양해 카페 투어만 해도 시간이 모자라다.

05 나이트 마켓, 주말 마켓 천국

란나 왕국의 뿌리 깊은 전통 공예 기술은 현대까지 이어져 왔다. 예술 친화적인 도시 분위기도 한몫해 각지에서 모여든 작가들의 수공예품을 다양한 마켓을 통해 만날 수 있다.

06 다채로운 북부 문화 그리고 축제

란나 왕국의 전통이 살아 있는 치앙마이는 음악, 춤, 의상, 공예 등 다채로운 북부 문화를 접할 수 있는 무대다. 특히 11~2월은 축제의 계절로 러이 끄라통, 이펭 페스티벌, 꽃 축제 등이 여행자들을 사로잡는다.

07 요가와 명상, 웰빙의 생활화

평온한 자연과 여유로운 도시 분위기는 요가와 명상을 생활 속에 녹여냈다. 도심 속 요가 스튜디오에서 몸과 마음의 힐링을 하고 오가닉, 비건 음식으로 디톡스까지 하면 완벽한 웰빙 여행이 된다.

치앙라이, 빠이 근교 여행

치앙마이에서 차로 몇 시간만 달리면 전혀 다른 매력을 품은 도시가 기다린다. 삼색 사원과 대자연의 비경을 품고 있는 치앙라이, 북부 여행자의 블랙홀이자 히피 감성 빠이까지!

09

태국 북부 요리의 정수

쫄깃한 달걀면과 진한 카레 수프의 조합 '카오소이', 매콤한 소시지 '싸이우아', 찰밥과 곁들이는 북부의 딥 소스, '남프릭'까지. 투박하지만 매력 있는 로컬 음식이 많아 식도락을 즐기기에도 제격이다.

한 달 살기, 디지털 노마드의 천국

저렴한 생활비, 안정적인 인터넷, 다양한 커뮤니티와 카페, 그리고 선선한 건기 날씨까지. 치앙마이는 장기 여행자와 디지털 노마드들이 모여드는 아시아 최고의 거점 중 하나다. 코워킹 스페이스도 많아 일과 여행을 완벽히 병행할 수 있다.

랑머/나머 Lang Mor/Na Mor

치앙마이 대학교 정문 일대는 나머, 후문 일대는 랑머 지역으로 나뉜다. 대학가 특유의 자유롭고 활기찬 분위기를 느낄 수 있으며, 학생들과 젊은 층을 타깃으로 한 저렴한 식당, 카페, 로컬 숍이 많다. 유행을 따라가면서도 실용적인 곳들이 주를 이루며, 현지 대학생들의 일상과 생활 문화를 체험할 수 있어 흥미롭다.

님만해민 Nimmanhaemin

치앙마이에서 가장 트렌디한 지역으로 현지 젊은 예술가들, 세계 각국의 디지털 노마드가 모여들어 창의적이고 자유로운 분위기다. 카페 호핑, 갤러리 탐방, 쇼핑, 세련된 나이트 라이프를 즐기기에 제격이다. 공항과도 가까워 접근성도 뛰어나다.

치앙마이 한눈에 보기

치앙마이 시내가 큰 편은 아니지만, 지역마다 특징이 뚜렷해 지역별 특징을 알아두면 숙소 선택이나 여행 일정을 짤 때 도움이 된다. 우리 책에선 올드타운 서쪽, 님만해민, 산티탐, 치앙마이 대학교 일대인 랑머/나머, 공항 주변을 모두 아울러 '님만해민', 올드타운 동쪽, 나이트 바자가 위치한 창클란, 핑강 주변을 '나이트 바자 & 핑강 주변'으로 지역을 분류해 소개한다.

산티탐 Santitham

님만하민과 올드타운의 북쪽에 자리한 산티탐은 장기 외국인 거주자가 많은 생활 밀착형 지역이다. 다른 곳에 비해 물가가 저렴한 편이다. 세련됨보다는 소박한 분위기, 로컬 맛집과 시장을 만날 수 있어 적은 예산으로 현지인처럼 살아보길 꿈꾸는 이들에게 안성맞춤이다.

핑강

핑강 주변

방콕의 짜오프라야강과는 달리 치앙마이의 핑강 주변은 한결 느긋하고 여유로운 분위기다. 강변을 따라 레스토랑과 카페, 바들이 즐비해 일몰 시간대에 방문해 식사나 칵테일을 즐기면 좋다. 강 너머엔 오래된 역사 지구, 갤러리와 숍들이 있어 다채로운 매력을 보여준다.

올드타운

창클란

올드타운 Old Town

치앙마이의 심장부이자 옛 란나 왕국의 흔적이 고스란히 남아 있는 곳. 타패 게이트를 시작으로 왓 체디루앙, 왓 프라싱까지 대표 사원을 돌아보고 일요일엔 치앙마이에서 제일 규모가 큰 선데이 마켓을 즐겨보자. 로컬 식당과 숍, 게스트 하우스들이 있어 도시의 역사와 문화를 가장 가까이에서 느낄 수 있다.

창클란(나이트 바자) Chang Khlan

핑강 서쪽, 나이트 바자 남쪽으로 이어지는 창클란 지역은 늘 활기가 넘친다. 매일 밤 열리는 야시장엔 기념품, 수공예품, 로컬 잡화들이 가득하고 스트리트 푸드가 넘쳐난다. 어딜 가나 볼 수 있는 라이브 공연은 덤! 대형 호텔, 리조트, 저렴한 로컬 숙소와 콘도가 많아 숙소 선택의 폭이 넓다.

치앙마이 여행 기본 정보

국명
태국
Thailand

수도
방콕
Bangkok

언어
태국어
Thai

시차
한국보다 2시간 느림

비행시간
인천-치앙마이(직항)
약 5시간 30분 소요
인천에서 치앙마이까지 대한항공, 아시아나항공, 진에어 등 직항 편이 운항된다.

통화
바트 THB

환율
1바트 = 45.62원 (2025년 11월 기준)

화폐
- **지폐** 20/50/100/500/1000바트
- **동전** 1/2/5/10바트, 25/50사땅

전압
220V, 50Hz
(한국과 동일)

와이파이

인터넷 환경이 좋으며 속도도 빠른 편.
현지 유심, 이심은 가격도 저렴하다.

대표 통신사
AIS, TRUE, DTAC

| 팁 | 필수는 아니지만 호텔, 마사지 숍, 고급 레스토랑에선 소정의 팁을 주는 게 일반적이다. |

전화

· 태국 국가 번호 +66
· 치앙마이 지역 번호 53

물가

글로벌 체인, 세련된 레스토랑이나 카페는 한국과 거의 비슷하고, 환율도 많이 높아진 탓에 일반적인 동남아의 저렴한 물가를 생각하면 안 된다. 하지만 로컬 식당이나 시장 물가는 여전히 착한 편이라 예산을 어떻게 쓰느냐에 따라 체감 물가는 극과 극일 수 있다.

· 스타벅스 아메리카노 톨 사이즈
THB 120(약 5,474원)
vs
4,700원

★ 일반 카페 아메리카노 THB 50~80(약 2,281~3,650원)

· 맥주
THB 100(약 4,562원)
vs
5,000원

긴급 연락처

치앙마이에 한국 명예 영사관이 있어 기본적인 영사 업무와 긴급 상황에 대한 대응을 도와주긴 하지만, 실질적인 업무는 방콕의 주 태국 대한민국 대사관을 통해 진행할 수 있다. 여권 분실 시 긴급 여권 발급, 사건 사고 지원, 병원 및 의료 지원, 형사 사건 대응 등 다양한 업무를 지원한다.

사건 사고 신고 191
관광 경찰(영어, 무료) 1155
앰뷸런스 1691

주 태국 대한민국 대사관(방콕)
📍 23 Thiam Ruam Mit Rd, Ratchadapisek, Bangkok
📞 +66-2-481-6000(근무 시간 외 +66-81-914-5803)
🕐 월~금 08:00~12:00, 13:30~16:30 ❌ 토·일요일
🏠 https://th.mofa.go.kr/th-ko/

치앙마이 한국 명예 영사관
📍 24 Huay Kaew Rd, Chang Phueak

치앙마이 경찰서
📍 169 Rachadamnoen Rd, Phra Sing
🏠 http://www.chiangmaipolice.go.th

① 타패 게이트
치앙마이의 과거와 현재가 만나는 랜드마크

② 왓 체디루앙
무너져도 위대한, 치앙마이의 심장

⑤ 반캉왓
감성 가득, 갤러리, 소품 숍, 카페가 어우러진 창작자들의 아지트

치앙마이
베스트 여행지 10

⑦ 원 님만
치앙마이의 트렌드가 집약된 님만해민 원픽

⑧ 나이트 바자
밤이 깊을수록 활기가 넘치는 시장 구경의 맛

③
왓 프라싱
란나 불교 미술의 정수, 올드타운을 대표하는 사원 중 하나

④
올드타운 선데이 마켓
치앙마이 일정에 일요일을 꼭 넣어야 하는 이유

치앙마이는 고즈넉한 분위기 속에
천년의 역사가 숨 쉬는 사원들, 태국의 젊은
아티스트들이 모여 만든 트렌디함,
때 묻지 않은 순수한 자연이 공존하는 곳이다.
이런 치앙마이를 대표하는
10곳의 여행지만큼은 놓칠 수 없다.

⑥
왓 프라탓 도이수텝
치앙마이를 굽어보는 황금 사원, 최고의 야경 포인트

⑨
몬쨈
구름 위 언덕에서 만나는 치앙마이의 자연

⑩
도이 인타논
Top of Thailand, 트레킹 코스로 인기

최적의 시기를 알려주는
치앙마이 여행 캘린더

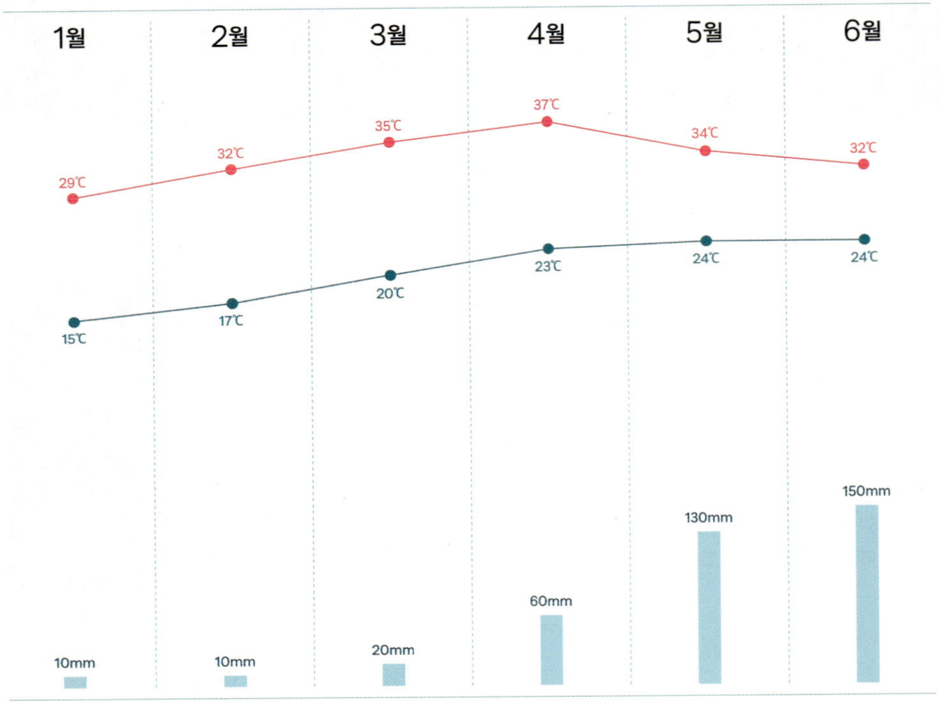

	1월	2월	3월	4월	5월	6월
최고기온	29℃	32℃	35℃	37℃	34℃	32℃
최저기온	15℃	17℃	20℃	23℃	24℃	24℃
강수량	10mm	10mm	20mm	60mm	130mm	150mm

치앙마이는 1년 내내 날씨가 온화하며 크게 우기, 건기 시즌으로 나뉜다. 11월부터 2월까지는 평균 기온이 낮고 습도가 적어 가장 여행하기 좋은 건기 시즌이다. 꽃도 많이 피는 계절이라 컬러풀한 치앙마이를 만날 수 있다. 3~5월은 무척 더운 시기로 4월이 무더위의 정점을 찍는다. 그리고 2월 중순~4월 초까지는 미얀마, 치앙마이 북부 외곽에서 화전이 한창이라 도심까지 매캐한 연기와 냄새가 유입되어 공기질이 좋지 않다. 6~10월은 우기로 짧고 강한 스콜성 비가 자주 내리지만, 푸른 자연과 시원한 공기 속에서 한적한 분위기를 즐기기 좋다. 특히 이 시기엔 폭포나 논 풍경이 아름답게 펼쳐지며, 비수기라 좀 더 여유롭게 치앙마이를 즐길 수 있다.

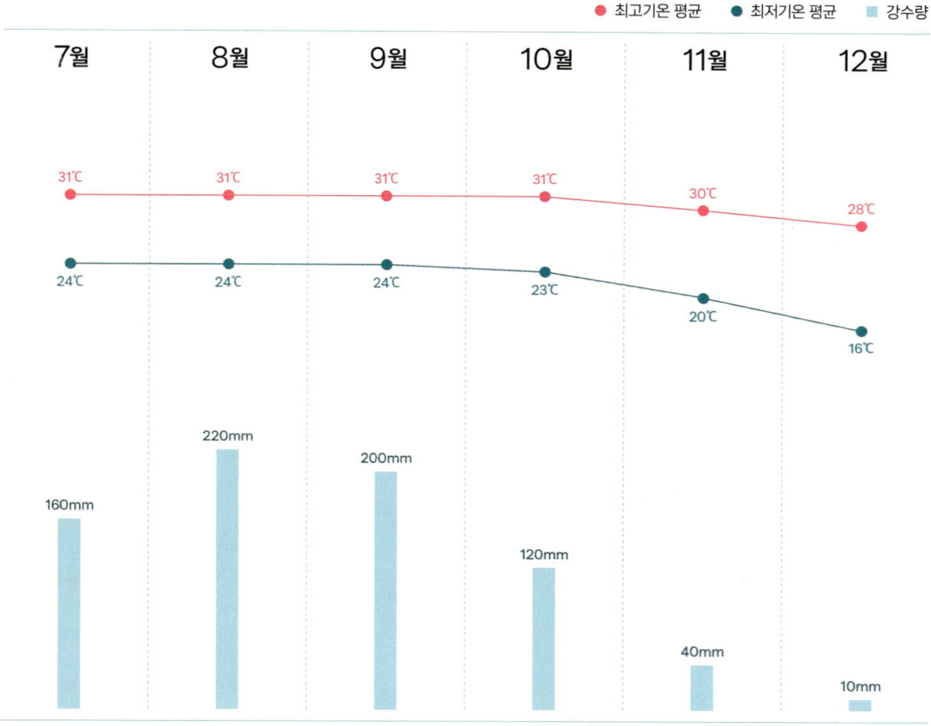

● 최고기온 평균　● 최저기온 평균　▪ 강수량

	7월	8월	9월	10월	11월	12월
최고기온	31℃	31℃	31℃	31℃	30℃	28℃
최저기온	24℃	24℃	24℃	23℃	20℃	16℃
강수량	160mm	220mm	200mm	120mm	40mm	10mm

치앙마이 여행하기 가장 좋은 시기

11~2월(건기 시즌) → 5~7월, 10월 → 2월 중순~4월(화전 시기), 8~9월(우기 절정)

주요 사건으로 보는 치앙마이 역사

치앙마이의 역사적 뿌리이자 문화, 예술, 종교 전통의 근간이 된 란나 왕국.
지난날의 역사를 통해 도시의 과거와 현재, 그리고 미래가 어떻게 이어져 가는지 본질을 발견할 수 있다.

타임라인으로 짚어보는 치앙마이 연대기

1292년경
멩라이 왕이 란나 왕국 건국

1296년
란나 왕국의 수도 치앙마이로 천도
(치앙마이는 '새로운 도시'라는 뜻)

16세기 초
버마 타웅우 왕조의 세력 확장,
란나 왕국도 점차 그 영향권에 편입

1557년
버마군이 치앙마이 점령,
란나 왕국은 200여 년간 버마의 속국

1774년
시암과 연합해 버마군 축출,
시암의 보호령으로 편입

1892년
라마 5세의 중앙집권 개혁으로
란나 왕국은 시암 중앙정부에 완전 행정 편입

1932년
태국 입헌군주제 도입, 란나 왕국 왕위 체제 종료,
치앙마이 전체 지역이 시암에 귀속

1949년
시암은 '태국'으로
공식 국호 지정

란나 왕국의 시작

1292년경, 주변의 소왕국들을 통합해 란나 왕국을 세운 멩라이 왕은, 기후가 온화하고 토지가 비옥하며 무역과 방어에 유리한 새로운 수도가 필요했다. 전설에 따르면 그는 사냥 중 흰 사슴과 쥐를 쫓다 지금의 치앙마이에 이르렀고, 풍수와 별자리까지 살펴 이곳을 새 수도로 정했다. 이후 치앙마이는 무역의 중심지이자 불교와 예술이 번성한 북방의 심장부로 성장했으며, 오늘날에도 황금빛 사원과 란나식 건축물 속에서 천년 고도의 품격을 간직하고 있다.

버마의 란나 왕국 지배 200년

태국은 단 한 번도 식민지를 겪지 않은 나라라고 배웠는데, 태국 이전의 란나 왕국은 아니었다. 란나는 1557년부터 약 200년간 강력한 버마 왕조의 지배를 받았는데, 정치적으로 버마의 중앙집권 체제하에 놓이며 군사적 통제와 행정 제도가 도입되었다. 사회 전반에는 버마식 관료제와 세금 제도가 자리 잡으며 갈등도 잦았다. 문화적으로 버마풍 불교 양식과 건축, 예술이 일부 유입되었으나 자신들의 고유한 언어와 문화를 지키며 '란나의 혼'을 유지했다. 오늘날까지도 치앙마이에는 란나와 버마가 함께 어우러진 역사적 흔적이 곳곳에 남아 그 시절의 복합적인 역사를 느낄 수 있다.

시암 편입, 태국으로의 통합

란나 왕국은 18세기 후반 버마 지배에서 벗어나 시암의 보호령이 되면서 새로운 시대를 맞았다. 이후 중앙집권 개혁과 행정 통합 과정에서 점차 시암 국가 체계에 편입되었고, 1932년 태국이 입헌군주제를 도입하며 란나 왕국의 전통적인 왕위 체제는 공식적으로 종료되었다. 이 시기를 거치며 치앙마이는 태국 북부의 문화, 종교, 상업 중심지로 자리를 잡았다. 란나, 버마, 시암, 그리고 태국의 역사가 어우러진 치앙마이의 다채로운 매력은 하루아침에 형성된 것이 아니다.

치앙마이
불교 문화의 모든 것

국민의 90% 이상이 불교를 믿는 태국. 불교는 태국 사회와 문화의 중심축으로, 단순한 종교를 넘어 국민의 정체성과 삶의 철학을 형성하는 중요한 역할을 해왔다. 태국인들에게 불교는 일상생활 속에서 마음의 평화를 추구하고, 윤리와 도덕을 배우며, 가족과 공동체를 연결하는 삶의 지침이다.

태국 불교 문화, 여행자들이 알아두면 좋은 기본 상식

① **사원(왓Wat)의 중요성** 사원은 단순한 종교 공간을 넘어 지역 사회의 중심이며, 명상, 교육, 축제의 장이다.
② **예절과 복장** 사원을 방문할 때는 어깨와 무릎을 가려야 하며, 불당에 들어갈 땐 대부분 신발을 벗어야 한다. 사원 내에선 조용히 해야하며, 흡연도 금지된다.
③ **승려에 대한 존중** 태국에서 승려는 높은 존경을 받는다. 특히 여성은 승려를 직접 만지거나 가까이 앉지 않는 것이 예의다.
④ **명상과 공양 문화** 많은 사원에서 명상 체험이 가능하며, 향이나 꽃, 기부금을 공양할 수 있다.

치앙마이의 불교

란나 왕국의 수도였던 치앙마이. 당시 불교가 정치와 문화의 중심이었기 때문에 도심 곳곳에 사원이 세워졌다. 왕과 귀족들은 권위를 드러내고 공덕을 쌓기 위해 사원을 건립했고, 승려 교육과 경전 보존, 불교 예술 발전의 중심지 역할을 했다. 이런 역사적 배경 덕분에 오늘날 치앙마이에는 크고 작은 사원이 300여 곳이나 있어 태국 내에서도 사원 밀집도가 매우 높은 도시로 꼽힌다.

란나 사원의 특징

치앙마이의 사원들은 13세기부터 18세기까지 태국 북부, 란나 왕국의 대표적인 불교 건축 양식을 보여준다. 법당과 체디Chedi가 중심축을 이룬다. 사원 내부에는 일반 신도와 방문객이 참배하는 곳을 비롯해, 승려 거주 공간과 명상처 등 부속 건물들이 동서남북으로 균형 있게 배치되어 종교적 기능과 공간적 조화를 꾀한다. 다층으로 층층이 솟은 경사진 지붕은 용머리 장식과 초파Chofah 모양으로 화려함을 뽐낸다. 체디는 부처 성물이나 왕의 유해를 봉안하는 것으로, 종 모양 또는 다층 탑 형태에 금박과 연꽃 문양 등 섬세한 장식으로 마감한다. 란나 사원은 북부 태국 문화유산의 핵심이라고 할 수 있다.

태국 북부 문화 탐방

현지 문화를 알고 체험을 하면 여행이 더욱 의미 있고 풍성해진다.
태국 북부에서만 만날 수 있는 특별한 문화, 어떤 것들이 있을까?

함께 둘러앉아 먹는 식사
칸톡 Khan Tok

칸톡은 낮은 원형 상에 다양한 전통 요리를 담아 바닥에 둘러앉아 먹는 태국 북부의 식사 문화다. 깽항레, 남프릭, 무쌉, 싸이우아, 카오소이 등 전통 음식들을 한 상 차림으로 맛볼 수 있다. 과거엔 귀빈이나 손님을 맞이할 때 내놓던 밥상이었는데, 지금은 식사를 하면서 전통 공연을 감상하는 '칸톡 디너'란 프로그램을 통해 여행자들도 경험해볼 수 있다. '올드 치앙마이 컬처 센터', '쿰Khum 칸톡' 등에서 진행하는 디너쇼가 특히 인기다.

세상에서 가장 우아한 손톱
네일 댄스 Fawn Lep

치앙마이와 태국 북부의 대표적인 전통 춤으로, 길고 섬세한 금속 손톱 장식을 착용한 무용수들이 부드럽고 우아한 손동작을 선보인다. 본래 풍년과 번영을 기원하며 마을 축제나 사원 행사에서 공연했으며, 란나 왕국 시절부터 이어져 온 문화유산이다. 무용수들은 전통 실크 의상과 화려한 헤어 장식을 하고, 손끝을 꽃처럼 피우듯 펼치거나 나비가 날갯짓하듯 움직이며 관객을 매혹한다. 칸톡 디너쇼, 축제 등에서 볼 수 있다.

소수 민족의 생활상
카렌족 롱넥 Long Neck

태국 북부와 미얀마 국경 지대에 거주하는 카렌족Karen 중 하나, '롱넥족'이라 불리는 이들은 바로 카얀 여성이다. 목에 여러 개의 황동 고리를 착용하는 특별한 전통이 이어져 왔는데 미적 기준과 부족 정체성을 나타낸다. 어린 시절부터 점차 고리를 늘려 성인이 되면 목이 길어 보이는데, 이는 뼈가 늘어난 것이 아니라 어깨가 내려간 것. 치앙마이 근교나 매홍손 일대에 마을이 형성되어 관광객들에게 개방된다. 꽤 비싼 입장료를 지불하고 들어가 사람들을 구경하는 모양새라 이곳을 찾는 여행자들은 줄어드는 추세다.

2025년 4월 19일, 치앙마이 건국 729주년을 기념하며 삼왕상 기념비 앞에서 무려 7218명이 동시에 네일 댄스를 춰 기네스 월드 레코드 '태국 최대 규모의 춤The Largest Thai Dance' 부문에 공식 등재되었다.

현지에서 유용한 태국어

💬 기본 태국어

태국어에도 우리나라처럼 존댓말이 있다. 말하는 사람이 남자라면 ~캅(크랍), 여자라면 ~카를 붙인다.

안녕하세요.	감사합니다.	실례합니다, 죄송합니다.
🔊 싸왓디 캅(카)	🔊 컵쿤 캅(카)	🔊 컷톳 캅(카)
괜찮습니다.	도와주세요.	몰라요.
🔊 마이 뺀 라이 캅(카)	🔊 추어이 두어이	🔊 마이 루
메뉴 좀 보여주세요.	맛있습니다.	계산해주세요.
🔊 커 두 메누 너이 캅(카)	🔊 아러이 캅(카)	🔊 첵 빈 캅(카)
맥주 주세요.	물 주세요.	얼음 주세요.
🔊 커 비아 너이 캅(카)	🔊 커 남 너이 캅(카)	🔊 커 남캥 너이 캅(카)
고수 넣지 마세요.	봉지에 넣어주세요.	화장실이 어디입니까?
🔊 마이 싸이 팍치	🔊 싸이 퉁 너이 캅(카)	🔊 홍남 유 티 나이 캅(카)
더 주세요.	식사하러 갈까요?	맵지 않게 해주세요
🔊 커 익 너이 다이 마이 캅(카)	🔊 빠이 깐카우 마이	🔊 마이 아오 펫
너무 매워요.	너무 싱거워요.	얼마입니까?
🔊 펫 껀빠이	🔊 쯔읏 껀빠이	🔊 타올라이 캅(카)
비쌉니다.	깎아주세요.	이거 주세요.
🔊 팽 빠이	🔊 커 롯 너이 나 캅(카)	🔊 커 안니
충분합니다.		
🔊 퍼 레우		

💬 알아두면 좋은 음식 관련 태국어

밥	찰밥	돼지고기	닭고기
🔊 카오	🔊 카오 니아오	🔊 느어 무	🔊 느어 까이
소고기	생선	해물	게
🔊 느어 우아	🔊 쁠라	🔊 아한 탈레	🔊 뿌
오징어	달걀	채소	고수
🔊 쁠라 묵	🔊 카이	🔊 팍	🔊 팍치
새우	국수	볶다	굽다
🔊 꿍	🔊 꾸어이띠여우	🔊 팟	🔊 양
끓이다	튀기다	(꼬치에)굽다	설탕
🔊 똠	🔊 텃	🔊 삥	🔊 남딴
소금	매운맛	커리	샐러드
🔊 끌르어	🔊 펫	🔊 깽	🔊 얌

태국 음식은 '재료+조리법'의 조합으로 이름을 붙인다. 예를 들어 '볶음밥'은 밥의 '카오'와 볶다의 '팟'이 합쳐져 '카오 팟', '닭튀김'은 닭의 '까이'와 튀기다의 '텃'이 합쳐져 '까이 텃'이라 한다. 기본적인 뜻을 알면 생소한 음식도 어느 정도 유추해볼 수 있다.

💬 태국어 숫자

0	1	2	3	4	5
🔊 쑤운	🔊 능	🔊 쏭	🔊 쌈	🔊 씨	🔊 하
6	7	8	9	10	20
🔊 혹	🔊 쩻	🔊 빼엣	🔊 까오	🔊 씹	🔊 이씹
30	40	50	60	70	80
🔊 쌈씹	🔊 씨씹	🔊 하씹	🔊 혹씹	🔊 쩻씹	🔊 빼엣씹
90	100	500	1000		
🔊 까오씹	🔊 능 로이	🔊 하 로이	🔊 판		

기간별로 정리한 치앙마이 추천 여행 코스

COURSE ①
치앙마이 4박 6일 코스
한국에서 금요일 출발 기준, 주말 마켓 일정 체크해서 일정 변경 가능

- **1일 차** 치앙마이 도착 ▷ 동네 탐방 또는 주변 야시장 방문
- **2일 차** 코코넛 마켓 ▷ 찡짜이 마켓 ▷ 우아라이 토요 마켓 ▷ 나이트 바자 & 핑강 주변
- **3일 차** 올드타운 사원 투어 ▷ 선데이 마켓 ▷ 도이수텝 야경
- **4일 차** *다음 옵션 중 선택: 몬쨈 투어 / 쿠킹 클래스 / 선셋 요가 / 코끼리 에코 투어 / 나이트 사파리
- **5일 차** 왓 우몽 ▷ 반캉왓 ▷ 님만해민 ▷ 치앙마이 국제공항
- **6일 차** 한국 도착

COURSE ②
치앙마이 7박 9일 코스
- 한국에서 금요일 출발 기준, 주말 마켓 일정 체크해서 일정 변경 가능
- 취향에 따라 투어, 원데이 클래스 또는 근교 및 액티비티 선택

- **1일 차** 치앙마이 도착 ▷ 동네 탐방 또는 주변 야시장 방문
- **2일 차** 코코넛 마켓 ▷ 찡짜이 마켓 ▷ 우아라이 토요 마켓
- **3일 차** 올드타운 사원 투어 ▷ 선데이 마켓 ▷ 나이트 바자 & 핑강 주변
- **4~6일 차** *다음 옵션 중 선택: 몬쨈 투어 / 도이 인타논 투어 / 쿠킹 클래스 / 요가 / 도이수텝 야경 / 코끼리 에코 투어 / 타이거 킹덤 / 보쌍 우산 마을 / 싼캄팽 온천
- **7일 차** 왓 우몽 ▷ 반캉왓 ▷ 치앙마이 대학교 일대 도이수텝 야경 또는 왓 프라탓 도이캄, 로열 파크 라차프룩
- **8일 차** 님만해민 일대, 원 님만 & 마야 라이프 스타일 쇼핑센터 쇼핑 ▷ 치앙마이 국제공항
- **9일 차** 한국 도착

COURSE ③
치앙마이 & 치앙라이 7박 9일 추천 코스

- 한국에서 금요일 출발 기준, 주말 마켓 일정 체크해서 일정 변경 가능
- 치앙라이 1박 2일 일정 포함
- 취향에 따라 투어, 원데이 클래스 또는 근교 및 액티비티 선택

1일 차	치앙마이 도착 ▷ 동네 탐방 또는 주변 야시장 방문
2일 차	코코넛 마켓 ▷ 찡짜이 마켓 ▷ 우아라이 토요 마켓
3일 차	올드타운 사원 투어 ▷ 선데이 마켓 ▷ 나이트 바자 & 핑강 주변
4일 차	치앙라이 이동 ▷ 왓 롱쿤 ▷ 싱하 파크 ▷ 치앙라이 시내 탐방 ▷ 황금 시계탑 야경
5일 차	왓 롱 쓰어 텐 ▷ 반담 하우스 ▷ 왓 후아이 플라 캉 ▷ 치앙라이 출발 ▷ 치앙마이 도착

6~7일 차 *다음 옵션 중 선택	몬쨈 투어	도이 인타논 투어	쿠킹 클래스	요가	도이수텝 야경	코끼리 에코 투어	타이거 킹덤	보쌍 우산 마을	싼캄팽 온천

8일 차	왓 우몽 ▷ 반캉왓 ▷ 님만해민 ▷ 치앙마이 국제공항
9일 차	한국 도착

COURSE ④
치앙마이 & 치앙라이 & 빠이 14박 16일 코스

- 토요일 출발 기준, 주말 마켓 일정 체크해서 일정 변경 가능
- 치앙라이 2박 3일, 빠이 2박 3일 일정 포함
- 취향에 따라 투어, 원데이 클래스 또는 근교 및 액티비티 선택

1일 차	(토)치앙마이 도착 ▷ 동네 탐방 또는 주변 야시장 방문
2일 차	올드타운 사원 투어 ▷ 선데이 마켓 ▷ 나이트 바자 & 핑강 주변
3일 차	왓 우몽 ▷ 반캉왓 ▷ 치앙마이 대학교 일대 도이수텝 야경 또는 왓 프라탓 도이캄, 로열 파크 라차프룩

4~6일 차 *다음 옵션 중 선택	몬쨈 투어	도이 인타논 투어	쿠킹 클래스	요가	도이수텝 야경	코끼리 에코 투어	타이거 킹덤	보쌍 우산 마을	싼캄팽 온천

7일 차	빠이 이동 ▷ 빠이 워킹 스트리트, 시내 관광 ▷ 투 헛츠 카페 선셋
8일 차	(토) 빠이 토요 시장 ▷ 빠이 반나절 외곽 투어 ▷ 빠이 캐니언 선셋
9일 차	반자보 일출 투어 ▷ 빠이 출발 ▷ 치앙마이 도착
10일 차	호캉스 및 숙소 주변 탐방, 라이브 바 또는 칵테일 바 나이트 라이프
11일 차	치앙라이 이동 ▷ 왓 롱쿤 ▷ 싱하 파크 ▷ 치앙라이 시내 탐방 ▷ 황금 시계탑 야경
12일 차	왓 롱 쓰어 텐 ▷ 반담 박물관 ▷ 왓 후아이 플라 캉 ▷ 도이퉁 로열 빌라(매 파 루앙 정원) ▷ 골든 트라이앵글
13일 차	깟 루앙 아침 시장 ▷ 시내 탐방 ▷ 치앙라이 출발 ▷ 치앙마이 도착
14일 차	님만해민 맛집, 카페 탐방, 쇼핑
15일 차	(토) 코코넛 마켓 ▷ 찡짜이 마켓 ▷ 우아라이 토요 마켓 ▷ 치앙마이 국제공항
16일 차	한국 도착

PART 2

가장 멋진 치앙마이 테마 여행

축제의 나라
태국 축제를 즐기는 법

태국은 연중 축제가 끊이지 않는다. 전 지역에서 공통으로 진행하는 것들도 있지만 지역 축제도 많다.
그중 여행자들이 함께 즐길 수 있는 가장 큰 축제는 송끄란과 러이 끄라통이다.
세계적으로 유명한 축제이니 해당 시기에 여행한다면 특별한 추억을 만들어보자.

날짜	축제	의미
1월 셋째 주 금~일요일	보쌍 우산 축제	종이 우산과 수공예품으로 유명한 보쌍 마을에서 열리는 지역 축제
2월 첫째 주 금~일요일	치앙마이 플라워 페스티벌	도심을 가득 채우는 꽃 퍼레이드와 화려한 꽃 장식을 볼 수 있는 봄맞이 행사
4월 13~15일	송끄란 축제	태국 전통 새해를 기념하는 물 축제
음력 6월 중순	인타킨 축제	도시의 안녕을 기원하는 전통 불교 행사
음력 9월 1~9일	채식주의자 축제	채식을 하고 흰옷을 입으며 금욕과 정화를 실천
태국력 12월 보름(보통 11월)	러이 끄라통	바나나 잎으로 만든 끄라통(작은 배)을 띄워 보내면서 소원을 비는 축제

송끄란 축제

'물의 축제'로 불리는 송끄란Sonkran은 매년 4월 13~15일에 열린다. 태국력에 따른 태국 전통 설날로 서로에게 물을 뿌리면서 마음을 정화하고 복을 기원한다. 축제 기간에는 주요 거리나 시내에서 물총을 들고 다니며 서로에게 물을 뿌린다. 방콕과 치앙마이에서 가장 크게 열리며, 전 세계 여행자들이 축제에 참여하기 위해 태국을 방문하기도 한다. 타패 게이트를 시작으로 올드타운 전체, 님만해민 대로와 마야몰 일대에 많은 사람이 모이고 다양한 공연과 이벤트들이 열린다. 남녀노소 불문 물총, 세숫대야, 양동이 등을 들고 나와 물을 끼얹기 때문에 온몸이 홀딱 젖는 것은 감수해야 한다. 축제 기간이 태국에서 가장 더운 시기이기 때문에 더위를 식혀주는 역할도 한다.

송끄란 축제를 즐기는 TIP

① 축제를 즐기지 않더라도 옷이 젖을 수 있으니 속옷 대신 수영복, 래시가드를 입는 것이 좋다.
② 휴대폰, 카메라 등은 꼭 방수 팩에 넣어 사용한다.
③ 소매치기를 당하거나 물에 젖을 수 있으니 소지품을 최소화한다.
④ 축제를 물싸움으로 생각하지 말 것! 서로의 복을 빌어주는 의미이니 감정적으로 대응하면 안 된다.

러이 끄라통

태국력으로 12월 보름에 열리는 러이 끄라통Loi Krathong은 바나나 잎으로 만든 연꽃 모양의 작은 배에 불을 밝힌 초와 향, 꽃, 동전 등을 실어 강이나 호수 등에 띄워 보내며 소원을 비는 축제다. 끄라통의 촛불이 꺼지지 않고 멀리 떠내려가면 사람들은 자신의 소원이 이루어진다고 믿는다. 치앙마이에서는 핑 강변, 올드타운 해자 등에서 끄라통을 띄우고 호텔이나 대형 쇼핑몰 등에서는 분수나 작은 수로에 띄우는 행사를 하기도 한다. 소원을 담은 풍등을 날리는 건 일부 지역에서만 허용되니 시내 중심, 공항 근처에선 특히 조심해야 한다.

이펭Yi Peng, 치앙마이 러이 끄라통 CAD 축제Khomloy Sky Lantern Festival

도심에서는 풍등 날리기가 제한되기 때문에 치앙마이에서 40~50분가량 떨어진 이펭 지역에서 풍등 날리기 체험을 해볼 수 있다. 태국 내에서 가장 큰 러이 끄라통 축제로 수천 개의 풍등을 한꺼번에 날리는 장관을 볼 수 있고 끄라통 띄우기, 전통 공연, 불꽃놀이까지 한다. 픽업, 샌딩, 식사까지 포함된 티켓은 최소 20만 원 내외로 저렴하진 않지만, 까만 밤을 수놓는 풍등이 별빛처럼 빛나는 특별한 순간을 위해서라면 한 번쯤! 이 시기엔 숙소 및 투어까지 미리 예약해두는 게 좋다. 몽키트래블을 통해서도 티켓을 구입할 수 있다.

보쌍 우산 축제

보쌍 마을에서 매년 1월 셋째 주 주말에 열리는 전통 공예 축제로, 형형색색의 수제 종이우산이 거리를 수놓는다. 장인들의 시연과 우산 만들기 체험, 민속 공연 등 다채로운 프로그램이 이어지고, 전통 복장을 한 여성들의 자전거 퍼레이드와 미스 보쌍 선발대회가 하이라이트다.

치앙마이 플라워 페스티벌

부악 하드 공원을 중심으로 매년 2월 첫째 주 주말에 열리는 화려한 꽃 축제다. 토요일 아침엔 꽃 장식을 한 플로트가 나와랏 다리 인근에서 출발해 올드타운 해자를 따라 공원까지 가는 퍼레이드가 펼쳐지고, 마지막엔 공원 안에 전시되어 방문객을 맞이한다. 야간에 조명까지 켜지면 더욱 로맨틱한 분위기가 연출된다. 축제 기간 중엔 공원 및 일부 도로가 통제될 수 있다.

인타킨 축제

인타킨Inthakhin 기둥을 기리기 위해 매년 음력 6월 12일부터 8일간 왓 체디루앙 사원에서 열리는 전통 불교 행사다. 치앙마이 창건 당시, 멩라이 왕이 도시의 안녕과 번영을 기원하며 세운 것으로 현재는 왓 체디루앙 경내의 별도 건물 안에 봉안되어 있다. 축제 기간에만 기둥을 공개해 시민들이 헌화를 하거나 기도를 올릴 수 있다. 현지인에겐 정체성과 정신적 뿌리를 상징하는 신성한 존재로 여겨진다. 사람들은 꽃과 향, 양초를 바치며 가족의 건강과 도시의 평안을 기원하고, 촛불 퍼레이드, 전통 공연들이 열린다. 불교의 신성함과 지역 공동체의 활기를 함께 느낄 수 있는 태국 북부의 대표적인 정신문화 축제다.

채식주의자 축제

음력 9월, 태국 전역에서 열리는 축제로 치앙마이에서는 와로롯 시장 인근 차이나타운과 일부 사찰 등에서 진행된다. 9일 동안 고기와 유제품을 피하고 흰옷을 입으며 정신적 정화를 추구하는 불교 기반의 전통으로, 마켓과 노점상, 노란 깃발이 걸린 식당에서 특별한 '체Jeh' 메뉴를 맛볼 수 있다. 비건이 아니더라도 동물성 재료, 마늘과 양파 등을 제외한 정제된 채식 '체' 음식으로 정갈한 식사를 하며 축제에 동참해보자.

일과 여행을 동시에
디지털 노마드를 위한 작업 공간

치앙마이는 저렴한 생활비, 안정적인 인터넷 환경, 다양한 공동 작업 공간을 갖춰 전 세계 디지털 노마드들의 허브로 자리 잡았다. 노트북 하나 챙겨 들고 일하러 가기 좋은 곳들은 어디일까?

디지털 노마드의 천국
옐로 코워킹 스페이스 P.158

님만해민 중심가에 자리한 이곳은 디지털 노마드의 성지로 불린다. 넓고 모던한 인테리어에 개방형 데스크부터 프라이빗 오피스, 미팅 룸, 유튜브 룸까지 다양한 좌석이 마련되어 편리하다. 주변에 카페와 식당도 많아 장기 체류자들에게 특히 인기가 높다.

마야몰에 있어 쾌적한
캠프 P.158

마야몰 꼭대기에 위치한 캠프 CAMP는 카페, 코워킹 스페이스, 도서관이 결합된 형태의 공간이다. 다양한 종류의 좌석이 있어 조용히 공부하거나 노트북 작업을 하기에 좋다. 1인 1메뉴만 주문하면 이용 가능하다. 테라스에서 보이는 치앙마이 시내의 뷰는 덤.

열린 창작 공간
TCDC 치앙마이 P.112

태국 정부에서 운영하는 창의 디자인 센터로 디자이너, 창작자, 학생, 여행자 누구에게나 열린 곳. 다양한 형태의 좌석과 노트북 작업을 위한 콘센트와 무료 와이파이도 제공한다. 카페와 전시 공간, 회의실도 갖추고 있다.

여유를 즐길 수 있는
블루 커피 치앙마이 대학교 농대점 P.159

치앙마이 대학교 농대 캠퍼스 안에 위치해 울창한 나무와 잔디밭으로 둘러싸여 있다. 조용한 분위기 속에서 커피 한잔의 여유를 즐기기에 제격. 층고가 높고 자연 채광이 잘되는 탁 트인 공간이라 업무를 보거나 책 한 권 챙겨가 읽기에도 좋다.

명상과 요가의 성지
웰니스 치앙마이

요가와 리트리트의 중심지, 치앙마이. 산과 숲, 사원에 둘러싸인 환경은 명상과 요가를 즐기기에 제격이다. 곳곳에 소규모 스튜디오부터 본격적인 리트리트 센터까지 다양하게 있으며, 1회씩도 이용 가능해 여행자들도 웰빙 라이프에 빠져볼 수 있다.

야외 선셋 요가는 힐링 그 자체
캄 빌리지 P.113

캄 빌리지의 루프톱에서 진행되는 요가 수업은 왓 체디루앙과 올드타운의 뷰, 거기에 일몰까지 더해져 힐링이 극대화된다. 치앙마이에서 가장 이색적이고 인기 많은 요가 클래스라 원하는 날짜에 참여하려면 예약을 서두르는 게 좋다.

요가 수련자들의 성지
와일드 로즈 요가 스튜디오 P.114

프랑스 출신 요기 로즈가 설립한 요가 스튜디오로 흙벽과 목재 기둥, 자연 채광으로 가득한 스튜디오 안에서 하타, 빈야사, 인요가 등 다양한 수업이 매일 열린다. 초보자부터 TTC 수료자까지 각자의 수준에 맞는 수업을 선택할 수 있다.

움직임에 집중하는
요가 아난다 P.159

님만해민의 힐사이드 콘도 안에 있으며 인요가, 아쉬탕가, 빈야사, 스트레칭 등 수업의 종류가 다양한데, 호흡이나 명상보다는 움직임에 집중하기 때문에 다른 요가원 수업에 비해 훨씬 역동적이다. 땀 쫙 빼는 다이어트 요가를 원한다면 딱이다.

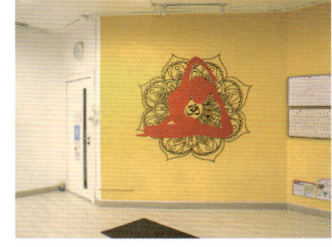

리트리트에 진심
프리덤 요가 스튜디오 P.114

오래된 목조 주택을 개조해 현지인들의 일상 속에 조용히 자리 잡은 요가 스튜디오다. 창이 많아 동네 경관과 나무가 보이고, 수시로 들리는 새소리와 코끝을 스치는 바람에 절로 힐링이 된다. 빈야사, 하타 빈야사, 인요가가 주를 이룬다.

잔디밭 요가의 낭만
부악 하드 공원 P.113

매일 아침, 공원에서 무료로 열리는 요가 클래스. 자연 한가운데서 조용히 호흡에 집중해보자. 매트는 근처 매점에서 15바트면 빌릴 수 있다. 수업이 끝난 뒤에도 바닥에 앉아 명상을 하거나 책을 읽으며 느긋하게 하루를 시작해보자.

SNS 인기 포토존
막 찍어도 인생 사진

보는 즐거움을 넘어 '찍는 즐거움'을 주는 장소가 인기다. SNS에 올릴 사진 한 컷 때문에 먼 길을 마다하지 않는 사람들에게 추천하는 치앙마이의 인기 포토존, 현지인들도 많이 찾는 곳 Best 3!

영화 <아바타>가 떠오르는 곳
댄테와다 Dantewada 댄테와다

시내에서 북쪽으로 약 50분, 평범한 시골길 끝에 펼쳐지는 댄테와다는 영화 <아바타>, <쥬라기 공원> 속 배경 같은 풍경으로 인생 사진을 남기기에 제격인 곳이다. 인공 폭포와 동굴, 청록빛을 띠는 호수, 우거진 나무들 사이로 뿜어져 나오는 미스트들이 열대 우림 속에 머무는 듯 신비롭고 몽환적인 분위기를 더한다. 폭포 전경을 보면서 커피와 간단한 음식을 먹을 수 있는 카페가 있으며, 화려한 꽃 정원과 포토존들이 곳곳에 있어 예쁜 사진을 많이 남길 수 있다. 입장료가 있지만 부담스럽지 않은 수준이라 현지 젊은 층에게도 인기가 많다.

타패 게이트에서 북쪽으로 차량 54분   08:00~18:00   입장료 80바트
+66 816 098 333   www.facebook.com/104346961421347

인스타그래머블 카페
No.39 카페 🔍 No.39 Cafe

왓 우몽에서 도보로도 갈 수 있는 No.39는 치앙마이 감성 카페 붐의 시작점이라 해도 과언이 아니다. 특별해 보이지 않는 회색 벽돌 외관의 카페로 들어가면 안쪽으로 푸른 연못이 가장 먼저 눈에 들어온다. 이를 둘러싸고 테이블이 있고, 나무 데크와 오픈된 캐빈 곳곳에도 자리를 잡을 수 있다. 물감을 타놓은 듯한 연못과 초록 초록한 나무들이 싱그러워 어떻게 찍어도 인생 사진이 된다. 시내에서 멀지 않고 음료수 가격도 합리적인 편이라 부담 없이 다녀올 수 있다. 연못 위에 DJ 부스도 있어 때에 따라 디제잉을 하기도 한다.

🚶 왓 우몽에서 도보 11분 🕐 08:30~17:00 🅱 No.39 소다 75~80바트, 타이 망고 129바트 📞 +66 919 193 939 🏠 www.facebook.com/no39chiangmai

몽환적인 정원형 카페
촘 카페 앤 레스토랑
🔍 Chom Cafe and Restaurant

치앙마이 시내에서 차로 15분 정도 거리에 위치한 촘 카페는 로열 파크 라차프룩, 왓 프라탓 도이캄 등을 갈 때 묶어서 다녀오기 좋다. 유명한 대형 정원형 레스토랑으로 댄테와다와 마찬가지로 현실판 아바타 정원으로 불린다. 정글 같은 정원엔 안개가 피어오르는 인공 개울과 무성한 식물들, 나무 다리가 있어 한 걸음 한 걸음이 포토존이다. 내부 레스토랑은 쾌적하고 세련되며, 태국 전통 요리부터 퓨전 음식까지 다양한 메뉴를 즐길 수 있다. 대기할 수도 있으니 인스타그램을 통해 미리 예약하고 조금 이른 시간에 방문할 것을 추천한다.

🚶 왓 우몽에서 남쪽으로 차량 12분 🕐 11:00~22:00 🅱 팟타이 쿵 370바트, 크리스피 포크 밸리 290바트, 망고 스무디 150바트 📞 +66 53 271 749 📷 @chomcafe.restaurant

어른들도 좋아하는 이색 동물원
평범한 동물원은 거부한다!

특별한 야생의 밤
치앙마이 나이트 사파리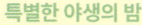

2006년 개장한 치앙마이 나이트 사파리는 아시아 최대 규모의 야간 사파리로, 싱가포르의 두 배에 이르는 넓은 면적을 자랑한다. 초식 동물이 있는 '사반나 사파리'와 맹수가 있는 '프레데터 프로울' 두 구역을 트램으로 돌며 관람할 수 있다. 약 60종의 동물이 있는 '재규어 트레일'은 도보 탐방 구간이라 자유롭게 돌아보면 된다. 낮에도 관람 가능하지만 분수 쇼, 카우보이 쇼, 전통 공연 등은 오후 6시부터 진행되니 늦은 오후에 방문하면 프로그램도 알차게 즐길 수 있다. 도심에서 남서쪽으로 약 30분 거리다.

아이들과 함께하는 여행, 치앙마이에선 좀 더 특별하게 동물들을 만날 수 있다. 밤에 가야 더 좋은 나이트 사파리, 호랑이를 직접 만져보고 인증샷까지 찍을 수 있는 타이거 킹덤. 어른들도 재미있는 신기한 동물원을 소개한다.

호랑이와 함께 인증샷 가능
타이거 킹덤 Tiger Kingdom 🔍 타이거 킹덤

치앙마이 북서쪽 매림 지역에 위치한 타이거 킹덤은 실제 호랑이 우리 안에 들어가 함께 시간을 보내며 사진을 찍을 수 있는 체험형 동물원이다. 새끼 호랑이부터 성체까지 다양한 크기의 호랑이를 직접 보고, 만지고, 포옹까지 할 수 있는 특별한 경험이 가능하다. 호랑이의 크기에 따라 입장료가 달라지는데, 갓 태어난 새끼 호랑이가 제일 비싸다. 사진 촬영은 자가 촬영 또는 전문 사진사를 통한 유료 촬영도 가능하다. 숙련된 사육사들이 동행해 안전하게 체험할 수 있도록 도와주는데, 안내하는 주의사항을 잘 따라야 한다. 규모가 크진 않지만 동물원 내부를 돌며 다른 호랑이들도 만날 수 있다.

🚶 원 님만에서 매림 방향으로 차량 21분   🕘 09:00~17:00
🌐 New Born 920바트, Smallest 670바트, Giant 670바트, Medium 470바트   📞 +66 612 682 669
🏠 tigerkingdom.com

따뜻한 교감
코끼리와의 특별한 만남

과거엔 벌목 사업이나 쇼, 라이딩 등의 관광 체험에 코끼리를 이용해왔다.
그러나 동물 학대라는 인식이 전 세계적으로 높아지면서 최근엔 코끼리를 보호하는 방식으로
체험장을 운영하는 곳이 많다. 가까이서 코끼리와 교감할 수 있는 특별한 경험을 해보자.

코끼리와의 교감
매사 코끼리 캠프
Mae Sa Elephant Camp ⊙ Mae Sa Elephant Camp

매사 지역에 자리한 코끼리 캠프는 한때 코끼리 쇼와 라이딩으로 유명했지만, 전면 중단한 현재는 보호와 복지를 최우선으로 하는 보호소로 전환되었다. 지금은 관광객이 코끼리 먹이를 직접 만들어 먹이거나 목욕을 돕는 등의 체험만 가능하며, 코끼리의 일상적인 삶을 존중하는 방향으로 운영하고 있다. 보호소에는 70마리가 넘는 코끼리가 머무르고 있으며, 울창한 숲과 강가에 자리해 보다 자유롭고 편안한 환경에서 살아가는 모습을 볼 수 있다. 여전히 동물 인권에 대한 말이 나오긴 하지만, 코끼리와 교감할 수 있는 특별한 체험이 가능해 인기다.

🚶 원 님만에서 북서쪽으로 차량 38분, 매사 폭포 근처　🕘 월~금 09:00~15:30,
토·일 09:00~16:00　💲 하프데이 성인 2000바트, 어린이 1000바트
📞 +66 53 206 247　🏠 maesaelephantcamp.com

코끼리 똥의 대변신
엘리펀트 푸푸페이퍼 파크
Elephant POOPOOPAPER Park
Elephant Poopoopaper Park

매림 지역에 위치한 엘리펀트 푸푸페이퍼 파크는 코끼리 배설물로 친환경 수제 종이를 만드는 과정을 직접 보며 체험할 수 있는 이색 테마파크다. 입장객은 가이드와 함께 내부를 돌며 배설물이 어떤 방식으로 세척되고 펄프화되어 종이로 재탄생하는지 직접 보면서 설명을 들을 수 있다. 종이 만드는 과정을 체험해볼 수 있어 아이와 동행한 여행자에게 인기다. 투어는 영어와 중국어로 진행되며 30~40분가량 걸린다. 이후엔 지갑, 북마크, 포토 프레임, 노트 등의 종이 제품을 직접 만들고 꾸미는 DIY 프로그램도 이용할 수 있다. 체험료는 50~300바트 선이다. 타이거 킹덤 P.049과 매우 가까워 도보로도 갈 수 있으니 함께 일정을 계획해보자.

원 님만에서 매림 방향으로 차량 23분, 타이거 킹덤에서 도보 가능 20:30~17:15
150바트   +66 53 299 565   poopoopaperpark.com

살아 숨 쉬는
대자연 속으로 퐁당!

시내만 살짝 벗어나도 때 묻지 않은 대자연을 만날 수 있다는 게 치앙마이의 또 다른 매력이다. 그랜드 캐니언을 닮았다는 파처 협곡을 비롯해 산속에 자리한 웅장한 폭포들을 찾아다니며 자연 속 물살에 몸을 맡겨보자. 바다가 없는 아쉬움도 충분히 달랠 수 있다.

태국의 미니 그랜드 캐니언
파처 협곡 Pha Chor Canyon 🔍 파처 협곡

자연이 빚은 시간의 예술, 파처 협곡은 매왕 국립공원 깊숙한 곳에 숨겨진 치앙마이의 지질 명소다. 수백만 년 전 핑강의 흐름 변화와 침식 작용이 만들어낸 30m 높이의 흙 기둥 절벽은 '태국의 그랜드 캐니언'이라 불릴 만큼 인상적이다. 숲속 오솔길을 따라 걷는 900m 자연 트레일에서 다양한 지형과 생태를 관찰할 수 있으며, 중간에 전망대가 있어 람푼과 도이 인타논 방향의 계곡 풍경을 감상할 수 있다. 규모가 크진 않지만 이색적인 경치를 보며 가볍게 트레킹을 즐겨볼 만하다. 오가는 길이 멀기 때문에 도이 인타논과 묶어서 다녀오면 동선이 효율적이다.

🚶 치앙마이 시내에서 남서쪽으로 차량 1시간 10분 🕐 08:30~16:30
🅱 100바트 📞 +66 53 106 759
🏠 https://www.facebook.com/maewang.nationalpark

끈적 폭포를 거슬러 올라!
부아텅 폭포
Bua Thong Waterfalls 🔍 부아텅 폭포

치앙마이 북동쪽, 숲으로 둘러싸인 한적한 곳에 자리한 부아텅 폭포는 '스티키 폭포Sticky Waterfall', 한국인들에겐 '끈적 폭포'란 별명으로 불린다. 석회암 성분 덕분에 물이 흐르는 바위가 미끄럽지 않고 오히려 끈적하게 느껴져 맨발로 폭포를 거슬러 오를 수 있다. 입장료도 따로 없어 액티비티를 선호하는 서양인들과 현지인들에게 더욱 인기다. 계단으로 내려간 후 폭포를 따라 올라가는데, 밧줄도 있어 아이들도 어렵지 않게 오른다. 수영복을 입고 가는 게 좋으며 피크닉도 즐길 수 있다. 30분 거리의 댄테와 다와 함께 다녀오면 좋다.

🚶 치앙마이 시내에서 북동쪽으로 차량 1시간 5분
🕐 08:30~16:30 📞 +66 931 393 556

10개 계단식 폭포
매사 폭포 Mae Sa Waterfall 🔍 Mae Sa Waterfall

치앙마이 북서쪽, 도이수텝 푸이 국립공원 안에 자리한 매사 폭포는 총 10단으로 이루어진 계단식 폭포다. 4~8번째 계곡이 가장 멋있어서 가족 단위 방문객이나 피크닉을 즐기는 현지인들이 많다. 꼭 10번째 구간까지 올라갈 필요는 없다. 산책로 조성이 잘되어 있고 각 지점마다 그늘과 벤치가 마련되어 있어 쏟아지는 물소리를 들으며 쉬어가기 좋다. 주차장에 위치한 식당에서 음식을 테이크아웃하면 바구니에 담아주니 폭포 주변에서 피크닉을 하면서 먹어도 된다. 몬짬을 오가기 전에 들르거나 매사 코끼리 캠프, 엘리펀트 푸푸페이퍼 파크, 타이거 킹덤, 카페 플뢰르와 함께 다녀오기 좋은 코스다.

🚶 치앙마이 시내에서 북서쪽으로 차량 40분 🕐 08:30~16:30
🎟 성인 100바트, 아동 50바트 📞 +66 53 210 244

치앙마이에서 만나는
이색 체험

아무것도 안 해도 좋은 곳이 치앙마이지만, 한편으론 여기서만 즐길 수 있는 것들에 대한 욕심이 생긴다. 다양한 경험이 더해질수록 여행의 추억은 더욱 깊이 새겨진다.

수상 액티비티의 천국
그랜드 캐니언 워터파크
Grand Canyon Waterpark ⊙ 그랜드 캐니언 치앙마이

원래 점토와 흙을 채굴하던 인공 채석장이었는데 시간이 지나 지하수가 차오르면서 붉은 절벽과 푸른 물빛이 어우러진 협곡 형태의 저수지로 변모했다. 미국의 그랜드 캐니언을 닮은 자연 경관 안에 이색적인 분위기의 워터파크를 조성했다. 자이언트 슬라이더, 플로팅 트램폴린, 웨이크 보드, 카약 등의 다양한 수상 액티비티와 물놀이를 즐길 수 있는 시설을 갖추고 있어 바다가 없는 태국 북부 지역에서 이색적인 테마파크로 인기다. 절벽 점프와 같은 액티비티도 가능하지만 안전장비 착용은 필수이며, 입장료에 구명조끼, 샤워실, 슬라이드 이용이 포함된다.

🚶 치앙마이 시내에서 남서쪽으로 차량 30분 🕐 10:00~17:00
💰 성인 950바트, 아동(90~120cm) 750바트
📞 +66 52 010 565 🏠 grandcanyon-waterpark.com

하늘 위를 나는 짜릿한 경험
스카이라인 어드벤처
Skyline Adventure ⊙ Skyline Adventure

치앙마이 외곽, 울창한 숲속 도이사켓 파판 마을에서 펼쳐지는 스카이라인 어드벤처는 집라인을 중심으로 한 대표적인 액티비티 테마파크다. 총 38개의 플랫폼에 5.5km에 달하는 집라인 코스를 보유하고 있으며, 가장 긴 구간은 무려 900m로 숲 위를 나는 듯한 스릴을 만끽할 수 있다. 난이도에 따라 코스를 선택할 수 있고, 각 구간에는 가이드가 동행해 안전한 체험을 돕는다. 루지 카트, 자이언트 스윙도 함께 체험할 수 있고, 차량 픽업, 중식 뷔페, 음료 등이 포함된 패키지 프로그램이 있어 반나절 일정으로 알차게 다녀오기 좋다. 다만 고소공포증이 있거나 체력이 약하다면 패스하자. 케이케이데이, 클룩, 몽키트래블 등에서도 예약이 가능하다.

🚶 치앙마이 시내에서 북동쪽으로 차량 1시간 20분
🕐 08:00~16:00 💰 패키지 2250~2450바트
📞 +66 987 483 778 🏠 skylinejungleluge.com

치앙마이에 간다면
특별한 투어 프로그램

치앙마이 외곽을 여행할 땐 산길에 우 핸들 운전이라 투어를 이용하는 게 낫다. 여럿이 움직이는 조인 투어, 일행들과 원하는 일정대로 움직일 수 있는 프라이빗 투어까지 옵션이 다양하다. 현지 여행사에서 직접 알아봐도 되고 클룩, 마이리얼트립 등의 플랫폼을 통해서도 예약할 수 있다.

- 클룩 klook.com
- 케이케이데이 kkday.com
- 마이리얼트립 myrealtrip.com
- 몽키 트래블 monkeytravel.com
- 코쿤 투어 cocoontour.kr

계단식 논밭으로 풍덩
몬쨈 투어 P.221

치앙마이 시내에서 북서쪽으로 1시간 거리에 있는 산악 마을 몬쨈. 계단식 논과 밭, 시즌마다 피고 지는 꽃들, 허브와 딸기 농장이 일대에 자리해 자연 체험을 즐길 수 있어 인기다. 시즌에 따라 다르지만 딸기 농장 체험이나 퐁양 집라인 등의 액티비티를 추가해도 되고, 근처 글램핑장에서 1박을 하며 별빛 가득한 밤과 운무 낀 새벽녘까지 보고 오는 코스도 괜찮다.

맛있는 태국 음식을 만들고 싶다면?
쿠킹 클래스

직접 식재료를 구입해 음식을 만들어보고 싶어 하는 여행자도 많아 쿠킹 클래스를 운영하는 곳이 많다. 보통 텃밭에서 직접 재료를 수확하거나, 재래시장에서 신선한 재료를 구입하고 카오소이, 팟타이, 쏨땀, 망고 스티키 라이스 같은 음식들을 함께 만든다. 마마노이, 그랜마즈 홈 쿠킹 스쿨, 반 팜 타이 등 다양한 업체가 있다.

대자연과 트레킹을 좋아한다면
도이 인타논 국립공원 투어 P.234

태국의 최고봉(2565m)을 품은 도이 인타논 국립공원은 아름다운 풍광과 다양한 트레킹 코스를 갖춘 대표적인 치앙마이 근교 여행지다. 하지만 산길을 따라 편도 1시간 반~2시간 정도를 가야 해서 개별적으로 다녀오기 쉽지 않아 왕과 왕비의 파고다, 와치라탄 폭포, 트레일 코스까지 포함된 당일치기 로컬 투어를 많이 이용한다. 차량, 현지 가이드, 입장료가 포함된 조인 투어는 비용도 합리적이다.

코끼리와의 교감
코끼리 에코 투어

한때는 코끼리 쇼, 라이딩이 태국 여행의 필수 코스였지만 동물 학대 문제가 대두되면서 현재는 자연 서식 환경에서 코끼리의 일상을 관찰하고 먹이를 주거나 상처를 치료해주고, 목욕을 시켜주는 등 지속 가능한 방식의 교감 프로그램이 인기다. 엘리펀트 정글 생추어리, 커처 코끼리 에코 공원, 매사 코끼리 캠프 등 치앙마이 외곽에 많은 보호소와 전용 공원이 있는데, 투어 프로그램이 조금씩 다르니 비교 후 선택하면 된다.

로망의 실현
치앙마이 한 달 살기의 모든 것

'치앙마이' 하면 '한 달 살기'라는 검색어가 자연스럽게 따라 나온다.
'치앙마이 한 달 살기'를 다녀왔거나 꿈꾸고 있는 이가 그만큼 많다는 의미다. 왜 이런 붐이 인 걸까?

치앙마이 한 달 살기의 매력

합리적인 생활비
숙소, 음식, 교통비가 상대적으로 저렴해 장기간 머물러도 부담이 적다. 호텔, 콘도 단기 임대가 많아 다양한 예산에 맞춰 생활이 가능하다.

편안한 도시 분위기
카페, 레스토랑, 코워킹 스페이스, 쇼핑몰 등 생활 인프라가 충분히 잘 갖춰져 있지만 방콕 같은 대도시보다 훨씬 한적해 여유롭다.

디지털 노마드와 외국인 커뮤니티
전 세계에서 온 여행자, 프리랜서, 원격 근무자들이 모여 있어 교류가 쉽고, 영어로도 충분히 소통이 가능하다. 국제적인 분위기 속에서 로컬 문화를 함께 즐길 수 있어 매력적.

도시와 대자연을 동시에!
도심에서는 사원, 미술관, 나이트 마켓 같은 문화적 경험을 하고, 차로 조금만 나가면 산과 숲, 폭포 같은 대자연을 만날 수 있다. 빠이, 치앙라이 등 가볼 만한 근교 여행지가 많아 장기간 머물러도 지루할 틈이 없다.

느린 삶의 매력
"사바이 사바이(괜찮아~ 천천히~)", "마이 뻰 라이(괜찮아, 문제없어)"는 태국 북부 사람들의 여유롭고 긍정적인 면을 보여주는 표현들이다. 그만큼 서두르지 않고 차분히 일상을 정리하거나 자기만의 시간을 보내기에 최적이다.

치앙마이 한 달 살기, 알아두면 좋은 것들

90일 무비자 체류 가능

대한민국 여권 소지자는 태국에서 90일간 무비자로 체류할 수 있다. 단, 여권 유효기간은 최소 6개월 이상 남아야 하고, 왕복 항공권을 소지해야 한다. 덕분에 석 달 살기까지는 비자 걱정 없이 체류할 수 있다. 다만 2025년 5월부터 태국에 입국하는 모든 외국인은 사전에 디지털 입국신고서(TDAC)를 작성해야 하니 잊지 말자.

🏠 TDAC 홈페이지 http://tdac.immigration.go.th

장기 숙소 구하는 법

한 달 살기에서 제일 중요한 것은 숙소. 목적과 예산에 맞춰 위치를 정한다. 카페와 코워킹 스페이스가 많은 님만해민은 디지털 노마드에게 어울리고, 사원과 전통문화 접근성이 좋은 올드타운은 치앙마이 감성을 느끼기 좋으며, 숙소가 저렴해 장기 체류자가 많은 산티탐과 창클란 일대는 현지인들의 일상 속에 녹아들기 좋다. 에어비앤비, 리브애니웨어, 부킹닷컴 등에서 온라인 예약이 가능하고, 현지 부동산을 활용해도 된다. 시간 여유가 있다면 현지에 도착해 숙소를 직접 확인해보고 정해도 된다. 보통 보증금은 한 달치 렌트비. 요금에 와이파이, 전기세, 수도세 등의 공과금 포함 여부를 잘 체크해야 한다.

한국인 여행자에게 인기인 콘도 아스트라 스카이 리버 콘도 Astra Sky River, 더 원 치앙마이 The One Chiang Mai, 디 콘도 핑 D Condo Ping, 더 님마나 The Nimmana, 힐사이드 Hillside

🏠 숙소 예약 🏠 에어비앤비 www.airbnb.co.kr
🏠 리브애니웨어 www.liveanywhere.me

코워킹 스페이스

어딜 가나 와이파이 환경이 잘 구축되어 있고 인터넷 속도도 빠른 편이라 디지털 노마드에게도 최적의 근무 환경이다. 지역별로 편리한 업무 환경을 갖춘 코워킹 스페이스 및 작업하기 좋은 카페도 많아 노트북 하나만 챙기면 어디서든 일을 할 수 있다. 시간과 장소에 유연한 직업이라면, 치앙마이에서는 일과 여행을 함께 즐길 수 있다.

요가, 무에타이, 댄스 등 취미생활 즐기기

한 곳에서 오래 묵는다면, 현지에서 즐길 수 있는 나만의 루틴을 만드는 것도 좋다. 치앙마이엔 특히 요가 클래스를 1회 또는 다회권으로 구입해 이용할 수 있는 곳이 많다. 부악 하드 공원에서 매일 아침에 진행하는 무료 요가도 있다. 그 밖에 무에타이, 각종 댄스, 쿠킹 클래스 등도 있으니 특별한 경험을 만들어보자.

교통

택시비가 저렴해 부담 없이 이용할 수 있어 시내에 숙소를 정한다면 개별 차량은 필요 없다. 하지만 좀 더 자유롭게 움직이려면 오토바이를 대여하는 것도 좋은 방법. 다만 태국에선 소형 스쿠터도 2종 소형 면허증이 있어야 하니 국제 운전면허증을 준비해야 한다.

세탁

세탁기가 없는 곳에 묵어도 동네마다 셀프 빨래방과 일반 세탁소가 많고 가격도 합리적이다. 직원이 있는 세탁소가 조금 더 비싸긴 하지만, 기다릴 필요 없고 깔끔하게 개어주기까지 하니 편리하다. 운동화 세탁도 한국보다 훨씬 저렴하다. 세탁 세제, 섬유유연제도 마트나 편의점에서 1회용으로 판매해 굳이 한국에서 챙겨갈 필요가 없다.

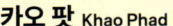

한국인 여행자가 좋아하는
대표 태국 음식

전 세계적으로 많은 사랑을 받고 있는 태국 음식. 한국에도 이미 마니아가 많아 음식 때문에 여행을 떠난다는 사람도 꽤 있다. 치앙마이뿐 아니라 태국 전역에서 만날 수 있는 대표 음식들을 알아보자.

카오 팟 Khao Phad

태국식 볶음밥인 카오 팟은 밥과 함께 달걀, 간장, 남 쁠라(피시소스)가 기본으로 들어간다. 거기에 새우, 돼지고기, 치킨, 채소, 파인애플 등의 추가 재료를 넣는다. 새우(꿍)를 넣으면 카오 팟 꿍, 치킨(까이)을 넣으면 카오 팟 까이, 파인애플(쌉빠롯)을 넣으면 카오 팟 쌉빠롯이 된다. 어느 식당에서 먹어도 무난하다.

팟타이 Phad Thai

팟타이는 쌀국수를 스크램블드에그, 닭고기, 새우 등의 재료와 함께 볶아낸 태국의 대표 면 요리다. 숙주와 땅콩, 라임즙 등을 기호에 따라 곁들여 먹으면 식감과 맛이 더욱 풍성해진다. 노점에서도 흔히 볼 수 있으며 가격은 50바트부터 천차만별이다. 향신료가 들어가지 않아 누구나 호불호 없이 먹기 좋다.

카오 만 까이 Khao Man Kai

닭 육수로 지은 하얀 쌀밥 위에 삶은 닭고기를 얹어주는데, 달콤 짭짤한 특제 소스를 곁들여 먹으면 된다. 자극적이지 않고 담백하지만 은근한 감칠맛이 있어 아침 식사로도 좋다. 보통 맑은 닭 육수도 함께 주는데 닭곰탕이랑 비슷해 한국인 입맛에 잘 맞는다. 닭구이나 튀김을 올려주기도 한다.

팟 끄라파오 무쌉 Pad Krapow Moo Sab

태국식 바질 돼지고기 볶음. 다진 돼지고기에 매콤 짭조름한 양념과 바질을 더해 밥 위에 얹어 반숙 달걀과 함께 먹으면 바질 향이 은은히 퍼져 기가 막히다. 부담 없는 가격에 어디서든 쉽게 접할 수 있는 국민 메뉴로 현지인, 여행자 모두에게 인기다.

똠얌꿍 Tom Yam Kung

세계 3대 수프 중 하나로 손꼽히는 똠얌꿍은 새우를 메인 재료로 매콤 새콤하게 끓여낸 이색적인 국물 요리다. 레몬그라스, 고수, 라임, 고추 등이 들어가 다양한 맛이 나기 때문에 호불호가 나뉘기도 한다. 먹다 보면 묘한 매력에 끌릴 수 있으니 한 번쯤은 꼭 도전해보자.

깽마사만 Kaeng Massaman

마사만 커리는 이슬람의 영향으로 남부 태국에서 발전한 요리지만 태국 전역에서 즐겨 먹는다. 쇠고기나 닭고기, 감자, 땅콩 등에 계피와 육두구 같은 다양한 향신료, 코코넛 밀크가 들어간다. 복합적이며 중독성이 있어 한 번 맛보면 계속 생각난다. 보통 밥과 먹지만 담백하게 구운 난이랑 같이 먹어도 좋다.

깽키여우 완 Kaeng Khiao Wan

연한 초록빛을 띠어 '그린 커리'라고 부르는 태국의 대표적인 카레 요리로 닭고기 또는 해산물에 동그란 가지, 바질, 고추 등을 넣어 만든다. 코코넛 밀크가 들어가 부드러우면서도 매콤한 맛이 난다. 일반적으로 쌀밥이나 쌀국수와 함께 곁들여 먹는다.

똠 카까이 Tom Khaa Kai

똠 카까이는 코코넛 밀크를 베이스로 한 부드러운 태국식 닭고기 수프다. 레몬그라스와 라임 잎, 고추, 갈랑갈(태국 생강)이 들어가 은은하게 매콤 새콤해 식욕을 자극한다. 많이 맵지 않고 크리미해서 태국 요리 초보자도 비교적 쉽게 도전해볼 수 있다.

푸팟퐁커리 Poo Phad Phong Curry

튀긴 게에 채소와 달걀, 커리 가루를 넣어 볶아낸 푸팟퐁 커리는 한국 여행자들이 특히 좋아하는 시푸드 중 하나다. 고수나 다른 향신료들이 들어가지 않아 누구나 무난하게 먹기 좋다. 코코넛 밀크가 들어가 매우 부드럽고 밥을 비벼 먹으면 더욱 맛있다.

무양 & 까이양 Moo Yang & Kai Yang

'무'는 돼지고기, '까이'는 닭을 뜻한다. 돼지고기와 닭고기를 먹기 좋은 크기로 썰어 숯불에 구워주는 무양, 까이양은 특제 소스에 찍어 먹는다. 노점에서도 많이 팔고 맥주 안주로도 제격이다.

사테 Satay

인도네시아의 전통 꼬치 요리인 사테를 태국에서도 즐겨 먹는다. 한입 크기로 썬 고기를 꼬치에 꽂아 양념에 재웠다가 숯불에 구워준다. 주로 돼지고기와 닭고기를 많이 사용한다. 은은한 커리 향과 달콤함이 불 맛과 어우러진다. 땅콩소스, 칠리소스를 찍어 먹는데 앉은 자리에서 꼬치 10개 정도는 기본이다.

얌운센 Yam Wun Sen

얌운센은 얇은 당면인 글라스 누들에 새우와 오징어 등의 해산물과 토마토, 양파 등의 채소를 넣고 버무린 샐러드다. 차갑게 혹은 따뜻하게 먹을 수 있다. 새콤달콤한 양념 덕분에 본격적인 입맛을 돋우기 위한 애피타이저 메뉴로 좋다.

쏨땀 Som Tam

덜 익은 파파야를 얇게 채 썰어 토마토, 콩순, 마늘, 땅콩 등을 넣고 피시소스, 매운 고추와 함께 버무려낸 태국의 대표 샐러드다. 아삭아삭하게 씹히는 파파야의 식감과 매콤 새콤한 소스가 아주 별미다. 어떤 태국 음식과도 잘 어울리는 우리의 김치와 같은 존재다.

수끼 Suki

각종 고기, 해산물, 채소, 당면 등을 국물에 넣어 익혀 먹는 태국식 샤부샤부다. 보통 맑은 육수나 똠얌 육수를 사용하며, 익힌 재료들은 특제 소스에 찍어 먹는다. 전문점이 아닌 일반 식당에서 주문하면 한꺼번에 재료를 넣고 끓여서 큰 볼에 담아주기도 한다.

팟팍붕 파이댕 Phad Pakbung Fai Daeng

팟팍붕 파이댕은 모닝글로리라는 채소를 태국식 된장, 굴소스, 피시소스 등을 넣고 볶은 것으로 사이드 메뉴 중 단연 인기다. 마늘과 고추도 들어가서 느끼하지 않고 밥 반찬으로도 좋다.

무카타 Moo Krata

태국식 BBQ로 중앙이 불룩하게 솟은 돔형 철판 위에 고기를 굽고, 가장자리 홈에 육수를 붓고 채소, 면, 해산물 등을 끓여 구이와 전골을 한 번에 즐길 수 있다. 뷔페식으로 제공하는 식당이 많고 친구들, 가족들과 함께 여럿이 먹기 좋아 현지인들에게도 인기다.

파통코 Pa Thong Ko

반죽을 길쭉하게 늘려 튀겨낸 태국식 도넛으로, 겉은 바삭하고 속은 쫀득한 식감이 한국의 꽈배기와 비슷하다. 보통 2개의 반죽을 붙여 튀기기 때문에 'X'자 모양이 많다. 현지에선 연유에 찍어 먹거나 두유에 담가서 아침 식사로 많이 먹는다. 가격도 매우 저렴하다.

쪽 Jok

태국식 쌀죽으로 쌀을 푹 끓여 부드럽고 걸쭉한 질감이 특징이다. 일반적으로 다진 돼지고기나 생선살, 수란 등을 곁들이고, 생강채, 실파, 마늘 플레이크에 간장이나 피시소스를 살짝 뿌려 먹는다. 호록호록 부드럽게 먹기 좋아 아침 식사로 인기다.

카오 니아오 Khao niao

비닐에 싸여 대나무 통에 담겨 나오는 찹쌀밥. 현지인들은 적당한 양을 덜어 손으로 좀 더 단단하게 뭉쳐서 먹기도 한다. 차진 식감에 씹을수록 담백하고 단맛이 느껴지며 쏨땀과 매우 잘 어울린다. 일반 밥은 카오 쑤어이라고 한다.

카오 니아오 마무앙 Khao Niao Mamuang

망고와 밥의 조합이 이색적인 태국의 대표 디저트다. 코코넛 밀크와 설탕을 잔뜩 넣고 밥알이 코팅될까지 졸인 후 생망고를 곁들여 먹는다. 달콤함에 달콤함을 더해 극강의 단맛을 자랑하지만 부드러운 망고와 쫄깃한 밥의 식감이 묘하게 매력적이다.

로티 Roti

동남아의 많은 지역에서 간식으로 즐겨 먹는 로티. 버터나 마가린을 두른 팬 위에 밀가루 반죽을 얇게 펴서 구워낸 후 연유나 초콜릿 등을 뿌려 먹는다. 기호에 따라 반죽 안에 바나나, 치즈, 달걀 등을 넣기도 한다. 크레페와 비슷해 보이지만 좀 더 바삭하고 담백하다.

현지에서 먹는
달콤한 열대 과일

지금은 한국에서도 많은 열대 과일을 맛볼 수 있지만 현지에서 먹는 맛은 절대 따라갈 수가 없다.
열대 과일의 천국 태국, 치앙마이에서도 달콤한 유혹에 빠져보자.

망고 Mango

열대 과일 중 가장 인기 많은 망고는 종류도 여러 가지이고 먹는 방법도 다양하다. 생과일도 맛있지만 주스나 망고 스티키 라이스로도 즐긴다. 덜 익은 그린 망고의 경우 샐러드로 만들어 먹기도 한다. 시장에서 구입해도 즉석에서 먹기 좋게 손질해준다.

두리안 Durian

축구공만 한 크기에 뾰족한 돌기가 있는 모양의 두리안은 대부분의 숙소에서 반입을 금지하고 있을 정도로 냄새가 독특하다. 하지만 냄새와는 달리 영양가가 높고 식감이 부드러우면서 달콤해 열대 과일의 제왕이라 불린다.

패션프루트 Passion Fruit

새콤한 과일을 좋아한다면 패션프루트가 정답. 동그란 과육을 반으로 가르면 검은 씨와 그것을 둘러싸고 있는 젤리 상태의 과육으로 가득 차 있다. 오독오독하게 씹히면서 상큼함이 팡팡 터진다.

망고스틴 Mangosteen

자주색의 두꺼운 껍질을 벗기면 마늘처럼 생긴 하얀색 과육이 나온다. 부드러운 식감에 단맛이 강해 아이들도 상당히 좋아한다. 치앙마이에서는 남부보다 수확 시기가 조금 늦고 짧은 편이며 6~7월이 제철이다. 특정 시즌에만 맛볼 수 있어서 더욱 특별하다.

파파야 Papaya

진한 주황빛이 도는 잘 익은 파파야는 상당히 부드럽고 달콤하지만 특유의 향이 있어 약간의 호불호가 있다. 덜 익은 파파야는 과육이 단단하고 단맛이 거의 없어 쏨땀의 재료로 사용한다.

파인애플 Pineapple

태국 파인애플은 유독 단맛이 강해서 식후 디저트로 즐겨 먹는다. 기존 파인애플보다 훨씬 작은 미니 파인애플도 있으며, 손질해서 파는 곳이 많아 쉽게 구입해 먹을 수 있다. 특히 치앙라이의 미니 파인애플이 아삭하고 맛있기로 유명하다.

용과 Dragon Fruit

선인장과의 하나인 용과는 전체적으로 예쁜 핑크색을 띠는데, 반으로 자르면 흰색 과육에 검은 씨가 촘촘히 박힌 반전 비주얼을 갖고 있다. 부드러운 식감에 씨가 톡톡 씹히면서 과즙이 풍부하다.

코코넛 Coconut

야자수 열매인 코코넛은 윗부분을 잘라 속의 과즙을 마시고 안쪽의 부드러운 과육은 수저로 긁어 먹기도 한다. 수분 보충에도 탁월해 무더운 날 마시면 더욱 좋다.

롱안 Longan

거봉 정도 크기의 다갈색 과일이 가지에 알알이 매달려 있다. 얇은 껍질을 벗기면 하얀 과육이 나오는데 쫄깃하면서 새콤달콤한 맛이 난다. 잘 익을수록 단맛이 강해진다.

로즈 애플 Rose Apple

촘푸라고 불리는 붉은 빛깔의 로즈 애플은 파프리카와 비슷한 모양이다. 과육 속은 하얀색이며 사과처럼 아삭한 식감에 새콤달콤하다.

치앙마이에서 뭘 마시지?
대표 주류 & 음료

사계절 무더운 날씨가 이어지다 보니 여행하는 내내
시원한 마실거리를 손에서 내려놓을 수가 없다.
얼음 동동 띄워 먹는 로컬 맥주부터 그 밖의 다양한 음료들까지.

맥주

창 Chang

초록색 병에 코끼리가 그려진 창 맥주. 태국어 '창'은 코끼리를 의미한다. 향긋하고 부드러운 라거 스타일의 맥주로 젊은 층에서 특히 인기다. 태국의 3대 맥주인 싱하, 리오 맥주보다 도수가 약간 높은 편.

싱하 Singha

싱하 맥주는 현지에서는 그냥 싱 비어로 불리기도 한다. 태국 신화에 나오는 사자 형상의 로고로 창과 함께 여행자들에게 가장 인기가 좋다. 5% 도수의 라거 스타일 맥주로 목 넘김이 상당히 부드럽다. 창이나 리오에 비해 가격은 약간 비싼 편이다.

리오 Leo

싱하를 만드는 맥주 회사에서 국내 맥주 점유율을 높이기 위해 좀 더 저렴한 가격으로 생산하는 리오는 시장 점유율 1위에 달하는 인기 맥주다. 여행자들에겐 창과 싱하가 더 인기지만, 가격이 저렴하고 깔끔한 라거 스타일의 맥주라 더운 나라에서 마시기 좋다.

치앙마이 Chiang Mai

치앙마이의 정체성과 자연을 담아 다양한 스타일의 맥주를 소량 생산해오고 있는 브루어리 맥주다. 대표 상품은 '레드 트럭 레드 에일'로 구운 몰트의 단맛과 캐러멜 향, 깔끔한 피니시가 특징이다. 라거, IPA, 시즌 한정도 있으며, 레이블도 인상적이라 로컬 맥주를 즐기는 사람에게 딱이다.

태국 로컬 위스키

쌩쏨 SangSom

태국 국민 위스키로 알려진 쌩쏨은 창 비어를 생산하는 회사에서 만든 럼과의 위스키다. 외국 위스키에 비해 가격대가 상당히 저렴한 편이고 마트, 편의점 등에서 쉽게 구할 수 있다. 대부분의 태국 사람들은 위스키에 소다나 레드불, 콜라 등과 얼음을 넣어 마신다.

태국 주류 구입

불교 국가인 태국에서는 소매점의 주류 판매를 엄격하게 제한한다. 마트, 편의점 등에선 11:00~14:00, 17:00~24:00에만 구입 가능하다. 부처님 관련 공휴일 등 술 구입이 아예 불가한 날들도 있다.

리젠시 & 홍통 Regency & Hong Thong

쌩쏨 외에도 리젠시, 홍통, 블렌드 285 등의 태국 로컬 위스키들이 있다. 편의점, 마트 등에서도 많이 판매하며 음식점에서 주문해도 크게 비싸지 않다. 주로 얼음에 소다, 콜라를 넣고 칵테일로 만들어 마신다. 리젠시의 경우 인터내셔널 푸드 유럽 어워드에서 수상하기도 했다. 가격도 저렴하고 면세점에서도 판매하기 때문에 선물용으로도 좋다.

그 밖의 음료들

생과일주스
열대 과일의 천국 태국에선 다양한 생과일주스를 맛볼 수 있다. 수박주스(땡모반)를 비롯해 망고, 패션프루트 등이 특히 인기가 좋으며 스무디 타입으로 제공하는 곳도 많다. 언제든 수분과 당을 보충할 수 있다.

타이 티 Butterfly Pea Tea
나비를 닮은 보라색 꽃, 버터플라이피는 태국에서 사랑받는 식물 중 하나다. 이를 말려서 뜨거운 물에 우리면 푸른빛을 띠는데 여기에 레몬즙을 추가하면 마법같이 보랏빛으로 변한다. 특별한 맛은 없지만 컬러 때문에 천연 색소로도 많이 활용하고 티 또는 라테, 소다 음료로 즐겨 먹는다. 시장이나 카페에서도 버터플라이피를 말린 꽃차를 구입할 수 있다.

타이 티 Thai Tea
태국식 밀크티를 타이 티, 태국어로는 '차옌'이라고 한다. 홍차에 연유, 설탕, 우유를 넣어 만든다. 음식점에서도 판매하지만 노점에선 20~30바트대로 더욱 저렴하게 먹을 수 있다. 많이 단 편이지만 무더위에 당 충전을 하기엔 더없이 좋다.

크라팅 댕 Krating Daeng
태국의 제약회사에서 개발한 에너지 드링크로, 세계적으로 유명한 에너지 드링크 레드불의 원조다. 그러다 보니 태국에서는 크라팅 댕이 10바트 정도로 저렴해 많은 사람이 즐겨 마신다. 로컬 위스키와 섞어 마시는 경우도 많다.

코코넛 워터 Coconut Water
신선한 코코넛 과육에서 나온 음료로, 바로 윗부분을 따서 과즙을 먹을 수 있다. 더울 때 시원하게 수분을 보충하기에 그만이다. 커다란 코코넛 열매를 들고 빨대로 들이켜면 보는 것만으로도 시원하다.

이건 꼭 먹어봐야 해!
태국 북부 음식 열전

고대 란나 왕국에서 유래한 태국 북부 음식은 미얀마, 중국 윈난 지역의 영향을 받으며
독자적으로 발전했다. 산악 지역답게 육류 요리의 비중이 높고 돼지 내장이나
피, 불개미 알 등 이색적인 재료로 만든 음식도 많아 호불호가 꽤 나뉠 수 있다.
향신료가 강하고 투박한 편이지만, 그래서 가볍지 않고 여운이 깊게 남는다.
북부에서는 훌훌 날리는 안남미 쌀밥보다는 찰밥을 더 즐겨 먹는다.
수많은 북부 요리 중 외국인도 비교적 쉽게 도전해볼 만한 음식들을 소개한다.

카오소이
Khao Soi

북부 태국을 대표하는 커리 누들 수프로, 진한 코코넛 밀크 베이스의 커리 국물에 부드러운 달걀 면과 바삭한 튀긴 면을 함께 얹어 낸다. 기호에 맞게 절인 채소, 라임, 양파, 고추기름을 곁들이면 풍미가 깊어진다. 부드러운 닭다리 살이나 소고기를 주재료로 사용한다. 여행자들이 꼭 맛봐야 할 No.1 로컬 음식으로 카오소이 매싸이 P.173, 카오소이 님만 P.163, 카오소이 쿤야이 P.127 등 전문 식당도 많다.

깽항레
Kaeng Hang Lay

태국-미얀마 접경 지역에서 유래한 북부식 돼지고기 카레로 강황과 생강, 마늘, 피시소스, 타마린드 등을 넣어 푹 끓인다. 큼직한 돼지고기가 야들야들하고 소스가 자작하게 잘 배어 있다. 갈비찜과 카레의 중간 정도 느낌으로 좀 더 복합적인 맛이지만 한국인의 입맛에도 잘 맞는다. 현지인들은 명절이나 전통 축제 때 깽항래를 함께 만들고 나누며 서로의 유대감을 강화한다.

남프릭
Nam Prik

'남프릭'은 '고추를 으깬 것'이라는 의미로, 고추를 베이스로 다양한 재료를 더해 만든 페이스트다. 우리나라로 치면 고추장과 비슷해 지역마다 조리법이 다르고, 추가하는 재료에 따라 종류도 아주 다양하다. 풋고추에 마늘, 샬롯 등을 넣은 초록색 '남프릭눔', 붉은 고추에 다진 돼지고기, 방울토마토, 타마린드, 피시소스 등으로 만든 '남프릭옹'이 가장 대중적이다. 구운 고기나 내장류를 주문할 때 남프릭과 삶은 채소를 추가해서 함께 먹으면 한국인 입맛에 딱이다.

찜쭘
Jim Jum

엄밀히 따지만 태국 북동부 이산 지역에서 시작된 음식이지만 북부 전역에서 즐겨 먹는 찜쭘. 토기에 맑은 육수를 붓고 각종 채소와 고기, 해산물 등을 넣어 끓여먹는데 샤부샤부와 전골의 중간 느낌이다. 재료들이 익으면 소스를 찍어 먹고 국수나 죽을 끓여 먹을 수도 있다. 찜쭘 전문 로컬 식당이 꽤 많은데 저렴하고 푸짐해 현지인에게도 인기다.

카이못댕
Kai Mot Daeng

이색적인 식재료에 거부감이 없다면 도전! 산에 사는 붉은 개미의 알Kai Mot Daeng로 샐러드나 튀김, 수프 등의 요리를 만든다. 태국의 산개미는 알이 크고 고단백이라 고산족들의 중요한 영양 공급원이었다. 부드럽게 톡톡 터지는 식감에 독특한 산미와 고소함이 특징이다.

싸이우아
Sai Ua

캡무
Kaeb Moo

다진 돼지고기에 레몬그라스, 갈랑가(생강), 샬롯, 쥐똥고추, 다양한 허브와 향신료를 넣어 만든 북부식 소시지다. 매운맛과 허브 향이 강해 이국적인 풍미를 느낄 수 있으며, 서양식 소시지보다 식감이 다소 거칠고 허브 조각이 씹히기도 해 호불호가 갈릴 수 있다. 태국 북부의 맛을 직관적으로 느낄 수 있으며 밥, 채소, 남프릭과 함께 반찬으로 먹거나 숯불에 구워 맥주와 함께 먹는다.

기름진 돼지 껍데기를 또 튀기다니! 기름진 느낌보다는 고소함이 강하고 바삭한 식감 덕분에 자꾸 손이 간다. 맥주 안주로도 찰떡이다. 보통은 남프릭과 함께 곁들이는 기본 반찬으로도 올라오고 간식으로도 즐겨 먹는다. 마트나 시장에서도 포장 판매를 한다.

칸톡
Khan Tok

'칸'은 쟁반, '톡'은 원형 탁자를 의미한다. 작고 동그란 탁자 위에 찹쌀밥, 남프릭, 깽항레, 싸이우아, 캡무, 삶은 채소 등으로 한 상 차림을 해주는데 한국식 밥상과도 비슷하다. 다양한 북부 음식을 조금씩 맛볼 수 있어 여행자들에게도 좋은 경험이 될 수 있다.

카오탄
Khao Tan

태국 북부의 대표 전통 간식으로 찹쌀밥을 동그랗게 눌러 말린 후 튀긴 라이스 크래커다. 수박 과육을 졸여 만든 시럽을 뿌리거나 견과류, 검은깨, 생강 시럽 등을 더해 다양한 맛으로 즐길 수 있다. 바삭하고 고소해서 한번 먹기 시작하면 내려놓기가 힘들다. 시장이나 마트, 면세점 등에서도 판매하며 가격까지 저렴해 기념품으로도 인기가 많다.

태국 커피 수도
치앙마이의 3대 커피

치앙마이는 태국 북부, 해발 고도 1000m가 넘는 고원지대에서 아라비카 커피를 재배하며 뛰어난 품질로 주목받고 있다. 처음엔 아편 대체 작물로 커피를 심었지만, 시간이 흐르고 스페셜티 커피 중심의 로컬 브랜드들이 생겨나면서 커피 문화가 폭발적으로 성장했다. 현재 치앙마이에는 농장 직영 카페, 싱글 오리진 전문점, 로스터리 등 감각적이면서도 진정성 있는 공간들이 즐비하다. 지역 정체성과 자부심이 녹아든 커피 한잔의 맛, 치앙마이의 3대 카페부터 돌아보자.

실험적인 메뉴가 인상적인
그래프 P.179

2014년 작은 카페로 시작해 치앙마이 스페셜티 커피 문화를 선도하는 하나의 브랜드로 자리 잡았다. 이곳은 특히 독창적인 레시피, 예술적인 브루잉 플레이팅으로 유명하다. 'GRAPH No.17'(콜드브루+토마토+라임), '모노크롬'(활성탄+바닐라) 같은 메뉴는 그 어떤 카페에서도 볼 수 없는 조합.

지속 가능한 커피 한잔의 의미
아카아마 커피 P.116

'리 아유'는 소수민족 아카족이 정성껏 재배하던 커피가 사라질 위기에 처하자 아카아마 커피를 만들어 공동체의 자립을 위해 노력했다. 재배부터 로스팅, 추출까지 한 잔의 여정을 투명하게 해 세계적인 공정무역 모델로 자리 잡았다. 원두 종류도 다양하고 싱글 오리진 드립 커피도 비슷한 수준의 다른 카페들에 비해 저렴한 편.

세계 라테 아트 챔피언의 커피
리스트레토 오리지널 P.178

2011년, 세계 바리스타 챔피언십 파이널리스트 아논Arnon이 님만해민에 낸 커피 성지. 사탄 라테, 멕시칸 라테 같은 콘셉트 음료들과 시험관, 해골 모양의 컵 등 개성 넘치는 플레이팅도 눈에 띈다.

로스터리 커피 플래그십 스토어 P.178

아논의 또 다른 카페로 힙한 분위기의 브루잉 바에선 핸드 드립, 콜드 드립, 에스프레소 등 다양한 추출 방식의 커피를 즐길 수 있으며, 원하는 모양의 월드 챔피언 라테 아트를 주문할 수 있다.

여행 중 건강한 한 끼
비건 카페

몸과 마음을 정화하는 도시답게 건강한 식생활에 대한 관심도 상당히 높다.
유기농 식재료를 사용하는 곳도 많고 비건을 위한 식당, 카페도 쉽게 찾을 수 있다.
비건이 아니더라도 여행 중 디톡스가 필요할 때, 가볍고 건강한 한 끼를 먹고 싶을 때 들르면 좋다.

가볍지만 건강하게
쿤캐 주스 바 P.128

여행 중 피곤하거나 부담스러운 음식만 먹어 몸이 무겁다면 이곳으로 가보자. 소박한 외관에 자그마한 테이블 몇 개가 전부지만 늘 손님들로 북적인다. 매일 직접 손질한 과일과 채소로 스무디, 주스 등을 바로 갈아주는데 재료들의 조합이 엄청나다.

맛있는 비건 가정식
차다 베지테리언 P.128

조용한 골목 안 MSG 없이 유기농 채소와 코코넛 밀크, 두유 등 건강한 재료로 태국 가정식을 풀어내는 비건 식당. 대표 태국 음식들이 주를 이루는데 고기 대신 두부나 버섯을 사용한다. 재료가 풍성하고 깊은 맛이 난다.

비건들의 숨은 성지
비건 소사이어티 P.128

왓 프라싱 인근에 자리한 이 작은 가게는 주택 마당 안에 있어 아늑한 분위기가 난다. 신선한 유기농 재료로 만든 태국 음식을 베이스로, 버섯과 두부를 메인 재료로 사용한다. 특이하게 김치를 이용한 볶음 누들, 덮밥류도 있다.

샐러드 전문 카페
샐러드 콘셉트 P.179

오랫동안 영업해오며 현지인과 외국인 모두에게 사랑받고 있다. 유기농 채소와 천연 드레싱으로 만든 샐러드를 기본으로 스무디, 파스타, 파니니까지 다양한 메뉴를 선보인다. 원하는 재료를 직접 선택해 나만의 맞춤 샐러드를 주문할 수 있어 가벼운 한 끼로 좋다.

가성비 좋은
길거리 음식 & 포장 전문점의 맛

동남아는 워낙 외식, 포장 문화가 발달한 곳이라 노점이나 포장 전문점에서
파는 음식들도 종류가 다양하고 훌륭한 가성비를 자랑한다.
테이크아웃을 하거나 길거리에서 먹어야 하지만, 맛있으니 포기할 수 없다.

현지인에게도 인기 만점 감자떡
룽 카존 왓 껫 P.212

태국식 감자떡을 맛보고 싶다면 핑강 근처 왓 껫 지역의 '룽 카존'으로! 얇은 찹쌀 반죽에 달콤 짭짤하게 졸인 견과류 소를 채운 카오 크리압 팍 모, 그리고 짭조름한 돼지고기 소를 넣어 동그랗게 빚은 사꾸 싸이 무 2가지가 대표 메뉴다.

미쉐린이 인정한 로티
로티 빠 데 P.213

길거리 로티가 5년 연속 미쉐린 빕 구르망에 올랐다니! 겉이 바삭바삭하고 고소한 로티는 연유만 뿌려 먹어도 맛있고 바나나, 누텔라, 치즈, 달걀 등 토핑을 추가해도 좋다. 노점 앞은 늘 인산인해를 이루는데 30~40분 이상 대기가 생기기도 한다.

달콤함의 끝판왕
람 야이 P.179

코코넛 밀크에 졸인 달콤한 찰밥을 망고와 함께 먹는데 그 조합이 꽤나 신박하다. 대부분의 식당에서 후식으로 먹을 수 있지만, 좀 더 저렴하게 디저트만 구입하고 싶다면 전문 노점도 좋은 선택.

박명수의 가브리엘
우티 쏨땀 P.133

JTBC에서 방영된 〈마이 네임 이즈 가브리엘〉에서 개그맨 박명수가 며칠간 치앙마이의 쏨땀 노점 주인이 되었다. 그 노점이 바로 이곳. 쏨땀 종류도 다양한데 가격은 40바트로 저렴하고 맛도 좋은 편이다. 옆집 꼬치랑 같이 구입하면 맥주 안주로도 훌륭하다.

071

쾌적하게 쇼핑 가능!
대형 쇼핑몰

재래시장, 야시장, 주말 시장이 넘쳐나는 치앙마이지만 날씨가 무더울 땐 에어컨 빵빵하게 나오는 대형 쇼핑몰이 최고. 인기 레스토랑, 푸드 코트, 카페, 키즈존까지 갖춰 쇼핑과 식사, 다양한 엔터테인먼트까지 즐길 수 있다.

치앙마이 대표 쇼핑몰
마야 라이프 스타일 쇼핑센터 P.157

6층 규모로 글로벌 스포츠 브랜드와 태국 인기 로컬 브랜드, 고급 식자재를 판매하는 림핑 슈퍼마켓(지하 1층)까지 입점해 있다. 유명 체인 레스토랑들과 로컬 음식을 판매하는 푸드 코트에서 끼니도 해결할 수 있다.

식재료, 기념품 쇼핑의 성지
빅 씨 P.213

태국 여행자들이 꼭 들르는 대형 슈퍼마켓으로 각종 식자재와 생필품, 약, 기념품 등을 한 번에 살 수 있다. 여러 지점이 있지만 빅 씨 마켓 판팁Big C Market Pantip이 나이트 바자에서 멀지 않아 접근성이 제일 좋다.

로컬 분위기를 느끼고 싶다면
센트럴 플라자 에어포트 P.157

국제공항에서 차로 5분 거리인 이 복합 쇼핑몰엔 로빈슨 백화점, 탑스Tops 마트, 메이저 시네플렉스 외 유니클로, 무지, 나이키 팩토리 아웃렛 등 다양한 브랜드가 입점해 있다. 특히 지하 1층에는 합리적인 가격대의 푸드 코트가 있다.

치앙마이 최대 규모 쇼핑몰
센트럴 페스티벌
Central Festival ◎ 센트럴 페스티벌

시내에서 약간 떨어진 곳에 자리한 치앙마이 최대 규모의 쇼핑몰로 H&M, 자라, 망고, 유니클로, 막스 앤 스펜서 등의 글로벌 브랜드와 로빈슨 백화점, 짐 톰슨 같은 인기 로컬 브랜드 매장이 상당수 입점해 있다. 물론 태국 내에서 유명한 레스토랑들과 카페들도 많다. IMAX관이 포함된 메이저 시네플렉스, 아이스링크, 키즈존까지 갖춘 엔터테인먼트 공간도 강점. 내부가 넓고 시원하며 셔틀버스도 운행해 접근성도 나쁘지 않다. 탑스 슈퍼마켓에서 기념품 쇼핑을 하고 한국인 여행자들에게 인기 많은 '애프터 유' 카페에서 디저트를 먹고 오기 딱 좋은 코스다.

🚶 타패 게이트에서 북동쪽으로 차량 17분
🕐 월~금 11:00~21:30, 토·일 10:00~22:00
📞 +66 53 998 199 🏠 centralpattana.co.th

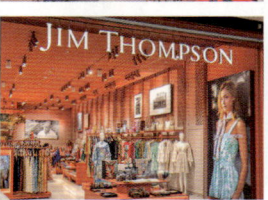

마트에서 사면 좋은
쇼핑 아이템

색다른 식재료와 가성비 좋은 생필품들을 구입할 수 있는 마트 쇼핑도 놓칠 수 없는 즐거움 중 하나다. 대형 마켓인 빅 씨Bic C, 탑스Tops, 림핑Rimping 슈퍼마켓, 어디를 가도 괜찮다.

벤또
태국 간식 중 한국 여행자들에게 인기가 좋은 벤또는 매콤 달콤하게 양념한 쥐포다. 감칠맛 끝판왕으로 맥주 안주로도 그만이다. 한 번에 먹기 좋은 작은 사이즈도 있어 선물용으로도 인기.

똠얌꿍
세계 3대 수프 중 하나인 똠얌꿍. 끓이기만 하면 되는 분말, 페이스트들이 있고 라면으로도 먹을 수 있다. 컵라면이 있지만 봉지 라면이 가져오기는 더 편하다.

김 과자
아이들 간식이나 맥주 안주로 아주 좋은 김 과자. 바삭하게 튀긴 김에 양념이 되어 있어 취향대로 골라 먹을 수 있다.

쿤나
로컬 과일과 코코넛 등으로 만든 태국의 프리미엄 간식 브랜드 쿤나KUNNA. 품격 있는 맛, 세련되고 고급스러운 패키지를 사용해 기념품으로도 인기다. 동결 건조 용과, 두리안, 망고, 코코넛 크리스피 스낵, 초콜릿으로 코팅된 망고 등 종류도 다양하다.

카오 탄
태국 북부에서 즐겨 먹는 라이스 크래커로 바삭하고 고소한 맛에 자꾸 손이 간다. 수박 시럽, 흑당 시럽 견과류, 검은깨 등을 더해 다양한 맛으로 즐길 수 있으며 가격까지 저렴해 선물용으로도 좋다.

말린 과일
열대 과일의 천국 태국에선 말린 과일의 종류가 다양하다. 망고, 파파야, 파인애플, 두리안, 코코넛, 바나나까지. 특히 말린 망고가 인기이며 시식을 해본 후 구입 가능하다.

각종 소스

태국 식재료는 한국에도 있지만 현지가 훨씬 저렴하다. 피시소스, 칠리소스, 코코넛 밀크, 굴소스 등 다양하다.

꿀

품질 좋기로 유명한 태국 꿀. 왕실 인증 마크가 있는 제품도 있다. 작은 사이즈의 튜브형, 스틱형도 있어 들고 오기에 무겁지도 않다. 게다가 가격까지 저렴!

커피

커피에 대한 자부심이 그 어느 곳보다 강한 치앙마이. 도이창, 아카아마 등 다양한 로컬 브랜드 제품이 있어 한국에 돌아와서도 치앙마이 커피의 맛과 향을 되새길 수 있다.

피트네 허브티

피트네 허브티는 여성들에게 특히 인기다. 티백으로 된 차를 우려 마시면 배변 활동이 활발해져 변비가 있는 분들에게 추천!

차트라뮤

치앙라이에서 시작한 태국 대표 밀크티 브랜드로, 전역에 음료 매장을 두고 있고 마트에서도 다양한 제품을 판매한다. 부드럽고 달달한 맛이 일품인 타이 밀크티가 제일 인기이며, 티백보다는 파우더 제품이 좀 더 먹기 편하고 현지와 비슷한 맛이 난다.

태국 위스키

태국 위스키는 저렴한 가격에 작은 크기도 있어 선물용으로 구입하기도 좋다. 쌩쏨, 리젠시, 홍통, 블렌드 285 등이 있다. 특히 리젠시는 구하기 어려울 정도로 인기가 많다.

치약

유명 치약 회사들의 공장이 태국에 있는 경우가 많아 국내보다 저렴하게 구입 가능하다. 센소다인, 덴티스테 등이 특히 인기다. 미백 치약으로 알려진 달리 치약도 저렴하다.

헤어 제품

태국은 자외선이 강해 머리카락 손상을 막기 위한 헤어 케어 제품이 다양하다. 게다가 썬실크, 팬틴의 경우 현지에 공장이 있어 국내보다 훨씬 저렴하게 구입 가능하다. 최근엔 1회용으로 포장된 그린 바이오 트리트먼트가 인기다.

저녁 일정은 무조건!
야시장

날이 더운 동남아에선 해가 떨어지기 시작하는 늦은 오후부터 활기를 띤다. 그래서 저녁에만 열리는 야시장도 많은 편. 상시 운영하는 곳도 있지만 특정 요일에만 열리는 곳이 더 많으니 미리 체크하고 저녁 일정을 세워보자. 올드타운 선데이 마켓과 우아라이 토요 마켓이 특히 가볼 만하니 주말 저녁엔 꼭 야시장으로.

깟마니 야시장

치앙마이 최대 야시장
치앙마이 선데이 마켓 P.137

일요일 저녁 올드타운 타패 게이트에서 왓 프라싱까지 랏차담넌 대로를 따라 1.1km가량 야시장이 이어지는데, 골목길까지 합치면 약 700~1000개의 점포가 있는 셈. 규모가 워낙 커 치앙마이 쇼핑의 끝판왕을 경험할 수 있다.

주말 마켓 양대 산맥
우아라이 토요 마켓 P.137

우아라이는 예로부터 은공예 장인들이 모여 살던 동네로 지금도 식기, 장신구 등을 판매하는 전문점이 많다. 선데이 마켓보다 규모는 작지만 은세공품 외 판매 제품군은 거의 비슷하다.

트렌디함과 저렴한 가격
치앙마이 대학교 야시장 P.152

매일 밤 치앙마이 대학교 정문 앞에서는 나머 야시장, 후문 앞에서는 랑머 야시장이 열린다. 학생들이 주로 찾다 보니 저렴하고 감각적인 의류, 빈티지 잡화, 휴대폰 케이스, 피규어, 액세서리 등 실생활에 유용한 제품이 많다.

빈티지의 매력 속으로
더 마켓 치앙마이 P.184

치앙마이 대학교 아트센터 근처 공터에서 화~목요일에만 열리는 야시장. 트렌디한 빈티지 제품들을 판매하는 노점이 많아 현지 젊은 층에게 인기다. 50바트도 안 되는 제품도 많아서 두 눈 크게 뜨고 찾으면 대박 득템의 기회도 생긴다.

호수 앞 야장 먹방이 킥
깟마니 야시장 Kadmanee Market　🔍 Kadmanee Market

현지인이 주를 이루는 찐 로컬 야시장을 찾는 여행자에게 추천한다. 치앙마이 공항 근처, 님 시티에서 도보로 갈 수 있는 이곳엔 약 40개의 먹거리 노점이 모여 있다. 호숫가를 빙 둘러 앉을 공간이 마련되어 있어 음식들을 사다 편하게 먹을 수도 있다. 쏨땀, 꼬치, 팟타이, 생선구이, BBQ 등 없는 게 없는데 가격까지 저렴해서 더할 나위 없다. 로컬의 낭만을 좋아한다면 이곳으로 가보자.

🚶 치앙마이 공항에서 차량 7분, 님 시티 근처　🕐 16:00~23:00

야시장 머스트 바이 아이템

라탄 제품
라탄만큼 동남아, 여름 바이브에 잘 맞는 소재도 없다. 가방, 모자, 바구니, 의자, 인테리어 소품까지 제품군도 다양하고 가격도 국내에 비해 저렴해 인기다. 타패 게이트 밖 창모이 로드에 위치한 라탄 거리에 가면 더 많은 제품을 만날 수 있다.

은세공품
란나 왕국 시절부터 치앙마이는 은세공이 유명했다. 그래서 우아라이 일대엔 여전히 은 거리가 있고 관련 전문점도 많다. 치앙마이 감성을 담은 유니크한 제품부터 트렌디한 액세서리까지 다양하고 가격도 비교적 저렴하다.

패브릭, 의류 제품
오랫동안 이어진 북부 고산 마을의 전통 방직 기술, 자연 친화적인 수공예 문화 덕에 천연 코튼과 리넨, 천연 염색, 자수가 들어간 패브릭 제품이 많고 퀄리티도 상당히 좋은 편이다. 치앙마이에선 휴양지 원피스 대신 리넨으로 내추럴한 멋을 살리고 포인트로 화려한 패턴이 인상적인 고산족 전통 원피스를 매치하는 것도 센스!

우드 제품
티크, 망고 우드, 로즈 우드 등 내구성 강한 열대 목재로 만든 자연 질감이 살아 있는 목공예품이 많다. 불교와 관련된 불상, 코끼리, 연꽃 등의 소품부터 트레이, 볼, 커트러리 등의 주방용품, 가구와 인테리어 관련 제품들까지. 모두 가격 대비 퀄리티도 훌륭하다.

코끼리 관련 수공예품
태국에서 가장 신성하게 여기는 동물이자 친근한 동물 코끼리. 그래서 코끼리와 관련된 디자인 제품이 끝도 없이 나온다. 흔하디 흔한 코끼리 바지부터 목각 장식품, 키링, 인형, 파우치, 그릇 등등 관련 제품이 다양하다.

향초, 아로마 제품
태국은 레몬그라스, 유칼립투스, 라벤더 등 다양한 허브를 이용한 아로마 제품이 정말 많다. 작은 공방에서 만든 것부터 고급 스파 브랜드 제품까지 선택의 폭도 넓다. 아로마 오일, 디퓨저, 향초, 허브 볼 등 직접 향을 맡아보고 취향에 맞는 제품을 찾는 재미도 쏠쏠하다.

법랑
태국에선 금속에 유리질 코팅을 한 법랑을 오랫동안 대중적으로 사용했는데, 지금은 레트로 감성을 담은 캠핑용 테이블웨어로 인기가 더 높아졌다. 꽃무늬, 패턴이 있는 빈티지 스타일부터 알록달록한 2~3단 원형 도시락 등 인테리어용으로도 사볼 만하다.

주말이 기다려지는 이유!
주말 마켓

마켓에 진심인 치앙마이. 주말에만 열리는 마켓도 많아서 시간대, 동선을 잘 체크해서 일정을 짜야 한다. 시내 중심에서 조금씩 떨어져 있긴 하지만 마켓마다 스타일이 달라서 어느 것 하나 놓치기 아쉽다.

진심을 담은 주말 시장
찡짜이 마켓 P.194

태국어로 '진심'이라는 뜻의 찡짜이Jing Jai는 이름처럼 진심이 담긴 지역의 농산물, 핸드메이드 공예품, 비건, 유기농 먹거리 등을 판매한다.

인스타그래머블한
코코넛 마켓 P.194

코코넛 농장에 자리한 이곳은 치앙마이의 주말 마켓 중 가장 예쁜 곳이다. 둔덕 사이사이 수로가 있고 키가 큰 코코넛 나무들이 늘어서 있어 이국적이다. 노점이 많은 편은 아니라 가볍게 둘러본 후 코코넛으로 만든 다양한 먹거리를 맛보자.

시골 장에서 힐링
참차 마켓 P.231

치앙마이 외곽, 싼캄팽 지역에 위치한 아담하지만 감각적인 아트 & 핸드 크래프트 주말 마켓. 논밭으로 둘러싸인 조용한 마을이라 다른 마켓에 비해 차분하고 여유로워서 시골 낭만을 좋아한다면 추천.

리얼 빈티지를 만나다
치앙마이 중고 벼룩시장
Nong Ho Flea Market ♀ 치앙마이 중고 벼룩시장

시내에서 조금 떨어져 있지만, 빈티지 마니아라면 한 번쯤 가볼 만하다. 넓은 공터에 수백 개의 노점이 자리를 펴는데 중고 가구, 옛 잡지, 동전, 의류, 잡화, 그릇, 각종 불교 용품까지 다양하다. 규모가 큰 만큼 제품의 종류도 다양하고 판매자들도 예사롭지 않아 이래저래 구경하는 재미가 쏠쏠하다. 마구잡이로 쌓여 있는 물건을 뒤지다 보면 뜻밖의 득템을 하기도 한다. 토요일에 나나 정글 마켓과 묶어서 다녀오기 좋다.

🚶 원 님만에서 북서쪽으로 차량 7분 🕐 토·일 07:00~14:00

빵 내음 가득한 숲속의 토요일
나나 정글 마켓
Bamboo Saturday Market(Nana Jungle) ♀ 나나 정글 마켓

조용한 아침, 치앙마이의 숲속에서 시작되는 마켓은 프랑스 부부가 열었던 작은 베이커리에서 비롯되었다. 매주 토요일 단 4시간 동안, 대나무와 코코넛 나무로 둘러싸인 숲은 고소한 빵 냄새로 가득 찬다. 바게트, 크루아상, 브리오슈 같은 정통 유럽식 베이커리 외에도 핸드 드립 커피, 유기농 요거트와 잼까지 거를 것이 없다. 점포 수가 적지만 줄을 서야 할 만큼 충성도 높은 단골이 많다. 맛있는 빵과 라이브 음악, 여유로운 일상을 즐길 수 있어 주말 감성 충전에도 제격이다.

🚶 원 님만에서 북서쪽으로 차량 12분 🕐 토 07:00~11:00

놓칠 수 없는
드러그스토어 쇼핑

태국 전역에서 흔하게 볼 수 있는 부츠와 왓슨스. 물론 치앙마이에도 매장이 많긴 하지만
로컬 매장을 이용하면 좀 더 저렴하다. 올드타운, 님만해민에 매장들이 있으니
치앙마이에서 화장품과 약 쇼핑은 아래 세 곳을 기억해두자.

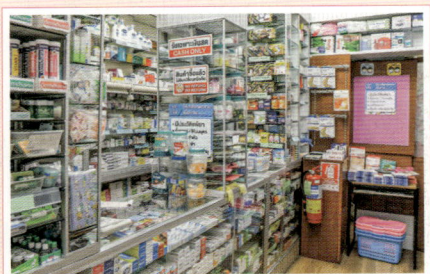

약국 화장품의 천국
싱하랏 약국 P.134

태국에서 인기 있는 약국 화장품을 구입하고 싶다면 이곳으로! 한국인 여행자를 위한 제품으로 구성한 '코리안 키트'가 있을 정도로 인기. 뷰티 아이템을 비롯해 타이레놀, 스트렙실 등 약도 구입할 수 있다.

치앙마이의 올리브영
윈 플러스 P.180

치앙마이에 여러 지점을 두고 있는 윈 플러스에서는 뷰티와 헬스 케어 제품을 한 번에 쇼핑할 수 있다. 여행자들이 많이 구입하는 아이템을 한 섹션에 모아놓아 쇼핑하기에 편리하며, 가격 경쟁력도 있다.

저렴한 가격이 매력!
치앙마이 코스메틱 P.134

태국 로컬 화장품부터 일본 스킨케어 화장품, 로레알, 바이오더마 같은 글로벌 브랜드 제품까지 빽빽하게 진열되어 있다. 특히 트래블 키트나 일회용 섬유 유연제, 샴푸, 린스, 화장품도 많아 장기 체류자들에게도 인기다.

치앙마이에서도 왓슨스, 부츠 등의 프랜차이즈형 드러그스토어를 흔히 볼 수 있다. 화장품과 의약품이 주를 이루며 가성비 좋은 로컬 브랜드부터 해외 유명 브랜드의 제품들까지 다양하다.

드러그스토어 추천 아이템

야몽
각종 허브를 배합해 만든 코 흡입형 아로마 제품으로 뚜껑을 열고 향을 맡으면 코 막힘, 멀미, 졸음 방지, 긴장 완화 등의 효과를 준다. 다양한 브랜드 제품이 있는데, 봉황이 그려진 홍타이가 특히 인기다.

야돔
평소 비염이 있거나 코가 막힐 때 야돔을 코 가까이 대고 숨을 들이마시면 막혔던 코가 뻥 뚫린다. 크기도 작고 가격도 저렴하니 경험 삼아 사용해보는 것도 괜찮다.

마담행 비누
순수 약초에서 추출한 원료로 만든 한방 비누로 1949년부터 70년 넘게 전통 방식을 이어가고 있다. 100% 천연 성분으로 만들며 보습, 미백에 효과적이다. 마담행 아크네는 여드름 피부에 효과적이라 청소년 자녀를 둔 여행자들에게 특히 인기다.

스네이크 브랜드
쿨링 제품으로 유명한 130년 역사의 태국 브랜드. 즉각적으로 냉감 효과를 주는 쿨링 보디 스프레이와 미스트, 파우더로 유명하다. 인기에 힘입어 최근 한국에도 론칭했는데 현지에서 구입하면 확실히 더 저렴하다.

텝타이 치약
콜게이트, 센소다인, 리스테린, 흑인 치약까지 스테디셀러 제품이 많지만, 현시점 제일 핫한 치약은 텝타이Tepthai다. 잇몸, 미백, 충치에 효과적이며 콩알만큼씩 짜서 사용한다고 해서 '콩알 치약'으로 불린다. 구취 제거 효과도 있다.

썬실크 헤어 팩
자외선이 강한 동남아에선 헤어 손상 방지를 위해 트리트먼트, 헤어 팩 같은 제품도 종류가 다양한데 썬실크 헤어 팩이 착한 가격에 용량까지 커 인기가 많다. 팬틴이나 그린 바이오 제품도 함께 구입하기 좋다.

잠벅
태국의 국민 연고라고 불리는 잠벅 ZAMBUK은 벌레에 물리거나 타박상, 화상에도 두루두루 바를 수 있는 제품이다. 저렴한 가격에 활용도가 높아 선물용으로도 좋다.

모기 퇴치제
1년 내내 모기가 많은 동남아에선 모기 퇴치제가 필수품! 여행자들이 들고 다니기 좋은 작은 크기의 제품들도 있으니 여행 초반에 들러 구입하면 도움이 된다.

타이거 밤
태국은 물론 동남아 전역에서 인기가 좋은 타이거 밤 제품들. 보통 근육통이나 멀미가 있을 때 사용한다. 타이거 밤과 파스가 있으며 튜브형으로 된 크림 타입도 새로 나왔다.

스트렙실
갑자기 목이 아플 때 스트렙실 하나면 해결! 다양한 맛이 있고 사탕처럼 녹여 먹으면 된다.

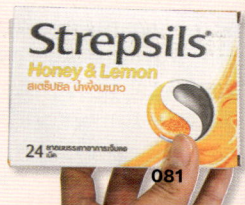

도심 속 선셋 포인트
루프톱 바

치앙마이는 높은 건물이 많지 않아 웬만한 곳에서 탁 트인 뷰를 만날 수 있지만, 그래도 포인트가 될 만한 루프톱에 가면 도시를 한눈에 담을 수 있다. 일몰 시간에 맞춰 방문해 칵테일 한잔에 매직 아워를 감상하며 야경까지 보고 오면 알차다.

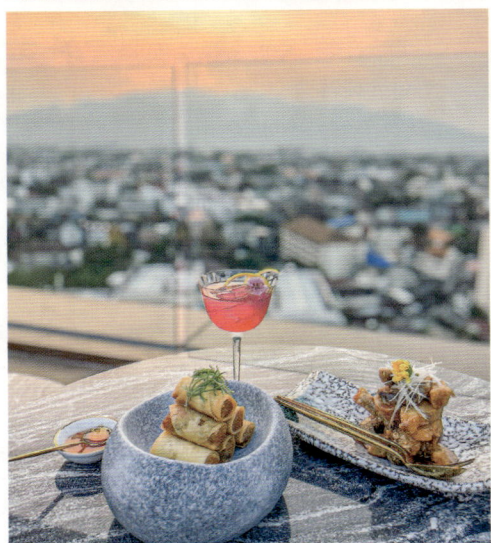

인기 호텔 루프톱
홍스 스카이 바 P.216

인터컨티넨탈 치앙마이 더 매핑 InterContinental Chiang Mai The Mae Ping 17층에 자리한 홍스 스카이 바는 석양과 야경을 동시에 즐길 수 있다. 시그니처 칵테일부터 와인, 위스키까지 다양하다. 나이트 바자에 가기 전 일몰 시간대에 맞춰 방문하는 것을 추천한다.

올드타운 뷰를 한눈에!
하이드랜드 P.216

가게 이름과는 달리 입소문이 나 알 만한 사람은 다 아는 인기 루프톱. 딱히 꾸미지 않은 시멘트 옥상이 2개 층으로 되어 있는데, 일본 이자카야 감성을 모티프로 삼았다. 월~목요일 오후 5~8시는 칵테일이 1+1인 해피 아워다. 감성 넘치는 라이브 공연은 덤.

분위기까지 보장된
호텔 바

호텔 바는 좀 더 프라이빗하고 분위기까지 보장되니 연인과 함께 특별한 시간을 보내거나 조용히 혼술을 하기도 좋다. 세련된 공간, 전문적인 바텐딩, 라이브 공연까지 열려 오감을 만족시킨다. 일반 칵테일 바들과 비교해도 칵테일 가격이 크게 비싼 편은 아니다.

피아노 선율과 함께
1892 피아노 바 P.184

알린타 리트리트 호텔Aleenta Retreat Chiang Mai 의 바지만, 칵테일 맛으로 입소문이 나 바만 이용하려고 찾는 손님도 많다. 태국 고유의 맛과 향을 살린 시그니처 칵테일뿐만 아니라 와인, 스피릿 컬렉션도 수준급이다. 커피 베이스의 '란나 모닝'이 특히 유명.

영국 감성 완충
브리트 바 앳 1921 하우스 P.218

1921년에 영국 총영사관이었던 목조 건물을 복원한 이곳은 아난타라 치앙마이Anantara Chiang Mai 리조트 내에 자리하고 있다. 오크우드 바, 고풍스러운 가죽 소파, 빈티지 액자들로 장식한 내부는 여전히 영국의 멋스러움이 살아 있다.

예술을 담은 칵테일 한잔
수르 바 P.185

님만해민 아트 마이 갤러리 호텔Art Mai Gallery Hotel Chiang Mai 루프톱에 자리한 수르 바는 거장 살바도르 달리에게서 영감을 받은 실험적 아트 바다. 그의 작품을 닮은 공간 안에서 펼쳐지는 칵테일 퍼포먼스는 특별한 경험이다.

치앙마이 베스트
칵테일 바

태국의 칵테일 수준은 최근 몇 년 사이 눈에 띄게 성장하고 있으며 'Asia's 50 Best Bar' 리스트에도 꾸준히 이름을 올리고 있다. 방콕이 트렌드의 중심이지만 치앙마이도 못지않다. 태국 리쿼, 로컬 허브와 식재료를 활용한 이색적인 칵테일이 많아 맛보는 재미가 있다.

치앙마이 최고의 칵테일
바. 산. P.217

지금 시점 아주 핫한 칵테일 바 중 한 곳. 깔끔하고 아늑한 인테리어, 칵테일 스타일과 직원들 유니폼, 서비스 스타일까지 일본 느낌이 물씬 풍긴다. 사케나 일본식 위스키를 베이스로 한 메뉴가 많은데, 군더더기 없이 깔끔하다.

나만 알고 싶은 시크릿 바
노스 컨트리 P.217

타패 게이트 밖, 어둠 속에 우뚝 서 있는 2층짜리 목재 건물 하나가 홍콩 어디쯤인가 싶은 착각을 준다. 어둑하고 아담한 바, 내부를 가득 채운 원목 원 테이블, 은은한 조명이 분위기를 압도해 혼술을 하기에도 더없이 좋은 곳이다.

숨어 있는 스피크이지 바
누아 치앙마이 P.218

비밀스럽게 자리한 바, 문을 열고 들어가면 붉은 음영이 감돌고 라이브로 연주하는 재즈에 취하기 시작한다. 클래식 칵테일 메뉴가 탄탄하고 차, 허브, 과일을 이용해 로컬의 맛과 향을 더한 시그니처 칵테일도 훌륭하다.

〈존 윅〉의 비밀 호텔
더 컨티넨탈 바 P.184

어두운 복도를 지나 책장을 힘껏 밀면, 영화 〈존 윅〉 세계관을 그대로 옮긴 듯한 스피크이지 바가 모습을 드러낸다. 영화 속 암살자들을 위한 비밀 호텔의 분위기를 그대로 담았다.

북부의 맛과 향을 담다!
투브 바 P.218

디 비짓 란나 THEE Vijit Lanna 호텔, 늦은 밤이 되면 바가 있는 2층으로 오가는 사람이 유독 많아진다. 망고, 두리안, 쌀, 코코넛, 깨, 판단 등 태국 현지에서 많이 사용하는 식재료를 이용한 칵테일이 많아 특히 이색적이다.

클래식 칵테일의 정석
비터 트루스 바 P.138

시멘트와 우드로 마감한 인더스트리얼 무드에 어두운 조도의 클래식한 인테리어가 여정을 마치고 술 한잔하기 딱 좋다. 주력은 위스키 기반 칵테일과 강한 비터 계열. 감각적인 음악과 바텐더들의 응대도 좋다.

작지만 감각적인 바
노파부리 바 P.138

비터 트루스 바와 멀지 않은 곳에 있지만 분위기는 180도 다르다. 러스틱 인더스트리얼 스타일로 목재와 벽돌, 네온사인 조명이 어우러져 힙한 분위기를 내뿜는다. 태국 로컬의 맛을 경험해볼 수 있다.

텐션 끌어올려!
라이브 공연

태국에서는 길거리, 시장, 바, 레스토랑, 축제의 현장 그 어디에서도 라이브 음악이 빠지지 않는다. 치앙마이에도 재즈나 팝, 라이브 뮤직을 펼치는 공간이 많고, 드랙 아티스트, 트랜스젠더가 함께하는 카바레 쇼도 있어 다양한 무드의 밤을 즐길 수 있다.

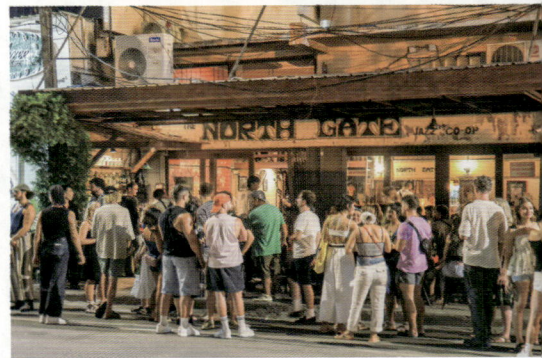

명실상부 최고의 인기 재즈 바
노스 게이트 재즈 코옵 P.139

치앙마이에서 가장 힙하고 인기 있는 라이브 바로, 별도의 입장료가 없어 음료만 사 마시면 된다. 재즈 바라고는 하지만 블루스, 록, 힙합까지 다채로운 공연을 펼치며, 인기 세션들은 나름의 팬덤까지 형성되어 있다.

핫한 골목, 감각적 무드
타패 이스트 라이브 바 P.219

타패 이스트는 단순한 라이브 바를 넘어선 복합 문화 공간이다. 매일 밤 인디 음악, 재즈, 록, 포크, 월드 뮤직 등 다채로운 공연이 열리고 종종 전시, 워크숍도 함께 진행해 지역 예술가와 여행자들이 자연스럽게 교류하는 장이 되기도 한다.

열정의 드랙 쇼
램 쇼 바 P.219

치앙마이에서 유일하다시피 한 드랙 아티스트, 트랜스젠더가 함께하는 쇼를 즐길 수 있는 곳. 수~토요일 오후 10시 반부터 열리는 시크릿 쇼 Secret Show가 특히 볼 만한데 무대와 객석의 경계 없이 관객들과 호흡하는 공연이라 에너지가 엄청나다.

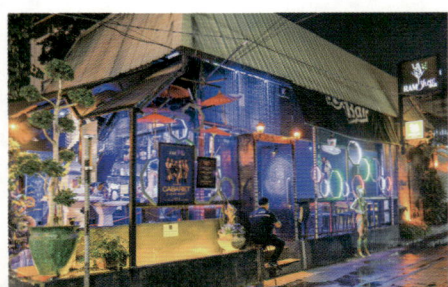

음악 전용 극장
디어터 P.219

나이트 바자 인근 조용한 골목에 자리한 곳으로, 극장처럼 음악 감상을 지향하는 라이브 바다. 무대를 중심으로 테이블이 계단식으로 되어 있고 음향 시스템도 다른 공연장에 비해 좋은 편.

어쿠스틱과 재즈를 한 번에
모먼츠 노티스 재즈 클럽 Moment's Notice Jazz Club 모먼츠 노티스 재즈 클럽

미국 재즈 색소폰 연주자 존 콜트레인의 곡에서 이름을 따온 모먼츠 노티스는 치앙마이에서 손꼽히는 바 중 하나다. 매일 저녁 7시 45분에 어쿠스틱으로 잔잔하게 분위기를 다진 후, 9시 30분부터 본격 공연을 1~2회 진행한다. 다양한 스타일의 재즈 외에도 소울, R&B, 펑크도 있으니 방문 전 공연 일정을 체크해보는 게 좋다. 세련되고 넓은 공간과 무대, 원형 테이블에 앉아 쾌적하게 음악과 칵테일을 즐길 수 있다. 칵테일 맛도 훌륭한데, 수요일엔 레이디스 나이트 1+1, 화요일엔 생맥주 무제한 행사도 진행하니 이보다 더 좋을 순 없다.

치앙마이 게이트에서 님 시티 방향 도보 20분, 차량 3분 18:00~01:00
칵테일 240~420바트 +66 636 722 212 facebook.com/momentsnoticecnx

밤이 깊었네!
클럽 갈 시간

치앙마이는 생각보다 늦게까지 영업하는 곳이 많지 않다. 대부분의 바도 자정이면 영업이 끝난다. 그래서 아쉽다면, 비교적 늦게까지 영업하는 클럽으로 가보자. 한국식 클럽보다 훨씬 캐주얼하고 자유로운 분위기라 부담 없다.

웜업 카페

조 인 옐로

더 라이브러리

님만해민 최고의 핫플
웜업 카페 P.185

현지 젊은 층과 여행자 모두의 사랑을 받는 클럽. 가든 존, 야외 라이브 밴드 존, 실내 EDM 존으로 나뉘어 있어 다양한 무드를 즐길 수 있다. 주류 가격도 일반 술집과 큰 차이가 없는데 맥주만 주문해도 돼 부담 없다.

자유분방함의 끝판왕
조 인 옐로 P.139

방콕의 카오산 로드 못지않은 백패커들의 성지. 개방형 대형 바로, EDM부터 힙합, 레게까지 다양한 음악이 늦은 밤까지 울려 퍼진다. 열정적인 파티 피플에게 딱이다.

가장 신나는 도서관
더 라이브러리 P.185

원 님만 쇼핑몰 3층에 자리한 도서관 콘셉트의 세련되면서도 이색적인 분위기의 바다. 치앙라이, 푸켓 등 여러 지역에 지점을 두고 있는 로컬 바라 믿고 방문해볼 만하다.

나에게 주는 선물
고급 스파

치앙마이에서는 우리나라보다 훨씬 저렴하면서도 수준 높은 스파 서비스를 즐길 수 있다. 태국 전역에 지점을 둔 체인 스파부터 로컬 스파까지 옵션도 다양하다. 타이 마사지, 아로마 테라피 외에도 여러 프로그램이 있으니 여행의 피로와 스트레스를 풀어보자.

디바나가 디바나했다!
디바나
Divana Lana Spa @Chiangmai
Divana Lana Spa

방콕에서 시작해 태국 럭셔리 스파의 기준을 만든 디바나가 방콕 외 첫 지점을 치앙마이 기차역 근처 시리판나 빌라 리조트 Siripanna Villa Resort 내에 오픈했다. 접근성이 좋진 않지만, 디바나를 한 번이라도 경험해본 사람이라면 이 정도의 거리쯤이야. 90년 된 전통 콜로니얼 하우스를 개조한 공간은 고즈넉하면서도 기품이 넘친다. 오일 마사지와 허브 볼 테라피가 유명한데, 현지 쌀과 허브를 활용한 보디 스크럽이 포함된 오가닉 라이스 테라피 같은 이색적인 프로그램도 많다.

🚶 치앙마이 기차역에서 차량 2분 🕐 10:00~23:00 🌿 아로마 테라피 90분 2350바트, 타이 & 아로마 테라피 90분 2650바트 📞 +66 615 095 959 🌐 divanaspa.com

도심 속 오아시스
더 오아시스 스파
The Oasis Spa 🔍 the oasis spa chiang mai

오아시스 스파는 2003년 치앙마이에서 시작되어 태국 전역으로 확장된 스파 브랜드다. '도심 속의 오아시스'라는 콘셉트 아래 각 지점은 주변 문화와 자연에 어우러진 특별한 테마가 있으며, 지역 농가에서 공급받는 허브와 천연 재료를 활용한 트리트먼트를 운영 중이다. 치앙마이 내에서 님만과 란나(올드 타운) 두 곳에 지점이 있다. 긴장 완화, 근육 이완을 도와주는 시그니처 트리트먼트와 아로마 테라피가 인기이며, 지점별로 다양한 프로모션도 진행 중이니 홈페이지를 통해 미리 체크하자.

🅑 타이 마사지 2시간 1700바트 이상, 시그니처 트리트먼트 2시간 3500바트 이상
🏠 oasisspa.net

치앙마이 감성이 가득
파란나 스파 Fah Lanna Spa 🔍 Fah Lanna Spa

치앙마이를 대표하는 전통 스타일의 스파로 올드타운과 님만해민, 나이트 바자 총 3개 지점을 운영하고 있다. 태국 북부의 란나 문화를 현대적으로 재해석한 공간 디자인과 대나무, 목재 장식이 어우러진 정원이 근사하다. 대표 프로그램은 허브볼 마사지, 아로마 오일 테라피, 전통 타이 마사지 등이며 톡센 Tok Sen이라는 나무망치를 이용하는 것도 있다. 트립어드바이저 '베스트 스파', '세계 럭셔리 스파 어워즈' 등 수상 이력도 많다. 종합적인 서비스 대비 합리적인 가격대로 클룩, 마이리얼트립 등에서 예약하면 좀 더 저렴하다.

🅑 타이 마사지 2시간 1500바트, 아로마 오일 마사지 2시간 2900바트
🏠 fahlanna.com

치앙마이에서 뻗어나간 대형 체인
렛츠 릴렉스 Let's Relax 🔎 렛츠 릴렉스 치앙마이

1998년 치앙마이 나이트 바자에서 첫 지점 파빌리온Pavillion을 오픈한 이래 현재 태국에만 60여 개의 지점을 두고 있는 대표 스파 브랜드. 치앙마이엔 님만해민(원 님만), 타패 게이트, 나이트 바자 등에서 지점을 운영 중이다. 시그니처는 란나 전통의 타이 마사지로 지압과 스트레칭으로 뭉친 근육을 풀어주는 데 최고다. 오일, 핫스톤, 스웨디시 마사지 외 패키지 프로그램도 다양하다. 다른 고급 스파들에 비해 합리적인 가격대로 로컬 숍보다는 훨씬 고급스러운 서비스를 받을 수 있어 부담 없이 선택하기 좋다. 전 매장이 자정까지 운영해 늦은 시간에 방문해도 OK!

🅱 타이 마사지 2시간 1200바트, 아로마 오일 마사지 2시간 2600바트 🏠 letsrelaxspa.com

구글 리뷰가 인정하는 로컬 숍
지라 스파 Zira Spa 🔎 지라 스파 치앙마이

2018년부터 영업을 시작한 지라 스파는 올드타운에 단일 지점만 두고 있는 로컬 숍이다. 구글 평점 4.9, 서비스와 실력으로 입소문이 자자해 한국인 여행자들에게도 인기다. 잘 가꾼 중정을 갖춘 북부 스타일의 4층 건물, 규모로만 보면 치앙마이에서 최고 수준이다. 타이, 아로마 마사지, 스파, 배스 등을 개별적으로 받아도 좋지만 여러 서비스가 조합된 스파 패키지를 이용해보길 권한다. 아름다운 정원에서 족욕을 받고, 개별 룸에서 섬세한 서비스를 받으면 여독이 제대로 풀린다.

🚶 타패 게이트에서 도보 5분 🕙 10:00~22:00
🅱 타이 마사지 60분 990바트, 아로마 오일 마사지 60분 1300바트 📞 +66 53 222 288 🏠 ziraspa.com

자연 속에서의 치유
막카 헬스 앤 스파 Makkha Health & Spa
🔎 makkha health & spa chiang mai

치앙마이에서만 4개의 지점을 운영한다. 본점은 올드타운 왓 프라싱 사원 인근의 에이션트 하우스Ancient House로 전통 목조 건물에 앤티크한 인테리어를 해 로컬 분위기를 잘 살렸다. 이곳 가까이에 전혀 다른 무드의 콜로니얼 가든스Colonial Gardens 분점이 있다. 차분하고 조용한 공간에서 받는 숙련된 케어에 현지인은 물론 여행자들 사이에서도 평가가 좋다. 마사지 후 제공되는 망고 스티키 라이스도 굿. 지점에 따라 전용 차량으로 픽업, 샌딩도 가능하니 예약 시 문의해보자.

🅱 타이 마사지 2시간 1600바트, 아로마 오일 마사지 2시간 2680바트
🏠 makkhahealthandspa.com

1일 1마사지
가성비 로컬 마사지 숍

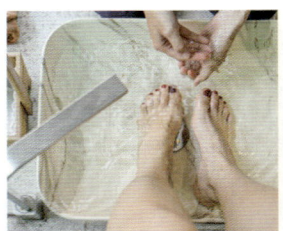

리뷰 좋은 로컬 숍
빈티지 마사지
Vintage Massage
🔍 vintage massage chiang mai

님만해민에 수없이 많은 로컬 마사지 숍 중 구글 평점 4.9에 달하는 곳이다. 님만해민 소이soi5, 소이soi7에 2개의 지점을 운영하고 있다. 규모는 아담한 편이지만 매장 관리가 전반적으로 깔끔하고 직원도 매우 친절하다. 발 마사지, 타이 마사지는 1시간에 350바트로 저렴한데 마사지사들의 솜씨가 꽤 훌륭하다. 원하는 부위, 강도도 세심하게 체크해줘 만족도가 높다.

🅱 타이/발 마사지 1시간 350바트,
오일 마사지 1시간 500바트
📞 +66 884 995 288

현지인들도 많이 찾는
치앙마이 풋 마사지
Chiangmai Foot Massage 🔍 Chiangmai Foot Massage

여행을 다니다 보면 다리와 발에 피로도가 집중되는데 1시간 정도 마사지를 받으면 금방 개운해진다. 대부분 마사지 숍에서 발 마사지를 받을 수 있지만, 발만 전문으로 하는 곳에 가면 좀 더 만족도가 높다. 왓 체디루앙 근처에 있는 '치앙마이 풋 마사지'는 높은 수준의 교육을 받은 전문 테라피스트들이 발바닥을 깊고 정확히 자극해줘 1시간만 받아도 다리가 가뿐해진다. 가격까지 저렴해 현지 단골손님도 많다.

🚶 왓 체디루앙에서 도보 3분 🕐 11:00~22:00
🅱 발 마사지 1시간 300바트 📞 +66 882 527 173

태국에서는 카페에 가듯 부담 없이 마사지 숍에 갈 수 있다.
로컬 숍은 보통 1시간에 250~350바트 정도라 무더위를 피해 마사지를 받으며
쉬어가는 것도 좋은 방법이다. 운이 좋게 본인에게 잘 맞는 마사지사를
만난다면 가격 대비 높은 만족도를 얻을 수 있다.

변화와 치유의 마사지 숍
릴라 타이 마사지
Lila Thai Massage 🔎 Lila Thai Massage

릴라 타이 마사지는 출소한 여성 수감자들이 사회로 복귀할 수 있도록 돕는 사회적 기업이다. 치앙마이 공중보건국 인증을 받은 전문 마사지 교육을 180시간 이수한 여성들이 마사지 치료사로 활동한다. 전통 타이 마사지, 발 마사지, 아로마 오일 마사지 등을 중심으로 고품질의 서비스를 제공하며, 손님들의 따뜻한 지지가 이들의 새로운 삶을 재건하는 힘이 된다. 치앙마이 올드타운에만 7개의 지점이 있는데 타패 게이트, 왓 체디루앙 일대에 포진되어 여행자들이 방문하기에 최고의 접근성을 자랑한다. 네일 아트까지 함께 받을 수 있는 지점도 있다.

💲 타이 마사지 2시간 650바트,
아로마 오일 마사지 2시간 1200바트
📞 +66 53 327 203 🏠 chiangmaithaimassage.com

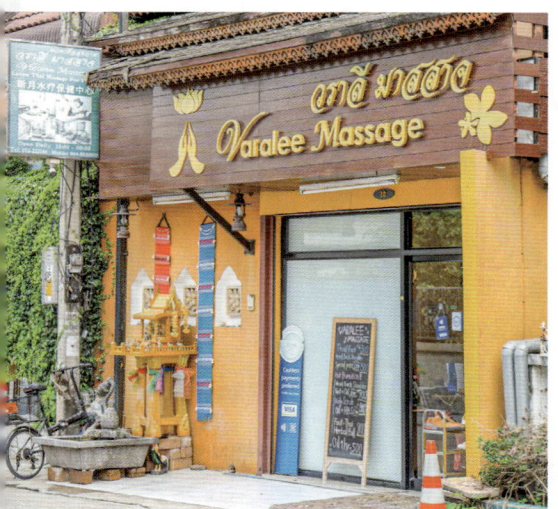

가성비 좋은
바랄리 마사지
Varalee Massage 🔎 Varalee Massage

님만해민에 3개의 지점을 둔 바랄리 마사지는 가성비 좋기로 유명한 곳이다. 그중에서 바랄리 II 매장이 접근성도 좋고 규모도 큰 편이라 단체 여행자들도 많이 찾는다. 모던한 스타일의 건물들이 주를 이루는 님만에서 강렬한 노란색 외관은 멀리서도 눈에 확 들어온다. 발 마사지, 타이 마사지가 1시간에 300바트로 이 일대에선 제일 저렴한 편인데 마사지사들의 솜씨도 전반적으로 괜찮다. 부담 없는 가격이니 한낮 제일 더운 시간대에 방문해 마사지를 받으며 열을 식히고 가는 것도 좋은 코스다.

💲 발 마사지 1시간 300바트, 타이 마사지 1시간 300바트

PART 3

진짜 치앙마이를 만나는 시간

치앙마이 가는 법

한국에서 치앙마이까지는 대한항공, 아시아나항공, 제주항공, 진에어, 이스타항공이 매일 1회씩 직항 편을 운항한다. 하지만 비수기 때는 항공사에 따라 운항 횟수가 줄기도 한다. 보통 5시간 30분 내외가 소요되며 대부분 늦은 오후 출발, 아침 도착이라 직장인들도 부담 없이 떠날 수 있다. 대한항공, 아시아나항공은 대략 50만~100만 원대, LCC항공의 경우 저렴하게 예약하면 편도 20만 원대까지도 가능하다.

	서울 → 치앙마이	치앙마이 → 서울
대한항공	18:25 → 21:55(5h 30m)	23:15 → 06:40(+1)(5h 25m)
아시아나항공	19:50 → 23:40(5h 50m)	00:45 → 07:50(5h 5m)
제주항공	18:00 → 21:35(5h 35m)	22:35 → 05:50(+1)(5h 15m)
진에어	17:10 → 20:45(5h 35m)	21:40 → 05:05(+1)(5h 25m)
이스타항공	17:25 → 20:50(5h 25m)	21:50 → 05:30(+1)(5h 40m)

★ 시즌에 따라 운항 횟수 및 시간이 달라질 수 있으니 홈페이지 참고

공항에서 시내로 가는 방법

치앙마이 국제공항은 시내에서 매우 가까워 올드타운, 님만해민, 나이트 바자까지 차량으로 15~20분이면 충분히 갈 수 있다. 한국에서 출발한 비행 편은 늦은 밤에 도착하기 때문에 숙소까지 바로 갈 수 있는 택시를 이용하는 게 일반적이다.

택시

공항 1번 게이트로 나가면 고정 요금 150~200바트에 택시를 이용할 수 있다. 안내하는 직원에게 목적지와 금액을 지불하면 바로 택시를 탈 수 있어 편리하다. 볼트나 그랩으로 택시를 부르면 좀 더 저렴하지만, 호출하고 기다려야 하는 번거로움이 있다.

RTC 시티 버스

RTC 시티 버스가 공항과 시내 주요 거점들을 연결해준다. 공항 1번 게이트로 나가서 조금만 걸으면 정류장이 있다. 요금은 목적지와 상관없이 50바트이며, 대형 캐리어가 있을 경우 30바트가 추가된다. 공항 출발 기준 오전 8시부터 오후 9시까지만 운행하기 때문에 늦은 밤에 도착하는 여행자들은 이용하기 어렵다.

🏠 https://chiangmaicitybus.com

픽업 차량

클룩이나 마이리얼트립 등의 플랫폼을 통해 공항 픽업, 샌딩을 미리 예약해도 된다. 비용은 15,000원~30,000원 정도로, 차량 종류와 옵션에 따라 달라진다.

방콕에서 치앙마이 가는 방법

방콕과 치앙마이 간 교통수단은 크게 비행기, 기차, 버스가 있다. 장단점을 살펴보고 여행 계획에 따라 결정하자.

항공

방콕에서 치앙마이까지 가는 항공편은 상당히 많다. 타이항공, 에어아시아, 녹에어, 방콕에어웨이, 타이라이언에어, 타이비엣젯항공 등이 있어 시간대 선택 폭도 넓다. 비행 시간은 약 1시간 20분 정도다. LCC항공의 경우 3만 원대(*수하물 추가 유료)부터 있어 가격 부담도 적다. 단, 방콕의 경우 돈므앙, 수완나폼 공항 두 곳이 있으니 출발 공항을 잘 체크하고 예약해야 한다.

기차

기차 여행의 낭만을 느끼고 싶다면 한 번쯤! 방콕 크룽텝 아피왓 센트럴역Krung Thep Aphiwat Central Terminal에서 치앙마이행 기차가 출발하는데 11~14시간 정도 소요된다. 장거리 노선인 만큼 침대칸이 있는 야간열차가 인기다. 침대칸은 1등석, 2등석이 있는데 출발일 기준 한 달 전부터 홈페이지를 통해 예약할 수 있다. 방콕에서 오후 7~8시대에 출발하면 다음 날 아침 치앙마이 기차역Chiangmai Train Station에 도착한다.

🏠 https://www.dticket.railway.co.th

버스

방콕 모칫 버스 터미널Bangkok Mochit Terminal에서 출발하는 버스를 타면 10시간 정도 후에 치앙마이 아케이드 터미널Chiang Mai Arcade Terminal에 도착한다. 운행하는 버스 회사도 많고 좌석 등급도 선택할 수 있다. 장거리 노선이라 야간 버스가 인기가 많다. 쏨밧 투어의 슬리핑 버스는 국내 프리미엄 고속버스 수준으로 쾌적하고 편안해서 여행자들이 가장 선호한다.

🏠 https://www.sombattour.com

치앙마이
대중교통

치앙마이는 유명세에 비해 대중교통이 발달하지 않은 도시다. 지하철이나 시내버스 등이 없다. 하지만 앱을 이용해 택시를 이용하기 편해서 이동에 제약은 적다. 여행자들이 이용할 수 있는 교통수단을 알아보자.

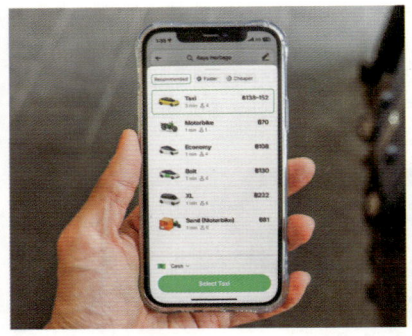

택시

그랩, 볼트 같은 차량 호출 앱을 이용하면 언제 어디서든 편하게 택시를 이용할 수 있다. 별다른 언어 문제없이 원하는 목적지까지 정확하게 갈 수 있고, 가격이 정해져 있어 바가지요금 걱정도 없다. 탑승 인원에 따라 대형 차량도 선택할 수 있다. 혼자라면 바이크 택시를 이용하면 교통비를 많이 아낄 수 있다. 시간대, 목적지에 따라 약간의 차이는 있지만 대체로 볼트가 좀 더 저렴하다. 앱을 다운받을 때 번호 인증이 필요하니 한국에서 미리 내려받아 카드 등록까지 해두면 더욱 편리하다.

RTC 시티 버스

공항과 시내 주요 거점들을 운행하는 버스로 배차 간격이 30분 정도이고 요금도 구간과 상관없이 50바트로 저렴하지 않아 한국인 여행자는 거의 이용하지 않는다. 운행 시간은 공항 출발 기준 오전 8시부터 오후 9시까지다.

RTC 시티 버스 노선표
- **24A** 치앙마이 공항 ▶ 타패 게이트 ▶ 창푸악 게이트 ▶ 치앙마이 공항
- **24L(Left Loop)** 치앙마이 공항 ▶ 님만 ▶ 치앙마이 대학교 ▶ 왓 프라싱 ▶ 치앙마이 공항
- **24R(Right Loop)** 치앙마이 공항 ▶ 왓 프라싱 ▶ 타패 게이트 ▶ 치앙마이 대학교 ▶ 님만 ▶ 수안독 ▶ 치앙마이 공항

썽태우

픽업트럭을 개조해서 만든 로컬 버스로 현지인들도 많이 이용하는 교통수단이다. 양쪽으로 긴 의자가 있어 여러 명이 탑승한다. 빨간색은 시내, 노란색과 파란색 썽태우는 외곽을 운행한다. 서 있는 썽태우를 타거나 지나갈 때 손을 흔들어 세우고 운전자에게 목적지를 말한 후 타도 된다. 시내 구간은 보통 30바트이고, 외곽으로 나갈 경우 금액이 더 올라간다. 어느 정도의 인원이 찰 때까지 기다려야 하는 경우도 있다. 한국인 여행자들은 주로 치앙마이 대학교-도이수텝을 오갈 때 썽태우를 많이 이용한다.

툭툭

툭툭은 오토바이에 사이드카를 단 삼륜차로 태국 여행 기분을 내기에 더없이 좋다. 하지만 다른 교통수단에 비해 가격도 비싸고 탑승 전 흥정도 필수다. 짧은 구간도 기본 50~60바트, 3km 이상 중장거리의 경우 150~200바트 정도다. 이동 수단보다는 이색 체험 정도로 한두 번쯤 이용해볼 만하다.

자동차 렌트

치앙마이 국제공항에 버짓Budget, 허즈Hertz, 유로카Eurocar 등 세계적인 렌털 업체들의 부스들이 있어 현장에서 대여해도 되지만 한국에서 미리 여러 사이트를 비교해보고 예약해두는 것이 좋다. 국제 운전면허증은 필수이며, 만약의 상황에 대비해 풀 커버 보험 가입을 추천한다. 탑승 전, 차량 상태를 꼼꼼하게 살피고 사진을 찍어두는 것도 잊지 말자. 한국과 운전대 방향이 반대라 운전 시 항상 주의를 기울여야 한다. 도로가 하얀색으로 구획된 공간에 주차가 가능하며, 흰색과 빨간색이 칠해진 보도블록 앞에는 차를 세울 수 없다. 최근 교통 규정 위반 단속이 늘어나 500~2000바트의 벌금이 주어질 수 있으니 기본 교통 법규를 잘 지키도록 하자.

오토바이 렌트

태국에서는 오토바이를 운전할 때 원동기 면허가 필수다. 그래서 오토바이 렌트를 할 때도 국제 운전면허증을 발급받아 가야 한다. 시내 곳곳에 렌털 숍이 많지만, 리뷰를 잘 체크해보고 실물 여권을 맡기라고 하는 곳은 피하는 게 좋다. 용량에 따라 다르지만 200cc 미만은 하루에 250바트 정도다. 헬멧 미착용 시 1000바트의 벌금이 부과될 수 있으니 헬멧도 꼭 함께 대여할 것.

AREA ···· ①

게이트 안, 시간의 섬
올드타운 Old Town

시간이 천천히 흐르는 도시, 치앙마이 올드타운. 사방을 감싸는 붉은 성벽과 해자, 4개의 성문은 과거 왕국의 흔적을 고스란히 간직한 채 여행자를 맞이한다. 가로세로 2km의 정사각형 성곽 안엔 30개가 넘는 크고 작은 사원들과 조용한 골목, 유서 깊은 나무가 있다. 현지인과 여행자, 오랜 전통과 젊은 감각이 평화롭게 공존한다. 도시의 중심에 있지만 한 걸음만 들어서면 세상의 소란이 멀어지는 마법 같은 순간을 경험하게 된다.

올드타운
이렇게 여행하자

지도를 보면 치앙마이의 중심에 정사각형 모양이 두드러지는 곳이 있다. 바로 올드타운이다. 붉은 성벽으로 둘러싸인 네모 마을은 보통 타패 게이트에서 여정을 시작한다. 게이트에서 쭉 이어지는 랏차담넌 로드를 중심으로 주요 볼거리가 있으며 대부분 도보 10분 이내로 스폿 간 이동이 가능하다. 수많은 사원이 있지만 대표 사원 3~4개 정도만 돌아봐도 충분하다. 한낮에는 너무 더워 짧은 거리도 이동하기 힘들다면, 택시나 썽태우를 이용하거나 카페나 스파에서 쉬어가는 것도 좋은 방법이다. 방문 시 주말이 끼어 있다면 우아라이 토요 시장, 올드타운 선데이 마켓을 일정에 추가해보자.

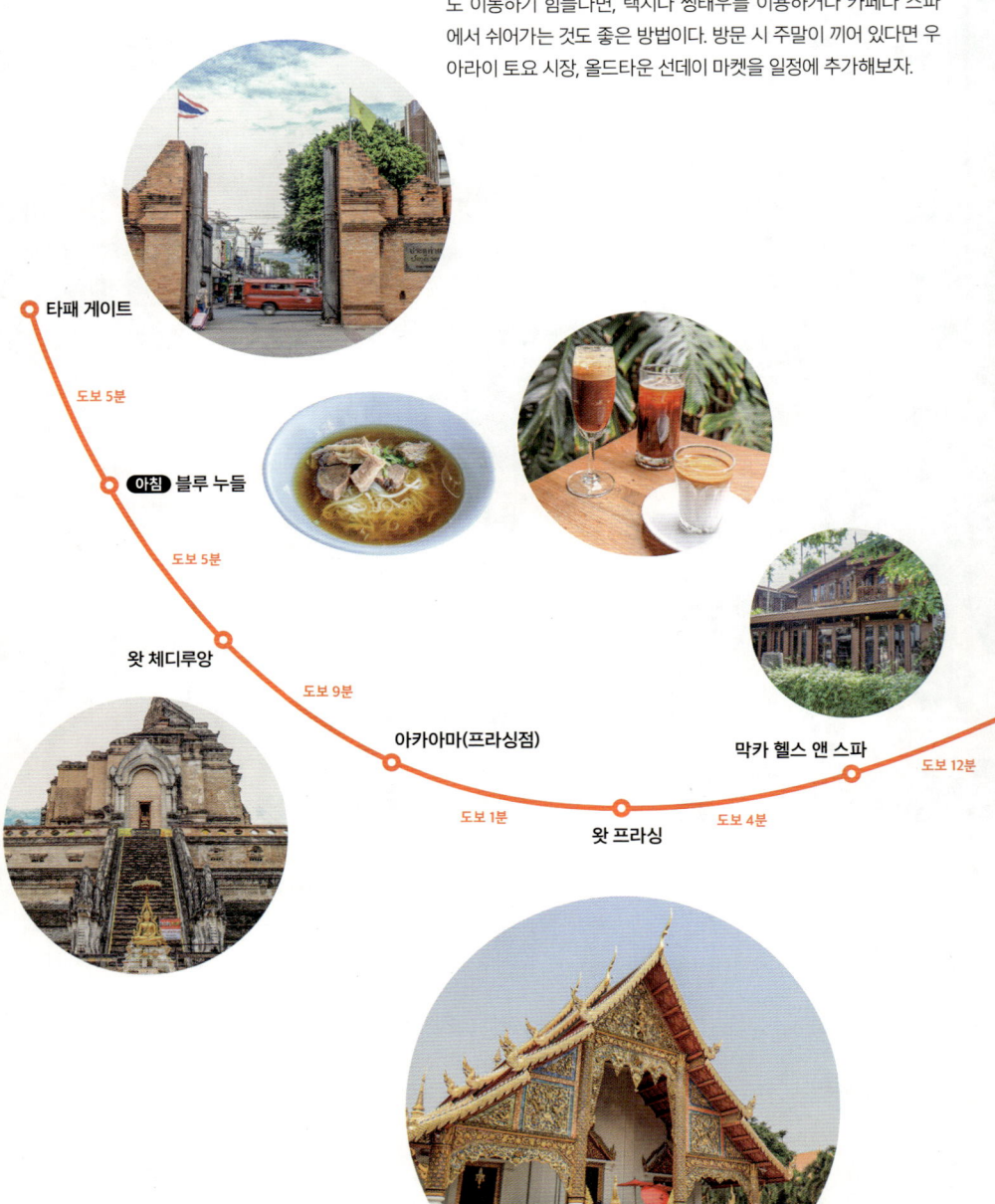

○ 타패 게이트
↓ 도보 5분
○ 아침 블루 누들
↓ 도보 5분
○ 왓 체디루앙
↓ 도보 9분
○ 아카아마(프라싱점)
↓ 도보 1분
○ 왓 프라싱
↓ 도보 4분
○ 막카 헬스 앤 스파
↓ 도보 12분

공항에서
올드타운 가는 법

치앙마이 국제공항에서 올드타운 타패 게이트까지의 거리는 약 5km라 차로 15분 내로 오갈 수 있다. 공항 1번 게이트로 나가면 현장에서 바로 택시를 탈 수 있고, 올드타운까지는 고정 요금 150바트로 운행해 흥정할 필요도, 바가지요금 걱정도 없다. 그래서 공항에선 그랩, 볼트 등을 부르는 것보다 바로 공항 택시를 타는 게 편하다.

시내에서
올드타운 가는 법

님만해민 원 님만에서 타패 게이트까지는 약 4km, 차로 10분 내외라 택시나 썽태우를 이용하면 된다. 그랩, 볼트 택시를 이용하면 배차가 빨라 제일 편리하고 썽태우를 이용하면 좀 더 저렴하다. 나 홀로 여행자의 경우 바이크 택시를 이용하면 경비를 좀 더 줄일 수 있다. 나이트 바자, 핑강까지는 도보로 20분 이내라 쉬엄쉬엄 걸어가도 된다.

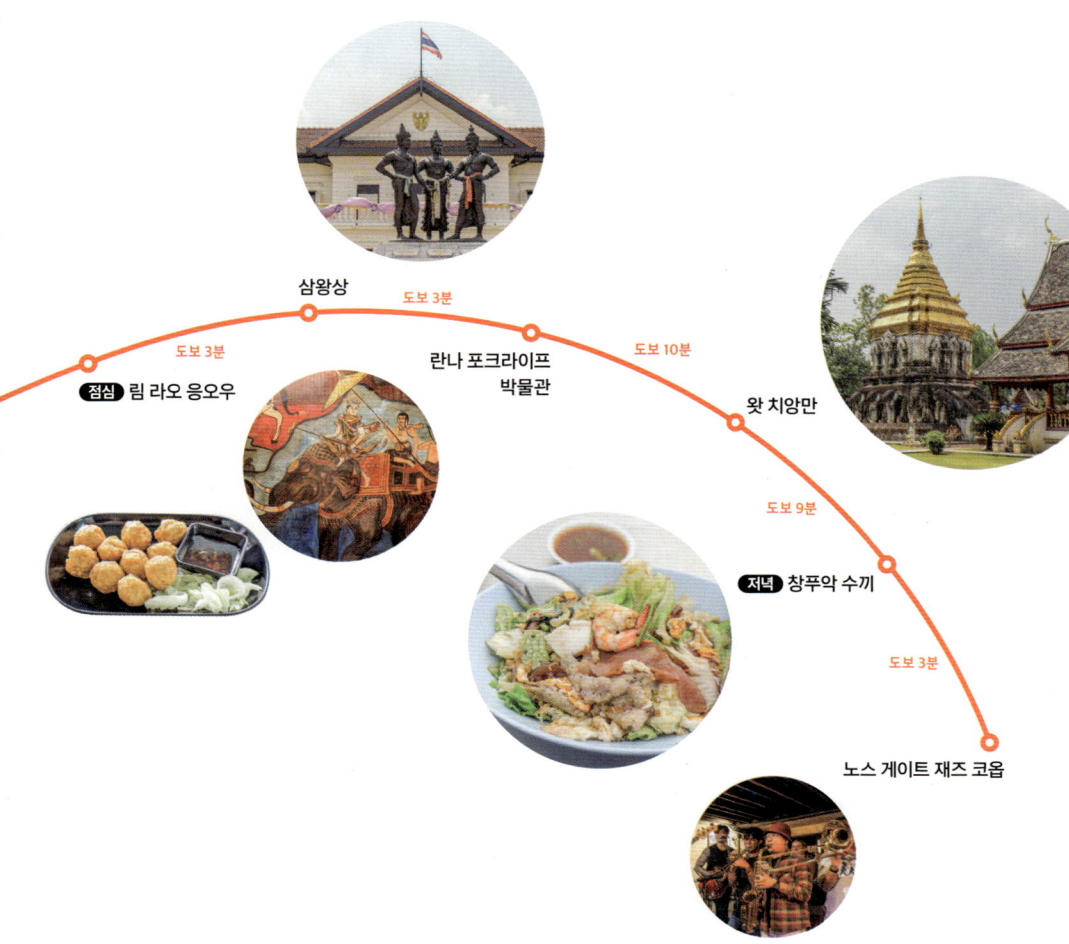

삼왕상 — 도보 3분 — 란나 포크라이프 박물관 — 도보 10분 — 왓 치앙만 — 도보 9분 — **저녁** 창푸악 수끼 — 도보 3분 — 노스 게이트 재즈 코옵

도보 3분 — **점심** 림 라오 응오우

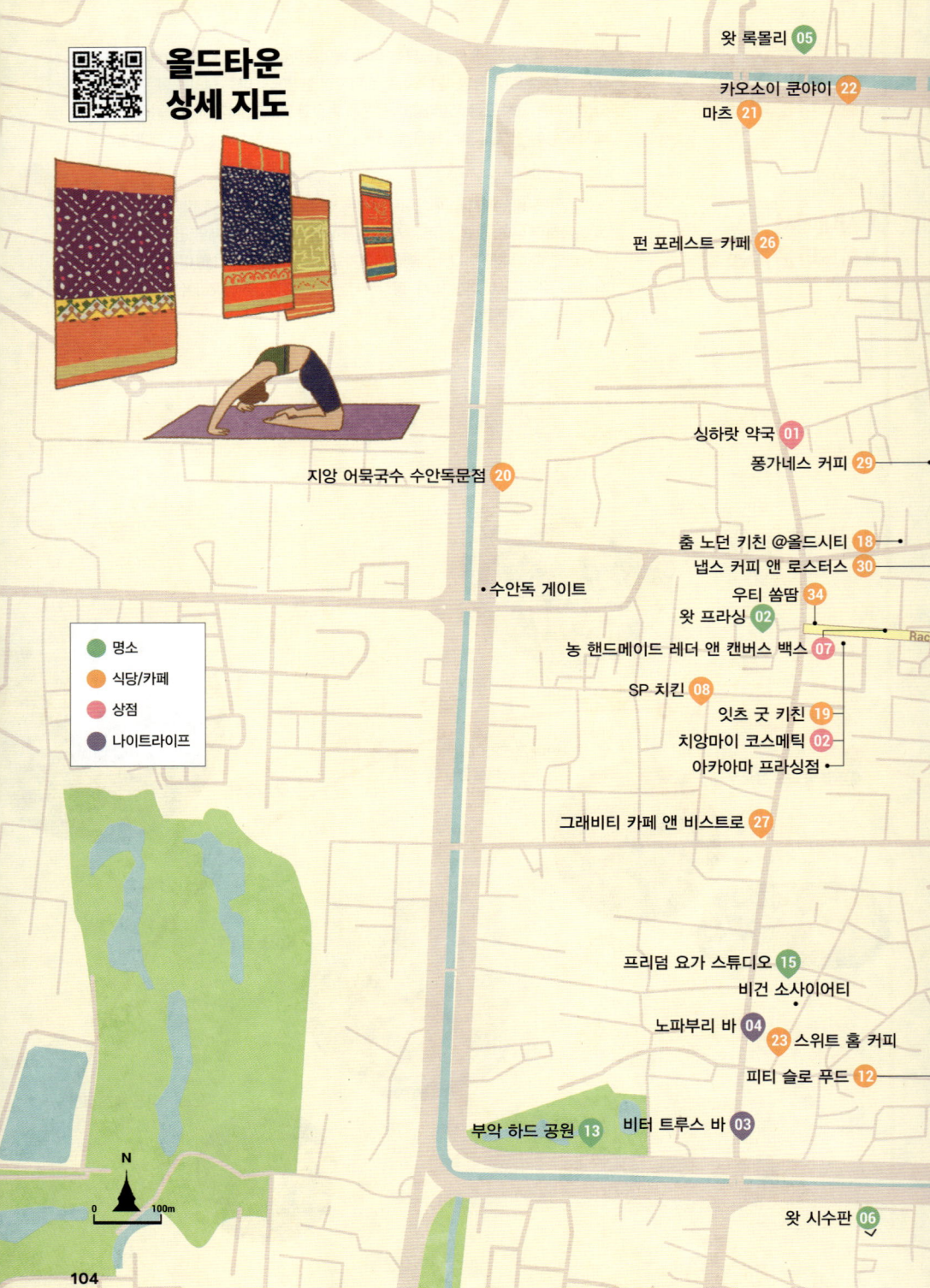

여행의 시작, 올드타운의 관문 ①
타패 게이트
Tha Phae Gate 🔍 타패 게이트

올드타운의 동쪽 입구에 해당하는 타패 게이트는, 과거 란나 왕국의 수도였던 치앙마이의 도시 방어벽 일부로 13세기경에 지은 성문이다. 현재의 모습은 1980년대에 복원 작업을 거쳐 재건한 것으로, 전통 란나 스타일의 벽돌 구조와 붉은색 성벽이 인상적이다. 원래는 적의 침입을 막기 위한 군사적 요충지였지만, 현재는 역사적 의미와 함께 지역 축제와 문화 행사가 펼쳐지는 치앙마이의 대표적인 상징물로 사랑받고 있다. 특히 송끄란, 러이 끄라통 등의 축제 때는 이 일대에 무대가 설치되고 퍼레이드 등이 열린다. 매주 일요일에 열리는 선데이 마켓도 타패 게이트에서 시작되어 왓 프라싱 앞까지 이어진다. 새벽이나 해 질 무렵에 방문하면 벽돌의 붉은 기운이 더욱 빛을 발해 인생 사진을 남기기도 좋다.

🚶 올드타운 동쪽 성벽 중간

사원, 그 이상의 의미 ②

왓 프라싱 Wat Phra Singh 🔍 왓 프라싱

올드타운의 서쪽 끝, 낮은 담벼락 너머로 고요한 정원 속 금빛 지붕이 햇살에 빛난다. 바로 왓 프라싱으로, 수백 년 동안 도시의 정신적 중심이자 란나 왕국 불교의 심장으로 존재해온 치앙마이 최고의 왕실 사원 중 하나다. 이곳은 1345년, 란나 왕국의 제7대 파유 왕이 선왕의 유골을 안치하기 위해 세운 것을 시작으로 이후 여러 왕의 손길을 거치며 수차례 확장되었다. 티크목으로 지은 건물은 금박과 유리 타일로 장식되었고, 겹겹이 포개진 지붕, 금빛 체디까지 란나 불교 건축의 미학을 그대로 보여준다. 사원 안에는 사자 모양으로 여기는 불상, '프라싱'이 안치되어 있다. 스리랑카에서 전해졌다는 설화를 지닌 신성한 존재로 태국 3대 불상으로 손꼽히며 송끄란 기간에만 일반인에게 공개된다. 프라싱상을 태운 가마가 시내를 행진하면 사람들은 물을 뿌리며 축복을 빌 수 있다. 사원 내 라이 캄Lai Kham 불당 안에는 당시의 생활상과 불교 설화가 벽화로 남아 있어 문화적 가치가 크다.

🚶 타패 게이트에서 랏차담넌 로드를 따라 도보 16분
🕘 09:00~18:00 💰 성인 50바트, 어린이(135cm 이하) 20바트
🏠 https://thai.tourismthailand.org

치앙마이의 중심을 지켜온 고대의 위엄 ······③
왓 체디루앙 Wat Chedi Luang 🔍왓 체디루앙

300개 넘는 치앙마이 사원 중에서도 꼭 가봐야 할 곳으로 손꼽히는 왓 체디루앙. '거대한 탑'이라는 의미의 '체디 루앙'은 14세기 말에 건립된 사원으로 당시 탑의 높이가 90m에 달했다. 이 거대한 불탑은 도시 전체를 굽어보며 하늘과 인간 세계를 잇는 영혼의 탑처럼 여겨졌다. 단순히 불상을 모신 장소가 아니라 왕의 유해를 안치하고 한때 신성한 에메랄드 부처가 봉안되기도 했다. 하지만 1545년에 발생한 대지진이 도시를 덮쳤고, 이로 인해 불탑 상부 약 30m가 붕괴되어 현재 잔존 높이는 60m 정도다. 상층부는 원형을 알 수 없다는 이유로 무너진 상태 그대로 보존하고 있는데, 오히려 그 모습이 역경을 견뎌낸 역사의 흔적으로 남아 방문객들의 발걸음을 멈추게 한다. 야경도 아름다우니 해 질 무렵에 방문해보는 것도 괜찮다. 이곳에 있던 에메랄드 부처는 라오스로 옮겨졌다가 현재는 방콕의 '왓 프라깨우'에 안치되어 있다.

🚶 타패 게이트에서 랏차담넌 로드를 따라 2블록 이동 후 좌회전(도보 10분)
🕐 08:00~22:00 💰 성인 50바트, 어린이(135cm 이하) 20바트

치앙마이에서 가장 오래된 사원 ······ ④
왓 치앙만 Wat Chiang Man 🔍 왓 치앙만

왓 치앙만은 1296년 멩라이 왕이 도시를 세우며 처음 건립한 사원으로 역사의 산증인이자 란나 건축의 태동을 보여주는 장소다. 사원 뒤편에는 고대 불탑인 '체디 창롬'이 웅장하게 서 있으며, 15마리의 석조 코끼리가 몸을 반쯤 내민 채 불탑을 떠받치고 있어 위용이 느껴진다. 본당은 티크목과 금박 장식을 더해 지은 전형적인 란나 양식으로 낮고 겹겹이 드리운 지붕과 정교한 목각 장식이 특징이다. 주목할 볼거리는 유리 진열장 속에 안치된 프라 새 탕 카마니Phra Sae Tang Khamani다. 약 10cm 크기의 투명한 크리스털로 조각한 부처상으로, 불길 속에서도 손상되지 않았다는 전설로 인해 재난으로부터 도시를 지켜주는 수호불로 여긴다. 또한 함께 모신 석재 부처상 프라 실라Phra Sila는 비를 내리게 하는 영험함이 있다고 믿는다. 시간의 무게와 끝없는 역사가 담긴 유산이다.

🚶 창푸악 게이트에서 남동쪽으로 도보 7분
🕐 05:00~19:00

사랑과 축복의 사원 ······ ⑤
왓 록몰리 Wat Lok Molee 🔍 왓 록몰리

치앙마이 북문 창푸악 게이트 인근에 위치한 사원으로 14세기 후반에 쿠에나 왕이 버마의 고승들을 초청하며 창건했으며, 한때 불교 경전을 가르치고 전파하는 역할을 했다. 이후 왕실의 유골을 안치하는 신성한 장소로 거듭났지만 버마 통치 기간인 200여 년간 방치되어 상당 부분 훼손되기도 했다. 20세기 중반부터 복원을 시작해 지금의 모습이 되었다. 체디는 회반죽을 바르지 않고 붉은 벽돌을 그대로 드러낸 당시의 원형을 고스란히 유지하고 있어 다른 사원들과 차별화된다. 사랑과 자비의 정치를 펼친 란나 왕국 최초의 여성 군주인 치라프라파 왕의 조각상과 작은 전각이 남아 있어 사랑의 결실, 평화로운 관계 등을 기원하기 위해 찾아오는 사람이 많다. 사랑하는 사람과 함께라면 여기, 사랑의 사원으로!

🚶 창푸악 게이트에서 해자를 따라 서쪽으로 도보 7분 🕐 08:30~17:30

햇살 아래 더욱 빛나는 은 사원 ⑥
왓 시수판 Wat Si Suphan 🔍왓 시수판

치앙마이에는 300여 개의 사원이 있어 며칠만 지내도 어지간한 사원은 지나치게 된다. 하지만 '은의 사원'이라 불리는 왓 시수판은 외관이 독특적이어서 절로 눈길을 사로잡을 테니 우아라이 토요 시장을 방문할 때 잊지 말고 들러보자. 16세기 초 무앙 깨우 왕 통치 시절에 창건한 왓 시수판은 수세기에 걸쳐 개보수를 겪었고, 2004년부터 2016년까지 현지 은공예 장인들의 손길을 거쳐 은, 니켈, 알루미늄 패널을 이용한 정교하면서도 화려한 사원으로 거듭났다. 란나 건축 양식과 지역 장인의 예술혼이 한데 어우러진 특별한 작품이라 할 수 있다. 외관부터 화려함 그 자체. 하지만 아쉽게도 본당은 남성들만 출입이 가능하다.

🚶 치앙마이 게이트로 나가 남서쪽으로 도보 10분 🕐 07:00~19:00 💰 성인 50바트

역사의 상징 ⑦
삼왕상 Three Kings Monument 🔍삼왕상

올드타운 중심에 세워진 도시의 기원을 상징하는 조각상. 왼쪽부터 파야오의 응암 무앙 왕, 란나 왕국의 멩라이 왕, 수코타이의 람캄행 왕이 나란히 자리한다. 세 왕은 도이수텝과 핑강으로 둘러싸인 비옥한 평야를 선택해 치앙마이를 건국했고 이후 란나 왕국의 수도가 되었다. 멩라이 왕의 중재가 큰 역할을 했기 때문에 중앙의 멩라이 왕이 양쪽 두 왕을 감싸는 형상을 하고 있다. 기념비 앞 광장은 지금도 전통문화 행사, 지역 커뮤니티 모임, 축제 등이 열리는 시민의 광장으로 사랑받고 있다.

🚶 왓 체디루앙에서 북쪽으로 도보 5분

도시의 정체성을 찾아서! ⑧
치앙마이 시립 예술 문화 센터 Chiang Mai Cultural Centre 🔍 치앙마이 시립 예술 문화 센터

올드타운의 정중앙, 삼왕상 뒤편에 자리한 이곳은 1927년에 도청 본청으로 지은 건물로, 주변국의 콜로니얼 건축 양식에서 영향을 받아 동서양 건축미의 조화를 보여주는 귀중한 유산이다. 현재는 공공 문화 공간이자 도시의 역사와 문화를 알리기 위한 전시관으로 사용 중이다. 15개의 상설 전시실에는 선사 시대부터 란나 왕국, 식민지 접경기의 변화, 현대에 이르기까지의 도시 발전 과정을 시대별, 주제별로 사진, 영상, 모형, 그래픽 디스플레이를 통해 생생히 재현해놓았다. 카페와 기념품점도 있어 더위를 피해 쉬어가기도 좋다.

🚶 삼왕상에서 도보 2분 🕐 수~일 08:30~16:30
❌ 월·화요일 🎫 성인 90바트, 어린이 40바트
📞 +66 53 217 793 🏠 http://www.cmocity.com

> 치앙마이 시립 예술 문화 센터와 히스토리컬 센터, 민속 박물관까지 세 곳을 모두 이용할 수 있는 통합권(180바트)을 구입하면 입장료를 아낄 수 있다.

현지의 생활상을 한눈에! ⑨
란나 민속 박물관 Lanna Folklife Centre 🔍 란나 민속 박물관

삼왕상 맞은편에 있는 또 하나의 이국적인 건물. 원래 치앙마이 8대 군주의 개인 저택을 지방 법원으로 사용하다 2012년 박물관으로 개관했다. 18개 전시실에 란나 지역의 불교 예술, 전통 의례, 생활 공예, 복식 문화를 테마별로 전시하고 있다. 민속촌처럼 당시 생활상을 재현해둔 공간이 있어 생생한 몰입감을 준다. 출가 의식, 불교 사원 축제, 전통 혼례식, 승려의 하루 일과 등 태국 북부 문화를 간접 체험해볼 수 있다. 이왕 방문할 거라면 여행 초반에 가보는 것을 추천한다. 현지인의 삶을 아는 만큼 여행을 즐길 수 있으므로.

🚶 삼왕상에서 도보 3분 🕐 수~일 08:30~16:30 ❌ 월·화요일 🎫 성인 90바트, 어린이 40바트 📞 +66 53 217 793
🏠 https://cmocity.com/lanna-folklife-museum

감성을 자극하는 작은 쉼터 ⑩
치앙마이 하우스 오브 포토그래피
Chiang Mai House of Photography 치앙마이 하우스 오브 포토그래피

삼왕상 광장 뒤편 고요한 골목 안에 숨어 있는 2층 건물로 사진을 감상할 수 있는 공간이 있다. 한때 국립 예술청으로 사용하던 곳으로 신발을 벗고 나무 계단을 따라 2층으로 올라가면 현대 로컬 작가들의 작품이 전시되어 있다. 삐그덕거리는 마룻바닥을 천천히 걸으며 사진 감상 한 번, 창을 통해 바람결에 흔들리는 나뭇잎 한 번, 그렇게 바라보면 치앙마이의 감성을 오롯이 느낄 수 있다. 입장료 없이 기부금으로 운영하며 전시도 수시로 바뀌니 관광지의 소란을 피해 들러보는 것도 좋다.

치앙마이 시립 예술 문화 센터에서 도보 4분 월~금 08:30~16:30
토·일요일 +66 52 000 393
http://cmhop.org

열린 창작 공간 ⑪
TCDC 치앙마이
Thailand Creative & Design Center
 TCDC Chiang Mai

TCDC는 태국 정부에서 운영하는 창의 디자인 센터로, 디자이너, 창작자, 학생, 여행자 누구에게나 열린 공공 창작 플랫폼이다. 넓은 개방형 열람실에는 디자인, 예술, 건축, 패션, 미디어 관련 도서와 자료들이 구비돼 있고, 조용한 분위기에서 공부하거나 작업하기에 적합하다. 개별석, 그룹석, 대형 테이블 등 다양한 좌석이 있으며, 노트북 작업을 위한 콘센트와 무료 와이파이도 제공한다. 모바일 앱을 통해 일일 입장권 또는 1년 회원권을 구입해 바로 이용할 수 있다. 카페와 전시 공간, 회의실도 갖춰져 치앙마이 속 창작 커뮤니티의 중심지로 자리 잡고 있다.

 타패 게이트에서 북쪽으로 도보 14분
 화~일 10:30~19:00 월요일
 100바트, 1년권 1200바트 +66 52 080 500
 library.tcdc.or.th

올드타운 복합 문화 예술 단지 ⑫
캄 빌리지 Kalm Village Kalm Village Chiang Mai

한국 여행자들에겐 '선셋 요가'를 할 수 있는 곳으로 유명한데, 요가 때문에 방문했더라도 공간 안으로 발을 들여놓는 순간 분위기에 빠지게 된다. 2개의 정원을 중심으로 9개의 건물이 태국 북부 가옥 형태로 배치되어 있으며, 업사이클 티크목 구조물과 회색 벽돌을 수작업으로 쌓아 만든 건물은 란나 전통과 모던함이 어우러져 있다. 지역 장인들과 협업해 전시, 워크숍, 다양한 프로그램을 운영한다. 1층엔 수공예 숍, 갤러리, 카페와 레스토랑이 있고, 2층엔 텍스타일 하우스, 라이브러리, 왓 체디루앙이 보이는 전망 좋은 루프톱에서 요가 클래스가 진행되니 즐길 거리 다양한 최고의 공간이다.

🚶 치앙마이 게이트에서 북서쪽으로 도보 6분 🕐 목~화 09:30~18:30
❌ 수요일 📞 +66 933 209 809 🏠 kalmvillage.com

선셋 요가는 금~월요일 17:00~18:30, 신청 가능한 인원수가 제한되어 있으니 홈페이지를 통해 미리 예약하고 방문할 것.

무료 요가도 가능한 도심 속 쉼터 ⑬
부악 하드 공원 Buak Hard Public Park Buak Hard Public Park

올드타운 남쪽 가장자리, 붉은 성벽 안쪽에 아늑하게 자리한 공원으로 중앙의 호수와 이를 둘러싼 잔디밭, 나무들이 만든 자연 그늘 아래 벤치들이 있어 커피를 마시거나 쉬어가기 좋다. 특히 매일 아침 무료로 요가 클래스가 열리는데, 시즌에 따라 시간과 장소 변동이 많으니 페이스북 'yoga in the park'에서 공지 및 주간 스케줄을 확인하자. 공원 안에 카페와 작은 매점들이 있으며 매점에서 요가 매트 대여도 가능하다. 올드타운에서 한 달 살기를 한다면 아침 운동 루틴을 만들기 좋은 곳이다. 그리고 매년 2월 첫 번째 주말, 치앙마이 플라워 페스티벌이 공원을 중심으로 열리니 기간 내 방문한다면 잊지 말고 들러보자.

🚶 왓 프라싱에서 남쪽으로 도보 13분 🕐 05:00~21:00

요가 수련자들의 성지 ⑭
와일드 로즈 요가 스튜디오
Wild Rose Yoga Studio
🔍 와일드 로즈 요가 스튜디오

올드타운의 조용한 골목 안, 전통 란나 양식 목조 건물 안에서 깊은 호흡과 명상이 흐른다. 프랑스 출신 요가 '로즈'가 설립한 이곳은 진정성 있는 요가 철학으로 전 세계 요가 수련자들의 성지를 자처한다. 흙벽과 목재 기둥, 자연 채광으로 가득한 스튜디오 안에서는 하타, 빈야사, 인요가 등 다양한 수업이 매일 열린다. 초보자부터 TTC(Teacher Training Course) 수료자까지 각자의 수준에 맞는 수업을 선택할 수 있다. 다이어트나 스트레칭 위주의 수업보다 내면에 집중하는 수련에 더욱 큰 무게를 둔다. 수업 전 손발 세정 권장, 모기 기피제 제공, 운동 후 다과 제공 등 클래스 전후 과정까지 세심함이 느껴진다. 최소 2일 전, 왓츠앱을 통한 예약은 필수다.

🚶 치앙마이 게이트에서 도보 3분
🕐 09:45~19:00 💰 레귤러 350바트, 사운드 배스 or 체어 요가 400바트, 3회 1000바트
📞 +66 899 509 377 🏠 wildroseyoga.org

리트리트에 진심 ⑮
프리덤 요가 스튜디오 Freedom Yoga Studio 🔍 Freedom Yoga Studio

왓 프라싱 근처, 현지인들의 일상 속에 조용히 자리 잡은 요가 스튜디오다. 오래된 목조 주택을 개조해 주로 2층에서 수업을 진행한다. 오픈된 창이 많아 애쓰지 않아도 동네 경관과 나무가 보이고, 수시로 들리는 새소리와 코끝을 스치는 바람에 절로 힐링이 된다. 수업은 매일 오전 8시부터 1일 3~4회 진행되며 빈야사, 하타 빈야사, 인요가가 주를 이룬다. 1시간 반 수업이라 여유롭게 호흡 및 싱잉볼 명상 시간을 가질 수도 있다.

🚶 왓 프라싱에서 도보 7분 🕐 08:00~20:00
💰 1회 400바트, 3회 1000바트(1h 30m)
📞 +66 803 855 851 🏠 freedomyogachiangmai.org

리얼 가이드

오늘은 내가 태국 공주!
전통 의상 입고 스튜디오에서 사진 찍기

여행지에서 전통 의상을 입어보는 경험은 꽤나 특별하다. 태국 역시 지역에 따라 고유의 스타일이 있는데 그중 치앙마이에서는 란나 스타일의 전통 의상을 빌려 입고 사진을 찍어보자. 주요 관광지에서 사진 촬영을 해도 좋지만, 날씨가 무더운 곳인 만큼 스튜디오 촬영이 많다. 기억에 남고 재미있는 추억 하나 추가해보자.

전통 의상 입고 사진 촬영
차오낭 치앙마이 스튜디오 Chao Nang Chiang Mai Studio 🔍 Chao Nang Chiang Mai Studio

치앙마이의 란나 스타일은 짙은 색상에 단아한 실루엣, 전통적 미감에 은 장신구를 많이 활용한다. 차오낭 스튜디오는 치앙마이에서 인기 있는 포토 스튜디오로 기본 800바트에 헤어, 메이크업, 의상 대여, 전문 포토그래퍼의 디렉팅 아래 이루어지는 사진 촬영까지 포함되어 부담 없이 체험해볼 수 있다. 예약은 인스타그램을 통해 가능하고, 2시간 정도면 촬영까지 마치고 원본 사진을 받을 수 있다. 그중 5장을 선택하면 추후 보정본까지 준다.

🚶 타패 게이트에서 차량으로 5분 🕐 10:00~19:00 💰 800바트
📞 +66 979 856 396 📷 @chaonangstudio

리얼 가이드

커피 이상의 커피
아카아마 커피 AKHA AMA COFFEE

아카아마 커피는 단순한 커피 브랜드가 아니다. 치앙라이 소수민족인 아카족 출신 청년이 공동체의 자립을 위해 만든 커피다. 커피 경쟁이 심한 치앙마이에서 아카아마가 꾸준히 사랑받고 있는 이유는 무엇일까?

치앙라이의 산골 마을에서 유일하게 대학 교육을 받은 '리 아유'. 그는 태국 북부의 소수민족인 아카족 공동체가 정성껏 재배하던 커피가 정작 제값을 받지 못하고 사라질 위기에 처한 현실을 안타깝게 지켜봤다. NGO에서 일하던 그는 결국 고향으로 돌아와 2010년 '어머니'란 뜻의 '아마 Ama'란 이름을 붙여 아카아마 커피를 설립했다. 단순한 커피 브랜드가 아닌 공동체의 자립과 존엄을 담은 이 프로젝트는 재배부터 로스팅, 추출까지 커피 한 잔의 여정을 투명하게 연결하며 세계적인 공정무역 모델로 자리 잡았다. 다양한 가공 방식으로 생산한 고품질 아라비카 원두는 특유의 밝은 산미와 섬세한 향미로 현지 커피 애호가들의 입맛을 사로잡고 있다. 타패 게이트와 멀지 않은 올드타운 동쪽에도 지점이 있으나 여행자들에겐 프라싱점이 접근성이 좋고 트렌디한 분위기라 더욱 인기다. 원두 종류도 다양하고 싱글 오리진 드립 커피도 비슷한 수준의 다른 카페들에 비해 저렴하다.

올드타운점
- 타패 게이트에서 북쪽으로 도보 11분
- moonmueang soi 9 Tambon Si Phum
- 목~화 08:00~17:00 수요일
- 샤케라토 75바트, 아이스아메리카노 75바트
- +66 882 678 014

프라싱점
- 왓 프라싱에서 도보 1분
- 175 2 Rachadamnoen Rd 08:00~17:30
- 샤케라토 75바트, 드립 커피 100~110바트, 플랫 화이트 70바트 +66 882 678 014

호불호 없는 소고기 쌀국수 ①
블루 누들
Blue Noodle 🔍 블루누들

수없이 많은 치앙마이 국숫집 중에서도 한국인 여행자에게 최우선 순위로 손꼽히는 맛집이다. 호불호 없는 맛에 가격도 저렴하고 타패 게이트, 왓 체디루앙 사이에 위치해 접근성까지 좋아 올드타운에서 가볼 만하다. 비빔국수와 국물이 있는 누들 수프가 있으며, 토핑에 따라 다양하게 종류가 나뉜다. 'stewed beef', 'fresh beef'가 들어간 넘버 8, 9번 메뉴가 특히 인기다. 면 굵기도 선택 가능한데, 'sen lek'이 흔히 먹는 보통 두께의 쌀국수다. 국물을 맛보면 딱 익숙한 한국의 갈비탕 맛이다. 양이 적은 편이니 밥을 추가해 말아 먹는 것도 좋은 방법!

면 두께
Sen Yai > Sen Lek > Sen Mee
* Mee Lueang 달걀면

🚶 타패 게이트에서 도보 5분　🕘 09:00~20:00
🍜 소고기 쌀국수 70~90바트, 타이 티 30바트　📞 +66 93 589 6477

코코넛에 진심 ②
코코넛 쉘 Coconut Shell 🔍 코코넛 쉘

코코넛 그릇에 음식을 내어주는 식당이 있다? 커리, 똠얌꿍, 쏨땀, 누들 수프 등 웬만한 음식들은 친환경 코코넛 그릇에 담아주어 비주얼부터 다른 식당들과 차별화된다. 대부분의 음식이 50~70바트 정도로 저렴하면서 메뉴 구성이나 음식 맛도 무난해 가성비 맛집으로 알려져 있다. 비건 옵션들도 있어 채식을 즐기는 이들도 많이 찾는다. 코코넛 아이스크림, 코코넛 밀크로 만든 디저트도 여러 종류라 '코코넛 쉘'이란 가게 이름을 그냥 붙인 게 아니구나 싶다. 로컬 시장에서 함께 장을 보고 함께 음식들을 만드는 쿠킹 클래스도 운영 중이다.

🚶 타패 게이트에서 도보 6분　🕘 일~금 07:00~23:00
❌ 토요일　🍜 커리 60바트, 쏨땀 50바트, 팟타이 60바트, 코코넛 아이스크림 50바트　📞 +66 866 542 746

위치 좋은 가성비 맛집 ③
크루아 답 롭 Krua Dabb Lob 🔍 Krua Dabb Lob

타패 게이트에서 이어지는 메인 대로변, 왓 체디루앙에서 5분 거리에 있어 오며 가며 들르기 좋은 크루아 답 롭. 지붕이 있는 개방형 구조의 로컬 식당이라 당연히 에어컨은 없다. 가볍게 먹기 좋은 식사 메뉴들이 주를 이루며 대부분 100바트 이하로 상당히 저렴한 편이다. 매장 분위기나 음식들도 깔끔하고 직원들도 친절하다. 한낮엔 더울 수 있으니 오전 시간대나 늦은 오후에 방문하는 것을 추천한다.

🚶 왓 체디루앙에서 도보 5분
🕙 월~토 10:00~21:00, 일 10:00~22:00
🍴 카오소이 80바트, 팟 끄라파오 무쌉 80바트, 쏨땀 70바트 📞 +66 946 181 646

오며 가며 들르기 좋은 올드타운 맛집 ④
캣츠 키친 Kat's Kitchen 🔍 캣츠 키친

타패 게이트에서 멀지 않고 야외 좌석까지 넉넉하게 갖추고 있어 외국인 여행자들에게 특히 인기다. 메뉴가 100가지가 넘어 행복한 고민에 빠지게 되는 곳. 커리, 누들, 볶음밥, 각종 볶음류가 있으며 대부분 80~150바트 정도로 가격도 합리적이다. 향신료, 향채를 과하게 사용하지 않고 맵기 조절도 가능하다. 양도 많고 어떤 걸 주문해도 평타 이상이라 올드타운 초입에서 딱히 생각나는 맛집이 없을 때, 자연스럽게 발걸음을 옮기게 된다.

🚶 타패 게이트에서 도보 5분 🕙 10:00~21:30 🍴 쏨얌꿍 100바트, 팟타이 80~150바트, 그린 커리 볶음밥 80바트 📞 +66 988 922 265

한국인 입맛에 찰떡 ⑤
앨리스 키친 Alice's Kitchen 🔍 앨리스 키친 태국 치앙마이

한국인 여행자들에게 인기 있는 지라 스파에서 멀지 않은 곳에 위치한 앨리스 키친 역시 합리적인 가격에 어떤 메뉴를 주문해도 실패가 없다는 평. 똠얌꿍, 볶음밥, 카오소이, 쏨땀, 모닝글로리, 새미미 치킨까지 익숙한 태국 음식 모두가 인기다. 서양인 손님이 많은 곳이라 그런지 향신료나 고수 등을 적게 사용해 태국 음식 초보자들 입맛에도 잘 맞는다. 아예 고수를 빼고 주문하고 싶다면 "마이 싸이 팍치"라고 하면 된다. 가게가 아담한 편이라 테이블이 금세 차므로 피크 타임은 살짝 피해 방문하는 게 좋다.

🚶 타패 게이트에서 도보 6분 🕐 수~월 12:00~21:00 ✖ 화요일
🍴 파인애플 볶음밥 80바트, 똠얌꿍 120바트 📞 +66 620 080 877

북부 스타일 가정식을 맛볼 수 있는 곳 ⑥
후언 펜 Huen Phen 🔍 후언펜

대를 이어 운영하는 올드타운의 역사 깊은 로컬 식당으로 북부 가정식을 주로 선보인다. 오래된 나무로 만든 가게는 외관에서부터 로컬 느낌이 물씬한데, 안으로 들어가면 빈티지 가구와 소품들이 가득해 골동품 가게나 박물관 느낌도 난다. 점심땐 유리 부스에 채워놓은 반찬들을 직접 골라 밥이랑 함께 먹을 수 있는데, 우리로 치면 딱 반찬 가게다. 이런 시스템이 익숙지 않은 여행자들은 북부 대표 음식인 깽항레, 남프릭, 싸이우아 등이 한 쟁반에 나오는 '칸톡'을 주문하면 된다. 간단히 먹기 좋은 카오소이, 튀긴 파파야로 만든 쏨땀도 별미다.

🚶 왓 체디루앙에서 도보 7분 🕐 08:30~16:30, 17:00~22:00
🍴 볶음밥 100바트, 포멜로 샐러드 95바트, 칸톡 스몰(1인) 200바트
📞 +66 869 112 882

숨겨진 고수의 맛 ⑦
미스터 카이 MR.KAI 🔍미스터 카이

삼왕상에서 걸어서 3분 거리인 '미스터 카이'는 올드타운의 가장 중심에 위치하지만 의외로 번잡하지 않다. 그래서 아는 사람들만 알고 일부러 찾아가야 하지만 깔끔한 내부와 주방, 합리적인 가격대의 50가지가 넘는 메뉴, 친절한 직원들까지 가볼 만한 이유는 충분하다. 코코넛 밀크에 치킨을 넣어 만든 수프, 톰 카 까이와 주인장의 수제 레시피로 만든 카오소이가 특히 유명하다. 카오소이는 치킨, 돼지고기, 소고기, 생선, 새우, 오징어 6가지 종류나 된다. 절임 채소, 숙주, 라임, 샬롯 등 취향에 따라 추가할 수 있는 토핑까지 한 번에 담아낼 수 있는 전용 용기도 특별하다.

🚶 왓 체디루앙에서 도보 8분 🕐 화~일 09:00~21:00
❌ 월요일 🅱 카오소이 80바트, 톰 카 까이 80바트
📞 +66 926 315 943

담백한 치맥이 당길 때, 여기 ⑧
SP 치킨 SP Chicken 🔍SP 치킨

1970년대부터 운영해온 전통 있는 그릴 치킨집으로 미쉐린 빕 구르망에 이름을 올리기도 했다. 태국 향신료와 허브로 마리네이드해 통째로 구운 담백한 치킨, 카이 양Kai Yang이 대표 메뉴다. 반 마리도 주문 가능해 나 홀로 여행자도 부담 없이 즐길 수 있다. 양념 맛이 강하지 않고 기름기가 쏙 빠져 담백하다. 한국식 치킨처럼 부드러운 육질은 아니지만, 매콤 새콤한 쏨땀, 차진 스티키 라이스에 맥주까지 곁들이면 최고의 태국식 치맥이다. 카이 양 외에도 돼지고기, 소고기 구이와 채소볶음, 국물 요리들까지 다양하다.

🚶 왓 프라싱에서 도보 2분 🕐 10:00~17:00
🅱 카이 양 190바트, 카이 양 반 마리 105바트, 쏨땀 50바트 📞 +66 805 005 035

분위기와 맛 모두 잡은 미쉐린 식당 ⑨
더 하우스 바이 진저 The House by Ginger 🔍더 하우스 바이 진저

올드타운 초입, 타패 게이트에서 멀지 않은 곳에서 분위기 있는 식사를 하고 싶을 때, 더 하우스 바이 진저만 한 곳이 없다. 콜로니얼 스타일 저택을 개조한 레스토랑은 치앙마이에서도 가장 감각적인 곳으로 손꼽힌다. 높은 천장, 톤 다운된 벽과 포인트 벽지, 앤티크 가구와 조명들이 어우러져 있는데, 저녁 시간에는 촛불 장식까지 더해져 더욱 로맨틱한 다이닝을 즐길 수 있다. 로컬 유기농 채소와 농축산물을 사용하며, 태국 북부 전통 요리에 유럽이나 아시아 감성을 가미해 세련된 퓨전 요리를 선보인다. 더 하우스 애피타이저 플래터, 소프트 쉘 크랩, 그릴 요리뿐 아니라 칵테일까지 훌륭한 맛과 비주얼을 자랑한다. 2020년부터 2025년까지 연속으로 미쉐린 빕 구르망에 선정되었으며, 라이프 스타일 콘셉트 스토어도 함께 운영 중이다.

🚶 타패 게이트에서 도보 8분
🕐 11:00~22:00
📍 더 하우스 애피타이저 플래터 450바트, 코코넛 시푸드 커리 450바트
📞 +66 53 287 681
🏠 thehousebygingercm.com

이탤리언 스타일의 화덕 피자 ⑩
바이 핸드 피자 카페 By Hand Pizza Café 🔍바이 핸드 피자 카페

태국 음식에 질릴 때쯤 피자만큼 괜찮은 음식도 없다. 특히 이탈리아 정통 방식으로 만드는 화덕 피자라면 더더욱. 직접 만드는 도우와 신선한 로컬 식재료, 퀄리티 좋은 치즈를 사용하는데, 화덕이 야외에 설치돼 만드는 과정도 실시간으로 볼 수 있다. 피자 종류가 다양한데 트러플, 마르게리타, 페퍼로니 피자가 특히 인기다. 베지테리언, 비건 옵션도 많다. 전반적으로 담백하고 건강한 맛이라 평소에 간을 세게 먹는 사람들에겐 살짝 슴슴할 수 있다.

🚶 왓 치앙만에서 도보 4분　🕐 11:00~23:00　📍 마르게리타 피자 180바트, 미트 러버 375바트, 그린 비건 피자 225바트　📞 +66 53 287 681

파스타가 맛있는 골목 식당 ⑪
슈 홈메이드 SHU HOMEMADE 🔍 SHU HOMEMADE

올드타운에서 메인 도로를 살짝 벗어나 골목으로 들어가면 현지인들의 일상이 묻어나는 한적한 동네가 나온다. 사원을 지척에 둔 골목길 안, 잔잔한 공기를 뚫고 나온 올리브유에 마늘 볶는 냄새를 따라가면 가정집을 개조한 아담한 파스타 가게가 나온다. 카르보나라, 알프레도, 스파이시, 페스토 파스타에 연어, 새우, 치킨, 베이컨 토핑을 선택할 수 있다. 그 외 치킨 케사디야와 더블 치즈 토스트가 있다. 현지 젊은 층에도 인기가 많은 곳이라 몇 개 없는 테이블은 금방 만석이다. 적당히 삶은 면, 꾸덕하게 잘 밴 소스까지 기대 이상의 맛이라 일부러 찾아간 보람이 있다.

🚶 삼왕상에서 도보 1분 🕘 09:30~17:00 🍴 페스토 파스타 155~185바트, 스파이시 파스타 155~185바트 📞 +66 832 546 035

심플 but 정성 가득 ⑫
피티 슬로 푸드 PHITHI(Slow Food) 🔍 PHITHI(Slow Food)

올드타운 중심에선 살짝 벗어나 있지만, 정성 가득한 쌀국수와 타이 바질에 굴소스를 넣고 볶아주는 팟 끄라파오 무쌉을 먹기 위해 일부러 찾아오는 손님이 많은 곳이다. 젊은 부부가 운영하는 작은 식당으로 테이블 수도 많지 않다. 거기에 식당 이름에서도 알 수 있듯 음식이 나오는 데 시간이 꽤 걸리기 때문에 웨이팅이 없을 만한 애매한 시간에 방문하는 것을 추천한다. 신선한 재료를 사용하고 재료 하나하나 중량을 재서 만들기 때문에 조리 시간은 오래 걸리지만 그만큼 음식 맛은 한결같고 만족도가 높다. 국물 맛은 깊으면서 깔끔하고 고기 누린내도 없다. 달걀프라이나 오믈렛을 추가해 먹으면 확실히 든든하다.

🚶 치앙마이 게이트에서 도보 8분 🕘 09:15~16:00 🍴 소고기 국수 65바트, 똠얌 누들 80바트, 팟 끄라파오 무쌉 55바트 📞 + 66 992 651 589

구글 리뷰 4.9 ······ ⑬
아오이자이 키친 AOYJAI KITCHEN 🔍 아오이자이 키친

캄 빌리지에서 멀지 않은 곳에 위치한 아담한 로컬 식당인데 구글 평점이 4.9, 칭찬 일색인 리뷰 때문에 궁금증이 앞서는 곳이다. 팟 끄라파오 무쌉이 주메뉴인데 돼지고기, 치킨, 새우 & 오징어, 소고기까지 선택의 폭이 넓다. 매운맛도 3단계로 선택할 수 있으며 바질 향 솔솔, 감칠맛 나는 양념이 아주 매력적이다. 튀기듯이 부쳐낸 달걀프라이의 노른자를 탁 터뜨려 비벼 먹으면 고소함이 배가 된다. 깔끔한 맛의 똠얌꿍과 함께 먹으면 화룡점정. 친절한 사장님이 건네는 한국말 몇 마디에 마음까지 꽤 따스해진다.

🚶 치앙마이 게이트에서 도보 5분
🕐 목~화 11:30~18:00 ❌ 수요일
🍽 팟 끄라파오 무쌉 59바트, 시푸드 볶음 덮밥 89바트 📞 +66 922 482 674

탱글한 어묵, 깔끔한 국물 조합 ······ ⑭
림 라오 응오우
Lim Lao Ngow Fishball Noodle 🔍 림 라오 응오우

약 90년 가까이 방콕의 차이나타운에서 영업을 해온 림 라오 응오우가 치앙마이에도 지점을 오픈하면서 그 인기를 꾸준히 이어가고 있다. 2018년부터 지금까지 한 해도 거르지 않고 미쉐린 빕 구르망에 이름을 올렸다. 다른 첨가물을 넣지 않고 생선 살로만 만든 어묵은 탱글탱글한 식감이 일품이고 재료 본연의 맛이 잘 살아 있다. 똠얌, 옌타포 육수도 있지만 역시 기본 오리지널 육수에 고소하고 탱글한 식감의 달걀면 조합이 인기! 꼬들한 식감이 별로라면 일반 쌀국수도 선택 가능하다. 사이드로 주문 가능한 새우볼 튀김이나 크리스피 완탕도 놓치기 아쉽다.

🚶 삼왕상에서 도보 3분 🕐 09:00~14:30
🍽 누들 60바트, 피시볼 튀김 70바트 📞 +66 53 327 304

시간의 맛, 카오 만 까이 ⑮
끼얏 오 차 KIAT O CHA 🔍 KIAT O CHA

1957년부터 영업을 시작한 오랜 전통의 카오 만 까이 전문점으로 2020년부터 미쉐린 빕 구르망에 올랐다. 육수로 지은 밥 위에 삶은 닭을 올려주는 기본 카오 만 까이 외에 튀긴 닭이나 튀긴 돼지고기를 올린 메뉴도 있다. 밥 자체도 감칠맛이 나고 고기도 부드러운데, 감칠맛 나는 특제 소스까지 슥슥 뿌려 먹으면 한 접시 순삭. 튀긴 닭이나 돼지고기도 맛없을 수 없는 조합. 함께 나오는 육수도 닭곰탕마냥 깔끔하고 시원하다. 카레 파우더를 발라 돼지고기 꼬치와 착즙한 오렌지주스를 곁들이면 더욱 완벽한 조합이 된다.

🚶 왓 체디루앙에서 도보 6분　🕐 06:00~15:00
💲 카오 만 까이 50~200바트, 무 사테 40~200바트　📞 +66 53 327 263

들어는 봤나, 핑크 누들 ⑯
싸앗 어묵국수 Sa-Ard Fish Ball Noodle Shop 🔍 싸앗 어묵국수

'끼얏 오 차', '림 라오 응오우'와 나란히 붙어 있는 이곳도 수제 어묵과 태국식 만두를 넣은 누들이 대표 메뉴다. 하지만 여기선 특별히 옌타포에 한번 도전해보면 어떨까? 옌타포는 핑크빛이 도는 발효 콩 두부를 사용한 소스로 새콤하지만 감칠맛이 나는데, 이 소스를 넣어 만든 국수를 '핑크 누들'이라 한다. 좀 더 매콤한 걸 원한다면 옌타포 똠얌을 선택하면 된다. 약간의 산미가 낯설기도 하지만 식욕을 자극하고 여러 종류의 어묵을 맛보는 재미도 쏠쏠하다. 태국식 갈비탕, 랭쌥, 디저트로 제격인 코코넛 아이스크림도 있다.

🚶 삼왕상에서 도보 3분　🕐 07:00~16:30　💲 옌타포 70~90바트, 똠얌 누들 60~80바트　📞 +66 53 327 261

식어도 맛있는 바나나튀김 ⑰
쨈아줌마 바나나튀김 🔍 쨈아줌마 바나나튀김

'끼얏 오 차', '림 라오 응오우', '싸앗 어묵국수' 등에서 식사를 했지만, 왠지 2%가 부족하다고 생각될 때, 위치상 함께 다녀오기 좋은 곳이다. 구글 지도에도 한글로 등록되어 있는데, 판자로 된 작은 가게 여기저기에 적힌 한글과 한글 메뉴판만 봐도 인기가 짐작된다. 바나나뿐만 아니라 고구마튀김도 있고 2가지 믹스로도 판매한다. 튀김옷이 두껍지만 과자처럼 바삭한데, 안쪽의 부드러운 바나나와 대조되는 식감이 재미있다. 갓 튀긴 건 말할 것도 없지만, 식어도 충분히 맛있다. GLN 결제도 불가하니 현금을 준비하자.

🚶 왓 프라싱에서 도보 5분　🕐 월~토 09:00~15:00　❌ 일요일
💲 바나나튀김 30바트, 고구마튀김 30바트, 믹스 40바트

북부 음식을 현대적으로 재해석 ……… ⑱
춤 노던 키친 @올드시티
CHUM Northern Kitchen @Old City ρ 춤 노던 키친

흔한 태국 요리 대신 좀 더 강렬한 북부 스타일에 도전해보고 싶다면, 여기! 치앙마이와 북부 일대에서 즐겨 먹는 카오소이, 라브Larb, 깽항레, 남프릭 등 조금은 낯선 요리들이 주를 이룬다. 정통식의 경우 허브 향, 피시소스, 매운맛이 강렬한데 여행자들의 입맛에 맞춰 좀 더 순화한 맛으로 제공한다. 그래도 난이도가 있는 편이니 태국 음식이 익숙한 이들에게 추천한다. 1층 실내 공간은 트렌디한 인테리어에 에어컨이 있으며, 2층은 오픈된 야외 공간이라 한낮엔 특히 1층에 자리를 잡는 게 좋다.

🚶 왓 프라싱에서 도보 3분 🕐 10:30~20:00 🅱 볶음밥 79바트, 생선튀김 179바트, 깽항레 99바트 📞 +66 855 241 424

위치, 맛, 가격 삼박자를 갖춘 곳 ……… ⑲
잇츠 굿 키친 It's Good Kitchen ρ 잇츠 굿 키친

왓 프라싱에서 타패 게이트로 이어지는 대로변에 위치한 잇츠 굿 키친은 이 일대에서 특히 인기다. 캐주얼하면서 깔끔한 분위기에 대중적인 태국 음식을 강하지 않게 조리해 여행자들의 입맛을 저격한다. 팟 끄라파오 무쌉처럼 밥과 함께 나오는 메뉴를 주문하면 곰돌이 모양으로 만들어주는데, 별거 아닌 거에 웃음이 피식 터져 나오며 기분이 좋아진다. 위치도 매우 좋아서 사람들의 발길이 끊이질 않는다. 피크 타임만 아니라면 가볍게 맥주나 음료만 한잔해도 괜찮다. 하지만 GLN 결제도 안 되니 현금을 꼭 준비해갈 것.

🚶 왓 프라싱에서 도보 1분 🕐 금~수 11:30~21:00 ❌ 목요일
🅱 팟 끄라파오 무쌉 70바트, 쏨땀 65바트 📞 +66 894 322 323

국수에 딤섬까지, 완벽한 조합 ⑳
지앙 어묵국수 수안독문점 지앙 어묵국수 쑤안문점

치앙마이에 총 3개의 지점을 두고 있는 지앙 어묵국수. 올드타운의 서쪽, 수안독 게이트 근처에 위치한 수안독문점이 여행자들에게 가장 접근성이 좋다. 개방형 야외 좌석뿐만 아니라 에어컨이 설치된 넓은 실내 공간이 있어 쾌적한 식사가 가능하다. 흰살 생선으로 만든 어묵을 주재료로 만든 국수가 대표 메뉴이긴 하지만 다양한 태국 음식과 딤섬류도 있어 메뉴 선택의 폭이 넓다. 중국 음식 문화의 영향을 많이 받은 태국에선 딤섬도 즐겨 먹는데 종류도 다양하고 가격도 30바트라 사이드 메뉴로 시키기에 부담이 없다.

🚶 왓 프라싱에서 도보 6분 🕘 09:00~21:00 💰 어묵국수 60바트, 딤섬 30바트

합리적인 가격대, 로컬 일식집 ㉑
마츠 matsu matsu

치앙마이 내 일식 레스토랑, 이자카야 등이 많지만 가성비 끝판왕은 올드타운 서북쪽에 위치한 '마츠'가 단연코 1등이다. 전형적인 태국 로컬 식당 같은 분위기지만 사시미와 스시, 각종 덮밥류와 롤, 소바, 우동까지 대표적인 일본 음식들을 모두 갖추고 있다. 합리적인 가격대에 신선한 재료, 깔끔한 일본 현지의 맛을 재현해 현지인들에게도 상당한 인기다. 매콤 새콤하고 감칠맛이 뛰어난 태국식 시푸드 소스를 곁들인 타이 퓨즈 연어까지 함께 주문하면 일식 & 태국식의 완벽한 조합이다. 술을 팔지 않기 때문에 대기가 있어도 회전율은 좋은 편이다.

🚶 왓 프라싱에서 도보 10분 🕘 화~일 16:00~20:30 ❌ 월요일 💰 자루 소바 85바트, 타이 퓨즈 연어 180바트, 덴푸라 우동 115바트 📞 +66 814 720 171

육진한 국물에 강렬한 맛 ······ ㉒
카오소이 쿤야이 Khao Soi Khun Yai ◉ Khao Soi Khun Yai

창푸악 게이트, 왓 록몰리 근처 골목, 로컬 분위기 나는 가게로 메뉴는 카오소이와 국수 2가지가 전부다. 카오소이는 치킨, 포크, 비프 중에서 고를 수 있는데, 닭 다리가 들어간 치킨 카오소이가 단연 인기다. 국물이 육진하고 카레 향과 매콤함이 강렬하게 나는데 칼국수같이 납작한 면발에도 잘 배어 있다. 함께 판매하는 롱안, 연근 주스도 인기다. 하루에 단 4시간만 영업해 점심 피크 시간에 방문하면 대기할 수도 있다.

🚶 창푸악 게이트에서 도보 약 5분   🕐 월~토 10:00~14:00
❌ 일요일   🍴 카오소이 치킨·비프·포크 60~70바트, 롱안 주스 30바트   📞 66 906 517 088

망고 좋아하면, 무조건 가야만! ······ ㉓
스위트 홈 커피
SWEET HOME COFFEE ◉ Sweet Home Coffee

올드타운 안쪽, 조용한 주택가를 걷다 만나게 되는 이 아담한 카페는 실제로 가정집 마당 한쪽 공간을 활용했다. 친절하고 영어를 잘하는 젊은 주인장이 맞아주는데 첫인상부터 '스위트 홈' 그 자체다. 커피 맛은 특별하지 않지만, 패션프루트, 망고, 블루베리, 키위 등등 과일을 즉석에서 갈아주는 스무디와 프레시 주스가 너무 훌륭하다. 그런데 50바트도 안 한다? "사장님, 뭐가 남아요?"란 물음이 바로 나온다. 잘 익은 망고와 연유에 졸인 찰밥이 함께 나오는 망고 스티키 라이스 역시 가성비 끝판왕이다. 골목 안 작은 로컬 카페가 구글 리뷰 5.0인 이유, 가보면 바로 공감.

🚶 왓 프라싱에서 도보 9분   🕐 월~토 08:00~17:00   ❌ 일요일
🍴 생과일 스무디 49바트, 망고 스티키 라이스 69바트
📞 +66 946 205 597

리얼 가이드

속도 마음도 편안한
올드타운 비건 식당

올드타운은 여행자들이 모이는 대표 지역인 만큼 다양한 여행자들의 식성을 맞추기 위해 여러 선택지의 식당이 있다. 유독 베지테리언이 많은 치앙마이에는 비건 식당도 많은데 그중 특히 추천하는 몇 곳을 소개한다. 맛은 물론 편안한 속으로 여행할 수 있다는 것은 덤!

디톡스가 필요할 때
쿤캐 주스 바 Khun Kae's Juice Bar

소박한 외관에 자그마한 테이블 몇 개와 간판 하나가 전부지만 늘 손님들로 북적인다. 매일 직접 손질한 과일과 채소로 스무디, 디톡스 주스 등을 바로바로 갈아주는데 재료들의 조합이 엄청나다. 양도 넉넉한데 50바트밖에 안 한다. 과일을 넉넉히 넣은 스무디볼과 홈메이드 요거트도 있어 건강한 한 끼 식사를 위해 찾는 사람도 많다.

🚶 타패 게이트에서 도보 10분 🕐 09:00~19:30 💰 착즙 주스·스무디 50바트, 스무디볼 90바트 📞 +66 843 783 738

채소로도 충분히 맛있어!
차다 베지테리언 Chada Vegetarian

MSG 없이 유기농 채소와 코코넛 밀크, 두유 등 건강한 재료로 태국 가정식을 풀어낸다. 팟타이, 마사만 커리, 그린 커리, 볶음밥 등 대표 태국 음식들이 주를 이루는데 고기 대신 두부나 버섯을 사용한다. 재료가 풍성하고 깊은 맛이 느껴져 비건이 아니더라도 누구나 만족할 만하다. 가족이 운영하는 곳인데 손님 응대가 친절해 재방문 의사가 커진다.

🚶 타패 게이트에서 도보 7분 🕐 09:00~20:00 💰 마사만 커리 100바트, 그린 커리 100바트, 과일 & 채소 샐러드 100바트 📞 +66 898 856 875

비건들의 숨은 성지
비건 소사이어티 Vegan Society

서양 비건들에게 특히 입소문이 난 곳이다. 신선한 유기농 재료로 만든 태국 음식을 베이스로 하되 버섯, 두부를 메인 재료로 사용하며 글루텐 프리 옵션도 있다. 특이하게 김치를 이용한 볶음 누들, 덮밥류도 있는데 깊은 맛은 없지만 먹어볼 만하다. 똠얌 누들도 묘하게 새콤한 김칫국 맛이 나 웃음이 피식 터져 나온다.

🚶 왓 프라싱에서 도보 9분 🕐 12:00~21:30 💰 똠얌 두부 쌀국수 80바트, 두부 샐러드 80바트, 팟타이 80바트 🏠 facebook.com/vegansocietycm 📞 +66 655 795 939

웨이팅이 아깝지 않은 노점의 맛 ········ ㉔
창푸악 수끼
Changphuak Suki ⌕ 창푸악 수끼

올드타운 북부 창푸악 게이트 바깥쪽으로 매일 저녁 로컬 먹거리 시장이 열린다. 태국식 족발 덮밥, 카우카무, 팟타이, 로티, 꼬치와 과일 주스 등을 판매하는 노점상이 늘어서는데 그중에서도 단연 인기는 창푸악 수끼다. 현지인들에게도 인기가 좋아 오픈하자마자 주문 손님과 배달 오토바이들이 모여든다. 메뉴는 국물이 있는 수프와 국물이 없는 볶음 수끼 2가지. 돼지고기, 소고기, 치킨, 시푸드, 머시룸, 믹스 메인 재료와 추가 토핑을 선택하면 된다. 주문 즉시 바로바로 볶아주는데 불 맛도 나고 재료 하나하나 본연의 맛과 식감이 살아 있다. 함께 내어주는 매콤한 소스가 셰프의 킥! 가격까지 저렴해 만족도가 상당히 높다. 대기가 싫다면, 피크 타임을 피해 가거나 그랩 배달을 이용해보자.

🚶 창푸악 게이트에서 도보 3분   🕒 17:30~24:00
🅱 돼지·치킨 수끼 59바트, 소고기·시푸드 수끼 69바트   📞 +66 629 428 874

이렇게 얇고 빠삭한 크레이프는 처음! ········ ㉕
크레이프 맛집
⌕ 크레페맛집

창푸악 게이트 안쪽에 위치한 푸드 트럭에서 달달한 향이 퍼져 나온다. 근원지를 따라가다 보면 한결같이 사람들 손에 거대한 무언가가 들려 있다. 언뜻 보면 꽃다발 느낌도 나는 무언가의 정체는 바로 크레이프. 우리가 흔히 생각하는 로티나 프랑스식 크레이프와는 달리 아주 얇게 부쳐 바삭하고 부스러지는 스타일이다. 여기에 누텔라나 피넛 버터, 피자 소스를 발라 토핑을 올려준다. 인기 NO.1은 누텔라와 피넛 버터를 반반씩 발라 바나나를 올려주는데 누구라도 거부하기 힘든 맛이다. 노스 게이트 재즈 코옵에서 가까워 공연 보러 오갈 때 들르기 좋다.

🚶 창푸악 게이트에서 도보 2분   🕒 월~금 17:00~23:00   ❌ 토·일요일
🅱 크레이프 40~60바트   📞 +66 839 411 266

싱그러운 정원에서 힐링 타임 ......㉖
펀 포레스트 카페 Fern Forest Café 🔍 펀 포레스트 카페

올드타운 안쪽에 자리한 카페로 외관은 특별하지 않다. 하지만 입구를 통과하는 순간 마주하게 되는 녹음 가득한 정원과 유럽 스타일의 건물에 눈이 절로 커진다. 정원을 가득 메운 나무들이 그늘을 만들어주어 한낮 땡볕만 피하면 정원에 자리를 잡아도 머물 만하다. 곳곳이 포토존이라 SNS용 인증 사진을 찍기도 좋다. 다만 모기가 많을 수 있으니 퇴치제를 준비해갈 것을 추천한다. 아침부터 영업을 시작하고 요거트볼, 샌드위치, 샐러드, 베이글 등이 주를 이뤄 조식이나 브런치를 먹으러 가기 좋다. 물론 음식도 있지만 일반 로컬 식당들에 비해선 비싼 편이다.

🚶 왓 프라싱에서 도보 8분　🕐 08:00~20:00　🍽 요거트볼 175바트, 팬케이크 245바트, 아보카도 샐러드 255바트　📞 +66 846 161 144

아침부터 저녁까지 모두 가능 ......㉗
그래비티 카페 앤 비스트로
GRAVITY CAFÉ & Bistro 🔍 Gravity Cafe' & Bistro

이른 아침부터 영업을 시작해 늦게까지 운영하는 카페 & 비스트로로 올 데이 다이닝을 제공한다. 서양식 아침 식사, 요거트볼과 아사이볼, 다양한 종류의 토핑을 얹은 오픈 샌드위치 등이 유명해 브런치를 먹으러 오는 외국인이 특히 많다. 버거, 파스타 외에도 태국 음식까지 없는 게 없는 메뉴 구성이라 식성 다양한 일행들과 방문하기에 특히 좋다. 신선한 과일과 채소로 만든 100% 착즙 주스와 스무디도 있어 건강한 한 끼로 하루를 시작할 수 있다.

🚶 왓 프라싱에서 도보 4분　🕐 07:30~22:00
🍽 요거트볼 190바트, 스무디 90바트　📞 +66 962 351 426

치앙마이 바이브 ········ ㉘
트웬티 마르 Twenty Mar 🔍 Twenty Mar

나무색 카페 앞, 바람에 흔들리는 나뭇잎 사이로 아롱거리는 햇살. 카페 외관부터 커피가 당기는 나른한 치앙마이의 오후 그 자체다. 한눈에 모두 들어오는 아담한 카페 안에선 기다란 아일랜드 테이블을 두고 장발의 바리스타 사장님이 한 땀 한 땀 정성스럽게 커피 음료들을 만들고, 그 와중에도 오가는 손님들에게 기분 좋은 인사와 미소를 남긴다. 공간이 협소해 옹기종기 모여 앉아 음료를 마셔야 하지만 빈티지하고 갤러리 같은 무드를 놓칠 수 없다. 안쪽엔 좀 더 여유롭게 앉아 시간을 보낼 수 있는 공간이 따로 있다. 적정한 산미의 원두라 라테, 더티 커피로 마시면 더욱 맛있다. 상큼한 오렌지 커피도 인기! 가격대가 높은 편이지만, 그럼에도 대기를 해야 할 정도로 인기가 많은 덴 다 이유가 있다.

🚶 왓 체디루앙에서 도보 약 3분　🕐 08:00~18:00　☕ 드립 커피 140~250바트, 더티 커피 125바트, 오렌지 에스프레소 125바트　📞 +66 882 608 869

치앙마이 감성에 찰떡 ········ ㉙
퐁가네스 커피
PONGANES COFFEE 🔍 Ponganes Coffee Roasters

한적한 길가, 아담하고 단정한 벽돌 장식의 건물이 눈에 띈다. 마당을 가득 채우는 큰 나무 한 그루가 만든 그늘에 앉아 에스프레소 한잔 마시고 떠나기 좋은 카페다. 태국은 물론 해외 원두를 직접 블렌딩, 로스팅해 다른 도시 전역에 판매도 한다. 5~6가지 종류의 블렌드 중 취향에 맞는 것을 골라 에스프레소, 블랙, 라테로 주문하면 된다. 최고급 에스프레소 머신 중 하나인 킨스 반더 웨스턴 슬림짐을 사용한다. 말수가 적은 바리스타가 내어주는 에스프레소는 깊은 향과 적절한 산미, 크레마까지 완벽하다. 공간이 협소하므로 테이크아웃할 생각으로 방문하는 게 좋다.

🚶 왓 프라싱에서 도보 약 6분 거리　🕐 목~일 10:00~16:00　❌ 월~수요일　☕ 아메리카노(원두 선택) 80~90바트, 아이스 변경 5바트 추가　📞 +66 877 272 980

커피가 맛있는 트렌디한 카페 ③⓪
냅스 커피 앤 로스터스 NAP'S COFFEE & ROASTERS ⊘ NAP'S COFFEE & ROASTERS

햇살이 부드럽게 스며드는 조용한 동네, 소소한 일상의 풍경과 바람에 살랑이는 나뭇잎들을 보며 커피 한잔하기 좋은 곳. 메탈 소재의 커피 바, 계단을 활용한 캐주얼한 분위기의 좌석 배치, 조명들까지 딱 요즘 스타일이다. 태국 여러 지역에서 생산된 싱글 오리진 커피를 에스프레소와 드립 커피로 즐길 수 있는데 가격도 합리적인 편이다. 바리스타들의 꿈의 머신으로 불리는 킨스 반더 웨스턴의 스피릿을 사용해 에스프레소 베이스의 커피 메뉴도 수준 이상이다. 오전 7시부터 영업을 시작해 모닝커피를 마시러 가기도 좋고, 곳곳에 콘센트도 있어 노트북을 사용하기에도 좋다.

🚶 왓 프라싱에서 도보 약 5분 🕐 07:00~20:00
🏦 드립 커피(원두 선택) 110~130바트
📞 +66 653 123 960

바트 커피에서 더티 커피 한잔? ③①
바트 커피 Bart Coffee ⊘ 바트 커피

착즙 주스로 유명한 쿤캐 주스 바 근처, 감성 문구 전문점 '딥디 바인더' 바로 맞은편에 위치한 아담한 카페다. 4~5명 정도만 겨우 들어갈 수 있을 것 같은 카페 안엔 전 세계에서 온 여행자들의 낙서들이 적힌 포스트잇이 빼곡하게 붙어 있다. 그중에서도 제일 많이 보이는 건 한국어다. 더티 커피가 가장 인기인데 진한 커피와 우유, 크림의 만남은 나쁠 수가 없다. 커피보다 저렴한 코코넛 커스터드 토스트, 치즈 토스트로 가볍게 요기하기도 좋다. 운영 시간도 짧은데 운영일도 들쭉날쭉한 편이니 일부러 찾아가기보단 지나는 길에 들를 만한 곳 정도로 기억해두자.

🚶 타패 게이트에서 도보 10분
🕐 월~토 10:30~14:30 ❌ 일요일
🏦 더티 커피 80바트, 코코넛 커스터드 토스트 45바트 📞 +66 990 494 688

달콤한 에그 커피로 당 충전 ······ ③
임프로바이즈 커피 Improvise Coffee ◎ Improvise Coffee

치앙마이에서 거의 유일하게 에그 커피를 맛볼 수 있는 임프로바이즈 커피. 카페 뒤쪽으로 양계장이 있고 거기에서 생산된 달걀을 판매까지 하는 곳이니 달걀의 신선도는 의심할 여지가 없다. 커피의 쌉쌀함, 달걀노른자와 연유의 달달함, 커피 위에 뿌려진 카카오 가루의 조합이 액상 티라미수 같기도 하다. 치앙마이 기차역 근처에도 지점이 있다.

🚶 타패 게이트에서 도보 9분   🕐 07:00~18:00
💰 에그 커피 75바트, 더티 커피 65바트

웰빙 먹거리, 착즙 주스 한잔 ······ ③
프루트 카고 Fruit Cargo ◎ Fruit Cargo

캐주얼한 분위기의 프루트 카고에서는 100% 리얼 과일로 만든 스무디 볼과 주문 즉시 바로 만들어주는 스무디, 착즙 주스를 저렴한 가격에 판매한다. 물론 착즙 주스계의 가성비 1인자, 쿤캐 주스 바보다는 조금 비싼 편. 한국인이 많이 찾는 와일드 로즈 요가 스튜디오와 멀지 않아 운동 후 들르면 하루를 건강하게 채울 수 있다.

🚶 치앙마이 게이트에서 도보 3분   🕐 09:00~18:00
💰 착즙 주스 80바트, 그릭 요거트 스무디 100바트

박명수의 가브리엘 ······ ③
우티 쏨땀 ◎ 우티 쏨땀

〈마이 네임 이즈 가브리엘〉이란 TV 프로그램에서 개그맨 박명수 씨가 치앙마이의 쏨땀 노점상 주인 '우티'로 살아가는 며칠이 소개된 적이 있다. 원래도 저렴한 가격에 맛까지 좋은 가게로 현지인들에게 인기가 많았는데 방송 이후 일부러 찾아가는 한국인 여행자도 늘었다. 쏨땀 종류도 다양하고 가격도 40바트로 저렴하고 맛도 좋은 편이다. 마땅히 먹을 곳은 없어 테이크아웃을 주로 하는데, 옆집 꼬치랑 같이 구입하면 맥주 안주로도 훌륭하다.

🚶 왓 프라싱에서 도보 1분   🕐 월~토 11:00~20:00   ❌ 일요일
💰 쏨땀 40바트

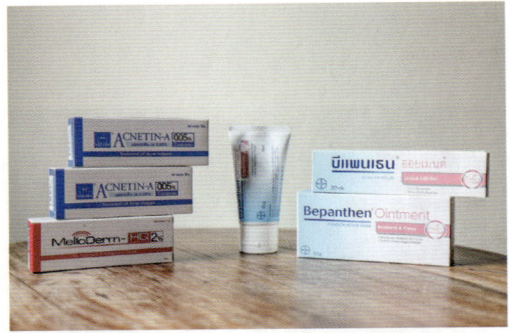

약국 화장품의 천국 ①

싱하랏 약국

Singharat Pharmacy 🔍 싱하랏 약국

요즘 한국도 약국에서 파는 진짜 '약국 화장품'의 인지도가 높아지고 있다. 효과가 좋은 데다 가격까지 저렴하니 입소문이 나지 않을 수 없다. 태국에서 인기 있는 제품을 구입하고 싶다면, 왓 프라싱에서 멀지 않은 싱하랏 약국으로 가보자. 한국인 여행자가 좋아하는 제품들로 구성한 '코리안 키트'도 있어 제품들을 보고 바로 선택할 수 있다. 기미, 주근깨에 좋은 멜로덤, 피부 재생 크림 아크테닌, 비타민 크림, 비판텐 연고 등의 뷰티템을 비롯해 타이레놀, 스트렙실, 프로폴리스 같은 약도 함께 구입할 수 있다. 단, 현금 결제만 가능하다.

🚶 왓 프라싱에서 도보 4분   🕗 08:00~19:30
📞 +66 53 223 916

저렴한 가격이 매력! ②

치앙마이 코스메틱

CHIANG MAI COSMETIC
🔍 치앙마이 코스메틱

🚶 왓 프라싱에서 도보 1분
🕗 월~토 09:00~19:30
❌ 일요일   📞 +66 53 273 114

왓 프라싱 근처에 자리한 가게. 외관만 봐선 모르겠지만 사실 꽤 알아주는 뷰티, 생활용품 숍이다. 태국 로컬 화장품부터 일본 스킨케어, 로레알, 바이오더마 같은 글로벌 브랜드 제품까지 빽빽하게 진열되어 있다. 선실크 헤어 제품, 쿨링 미스트, 마담행 비누, 모기 퇴치제, 인헤일러(야몽, 야돔) 같은 로컬 제품을 저렴하게 구입할 수 있어 선물용으로 사는 사람도 많다. 특히 트래블 키트나 일회용 섬유 유연제, 샴푸, 린스, 화장품들도 많아 장기 체류자들에게도 인기다. 부츠, 왓슨스 같은 드러그스토어에 뒤지지 않는 제품 구성에 가격까지 저렴하니 근처에 있다면 들러보자.

다양한 제품군이 한자리에! ③
찬야 숍 앤 갤러리
Chanya Shops and Gallery
🔍 찬야 숍 앤 갤러리

왓 체디루앙에서 왓 프라싱으로 가는 대로변에 위치한 편집 숍이다. 의류, 주얼리, 액세서리, 가방 및 소품, 아로마 제품, 현지 아트워크들을 판매하는 작은 상점들이 모여 있다. 치앙마이 감성에 잘 맞는 핸드메이드 제품들이 주를 이루고 퀄리티도 좋은 편. 로컬 아로마 브랜드 '봄본룸Bombonroom' 매장도 있는데 현지 자연과 스토리를 향기로 재현했다. 캔들, 미스트, 디퓨저, 아로마 롤 외에도 고체 향수가 인기다. 패키지도 예쁘고 합리적인 가격대라 선물용으로도 제격이다.

🚶 왓 체디루앙에서 도보 4분 🕘 09:00~21:00
📞 +66 903 245 996

핸드메이드 은 제품 ④
실버 서플라이즈 앤 코 Silver Supplies & Co. 🔍 Silver Supplies & Co.

란나 왕국 시절부터 대대로 계승해온 은세공 기술. 정부의 지원까지 더해져 치앙마이 내에 '은 거리'가 있을 정도로 명맥을 이어가고 있다. 그래서 유독 은 제품을 판매하는 곳이 많은데 올드타운 내에선 '실버 서플라이즈 앤 코'가 꽤 인기다. 현지 장인들이 직접 디자인하고 제작한 제품들은 란나 전통과 현대적 감각이 어우러져 유니크하다. 비즈나 스톤 등과 믹스 앤 매치해서 만든 액세서리들도 있다. 독보적인 향을 자랑하는 '신더 앤 스모크'의 대표 제품들도 숍인숍으로 판매한다.

🚶 왓 체디루앙에서 도보 4분 🕘 10:00~20:00 📞 +66 882 525 432

치앙마이 향을 가득 담아! ⑤
허브 베이식스 Herb Basics 🔎 Herb Basics

치앙마이에서 시작된 로컬 허브 전문 브랜드로 지역의 허브를 주원료로 한 스파, 아로마, 스킨케어 제품을 판매하는데, 한때 '치앙마이 TOP 10' 브랜드로 선정되기도 했다. 천연 허브의 향이 가득한 마사지 밤, 모기 기피제, 아로마 오일, 핸드크림, 필로 스프레이, 디퓨저, 향초 등 제품군도 다양하다. 시향 및 테스트를 해볼 수 있으며 품질이나 예쁜 패키지에 비해 가격도 저렴한 편이라 선물용으로도 좋다. 올드타운 지점은 카페도 함께 운영 중이고 공항에도 지점이 있으니 참고하자.

🚶 왓 체디루앙에서 도보 2분   🕙 10:00~19:00   📞 +66 821 055 563

핸드 바인딩 공방 ⑥
딥디 바인더 Dibdee Binder 🔎 딥디 바인더

바트 커피에서 더티 커피 한잔 마시고 나면 맞은편에 있는 가게가 궁금해지기 시작한다. 2011년부터 영업해온 딥디 바인더는 전통 바인딩 기법으로 수제 노트를 만드는 공방이자 판매점이다. 가죽이나 목재 커버에 한 땀 한 땀 뜬 스티치 장식, 고급 내지로 만든 노트들이 하나하나 특별하다. 원하는 스타일로 주문 제작도 가능하며, 직접 배워볼 수 있는 클래스도 운영한다. 각종 종이 관련 제품과 필기구, 문구류, 거기에 빈티지 소품들도 있어 문구 덕후라면 특히 들러볼 만하다.

🚶 타패 게이트에서 도보 10분, 바트 커피 맞은편   🕙 10:00~18:00
📞 +66 916 559 299

질 좋은 가죽 제품 ⑦
농 핸드메이드 레더 앤 캔버스 백스
Nong Handmade Leather and Canvas Bags 🔎 Nong Handmade Leather and Canvas Bags

왓 프라싱 근처에서 장인이 운영하는 수공예 가방 전문점이다. 천연 가죽과 캔버스를 사용해 튼튼하고 실용적인 제품들을 만든다. 매장 안쪽에 작업실이 있어 직접 만드는 과정도 볼 수 있다. 백팩, 토트백, 클러치 등의 가방뿐만 아니라 지갑, 카드 지갑, 벨트까지 다양하다. 코끼리 모양의 귀여운 키링, 이름을 새길 수 있는 키링들은 50~100바트 정도면 살 수 있어 가성비도 훌륭하다.

🚶 왓 프라싱에서 도보 2분   🕙 11:00~17:00
📞 +66 932 354 995

일요일 저녁엔 올드타운 ①
치앙마이 선데이 마켓
Chiang Mai Sunday Night Market
🔍 Chiang Mai Sunday Night Market

일요일 저녁, 올드타운에는 치앙마이의 최대 야시장이 열린다. 타패 게이트에서 왓 프라싱까지 랏차담넌 대로를 따라 1.1km가량 이어지는데 사이사이 골목길로 이어지는 마켓의 점포까지 따지면 약 700~1000개에 달한다. 오후 5시부터 시작하지만, 완전히 활기를 띠는 시간은 7~8시부터다. 규모가 워낙 크다 보니 선데이 마켓엔 없는 것 빼고 다 있다. 치앙마이 감성, 소수민족 스타일의 의류와 잡화, 은세공품, 액세서리, 목공예품, 빈티지, 인테리어 소품들까지 치앙마이 쇼핑의 끝판왕을 경험해볼 수 있다. 중간중간 먹거리를 판매하는 곳들도 있어 다양한 먹거리를 맛보는 재미도 쏠쏠하고, 거리의 라이브 공연들이 낭만을 더해주기도 한다. 가볍게 한 바퀴만 돌아도 2~3시간은 순식간에 지난다. GLN 결제도 되지만 현금을 준비해가는 것이 더 좋다.

🚶 타패 게이트에서 왓 프라싱까지 랏차담넌 로드 🕐 일 17:00~22:00

주말 마켓 양대 산맥 ②
우아라이 토요 마켓 Wua Lai Saturday Market 🔍 Wua Lai Walking Street Saturday Market

토요일 저녁, 치앙마이의 오래된 은세공 거리 우아라이 로드는 차가 사라지고 보행자 거리로 바뀐다. 이곳은 예로부터 은공예 장인들이 모여 살던 동네로, 지금도 전문점이 많다. 치앙마이 게이트부터 이어지는 토요 마켓은 선데이 마켓에 비해 규모는 작지만 은세공품 외 판매 제품군은 거의 비슷하다. 사원 앞 마당 안에 늘어선 노점에서 땀 흘리며 먹는 길거리 음식도 마켓을 찾는 즐거움 중 하나. 동네의 대표 사원인 왓 스리 수판은 전체적으로 은장식이 되어 있어 이색적이니 마켓과 함께 둘러보면 좋다.

🚶 치앙마이 게이트를 나와 우아라이 로드를 따라 직진
🕐 토 18:00~23:00

클래식 칵테일의 정석 ③

비터 트루스 바
BITTER TRUTH BAR Bitter Truth Bar

비터 트루스 바는 2023년 '태국 베스트 바 20' 중 하나로 선정되며 최근 더 주목받고 있다. 시멘트와 우드로 마감한 인더스트리얼 무드에 어두운 조도의 인테리어가 여정을 마치고 술 한잔하기 딱 좋다. 메뉴는 클래식 기반에 창의적인 로컬 재료를 더했으며 음료 하나하나에 정성과 개성이 담겨 있다. 주력은 위스키 기반 칵테일과 강한 비터 계열이 많아 강렬하고 진중하게 다가온다. 감각적인 음악과 바텐더들의 센스 있는 고객 응대로도 좋은 평을 받는다.

🚶 왓 프라싱에서 남쪽으로 도보 10분
🕐 월~토 18:00~00:00 ✕ 일요일
🍸 칵테일 340~380바트 📞 +66 966 465 361

작지만 감각적인 바 ④

노파부리 바 Nophaburi Bar Nophaburi Bar

비터 트루스 바와 멀지 않은 곳에 위치한 노파부리 바는 분위기가 180도 다르다. 바와 테이블을 합쳐도 10인석 내외로 아담하고, 안쪽 유리 부스로 들어가면 좀 더 자유로운 분위기의 공간이 나온다. 러스틱 인더스트리얼 스타일로 목재와 벽돌, 네온사인 조명이 어우러져 힙하디힙하다. 바텐더들도 공간과 잘 어울리는 스타일. 태국 전통 분위기에 허브, 로컬 과일을 조합한 칵테일 종류가 많아 개성 있는 로컬의 맛을 경험해볼 수 있다.

🚶 왓 프라싱에서 남쪽으로 도보 8분
🕐 목~화 18:00~00:00 ✕ 수요일
🍸 칵테일 300~380바트
📞 +66 966 651 665
🏠 facebook.com/NophaburiBar

명실상부 최고의 인기 재즈 바 ⑤
노스 게이트 재즈 코옵 The North Gate Jazz Co-Op 🔎 The North Gate Jazz Co-Op

치앙마이 라이브 바 중 가장 힙하고 인기 있는 곳으로 밤이면 밤마다 많은 이가 찾아와 음악과 분위기를 즐긴다. 저녁 7시 반쯤 4층에서 프리 공연으로 가볍게 고막을 풀어주고 8시 반~9시쯤 1층으로 내려와 메인 공연을 보면 된다. 입장료가 따로 없고 음료만 구입하면 되는데, 그 음료도 일반 바보다 비싸지 않다. 재즈 바라고는 하지만 블루스, 록, 힙합까지 다채로운 공연을 하는데 인기 세션들은 나름의 팬덤까지 형성되어 있을 정도. 매주 화요일은 외부 뮤지션들과 함께하는 프리 재밍도 있어 색다른 재미를 느낄 수 있다. 메인 공연이 시작되면 1층은 금세 꽉 차기 때문에 가게 밖에 서서 즐기는 사람들로 창푸악 게이트 일대가 들썩인다.

🚶 창푸악 게이트 근처　🕐 19:00~00:00　🍺 맥주 80바트~, 칵테일 280~380바트
📞 +66 817 655 246　🏠 facebook.com/northgate.jazzcoop

자유분방함의 끝판왕 ⑥
조 인 옐로 ZOE IN YELLOW 🔎 Zoe in Yellow

올드타운 동쪽, 방콕의 카오산 로드 못지않은 백패커들의 성지가 있다. 수많은 펍이 모여 있는데 그중에서도 제일 뜨거운 곳이 바로 이 동네의 대표 주자 '조 인 옐로'다. 개방형 대형 바로 EDM부터 힙합, 레게까지 다양한 음악이 늦은 밤까지 쿵쾅쿵쾅 울려 퍼진다. 서양 백패커들에게 특히 인기인데, 가게 밖까지 문전성시라 흥이 좀 넘치는 사람은 절대 그냥 지나칠 수 없다. 열정적인 파티 피플에게 딱이다.

🚶 타패 게이트에서 도보 8분　🕐 19:00~01:30
🍺 맥주 100바트~　📞 +66 956 956 050
🏠 facebook.com/share/bNR6cqwpoiPMQX7R

AREA ···· ②

치앙마이 감성과 트렌드의 결정체
님만해민 Nimmanhaemin

옛 수도의 전통을 간직한 올드타운과 달리, 님만해민은 현재를 살아가는 치앙마이의 얼굴이다. 님만해민 로드와 이를 따라 가로로 뻗은 골목Soi엔 세련된 카페, 감각적인 로컬 상점, 디자인 호텔, 아트 갤러리 등이 자리하고 있다. 지역 예술가들의 감각이 공간을 채우고, 노트북을 펼친 디지털 노마드와 여행자가 공존하며 이국적인 일상을 그려낸다. 트렌디하지만 과하지 않고, 로컬스럽지만 낯설지 않다. 단순한 여행지가 아닌 '살아보고 싶은 동네', 치앙마이의 오늘을 만나고 싶다면 이곳이 정답이다.

님만해민
이렇게 여행하자

후아이 카웨Huay Kawe에서 수텝Suthep 로드까지 이어지는 1.3km의 님만해민 로드와 이를 중심으로 가로로 뻗은 골목, Soi 1~17 내 지역을 '님만해민'으로 통칭하며, 반경 1km 이내를 흔히 '님만' 지역으로 묶는다. 광범위하게는 올드타운 서쪽 지역으로 생각하면 된다. 님만해민에는 감각적인 레스토랑, 디자인 숍, 아트 갤러리, 쇼핑몰과 유흥 시설들이 모여 있어 관광보다는 트렌드를 즐길 수 있다. 동선상 산티팜, 치앙마이 대학교, 왓 우몽~반캉왓, 공항 일대까지 범위를 확장해 함께 돌아보는 일정을 계획하면 된다.

1일 차
님만해민 & 치앙마이 대학교 일대와 나이트라이프 즐기기

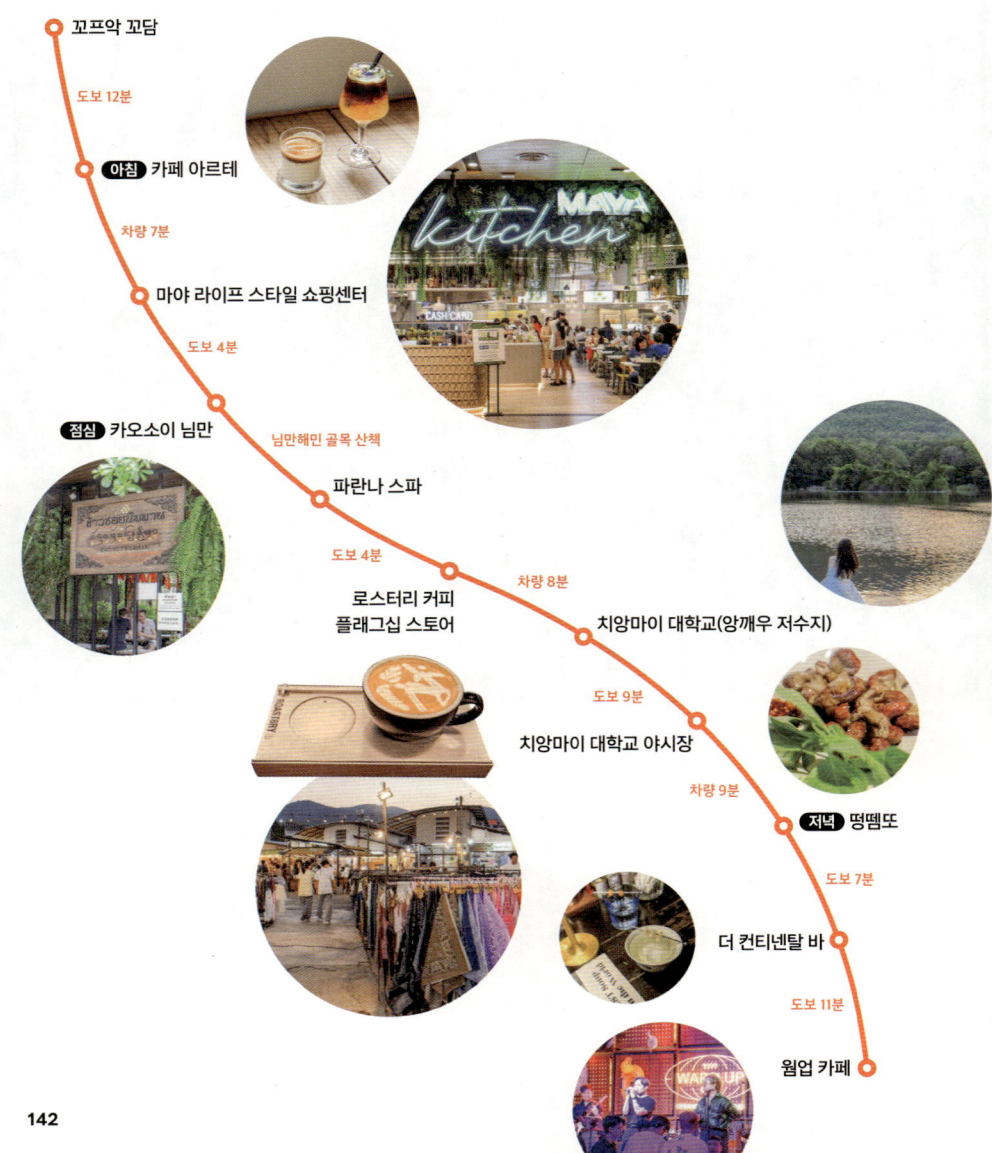

꼬프악 꼬담
↓ 도보 12분
아침 카페 아르테
↓ 차량 7분
마야 라이프 스타일 쇼핑센터
↓ 도보 4분
점심 카오소이 님만
↓ 님만해민 골목 산책
파란나 스파
↓ 도보 4분
로스터리 커피 플래그십 스토어
↓ 차량 8분
치앙마이 대학교(앙깨우 저수지)
↓ 도보 9분
치앙마이 대학교 야시장
↓ 차량 9분
저녁 떵뗌또
↓ 도보 7분
더 컨티넨탈 바
↓ 도보 11분
웜업 카페

공항에서 님만해민 가는 법

치앙마이 국제공항에서 님만해민 일대까진 약 5km, 올드타운과 거의 비슷한 거리라 차량으로 15분 내로 오갈 수 있다. 공항 1번 게이트로 나가면 현장에서 바로 택시를 탈 수 있고, 님만해민까지 고정 요금 150바트로 운행해 흥정할 필요도 바가지 걱정도 없다. 그랩, 볼트 택시가 좀 더 저렴하지만 호출하고 기다리는 번거로움이 있다. 대부분 늦은 밤에 도착하니 첫날은 공항 택시를, 시내에서 공항으로 갈 땐 호출 택시를 이용한다.

시내에서 님만해민 가는 법

올드타운 타패 게이트, 나이트 바자, 핑강 일대에서 님만해민까지는 차량으로 10~15분 정도 소요된다. 택시나 썽태우, 툭툭을 이용하면 된다. 치앙마이 대학교까지는 썽태우를 많이 이용하는데 기본요금은 30바트, 탑승객이 많지 않으면 가격이 좀 더 높아질 수 있다. 썽태우, 툭툭의 경우 외국인에게 더 많은 금액을 요구할 수 있으니 어느 정도의 흥정도 필요하다.

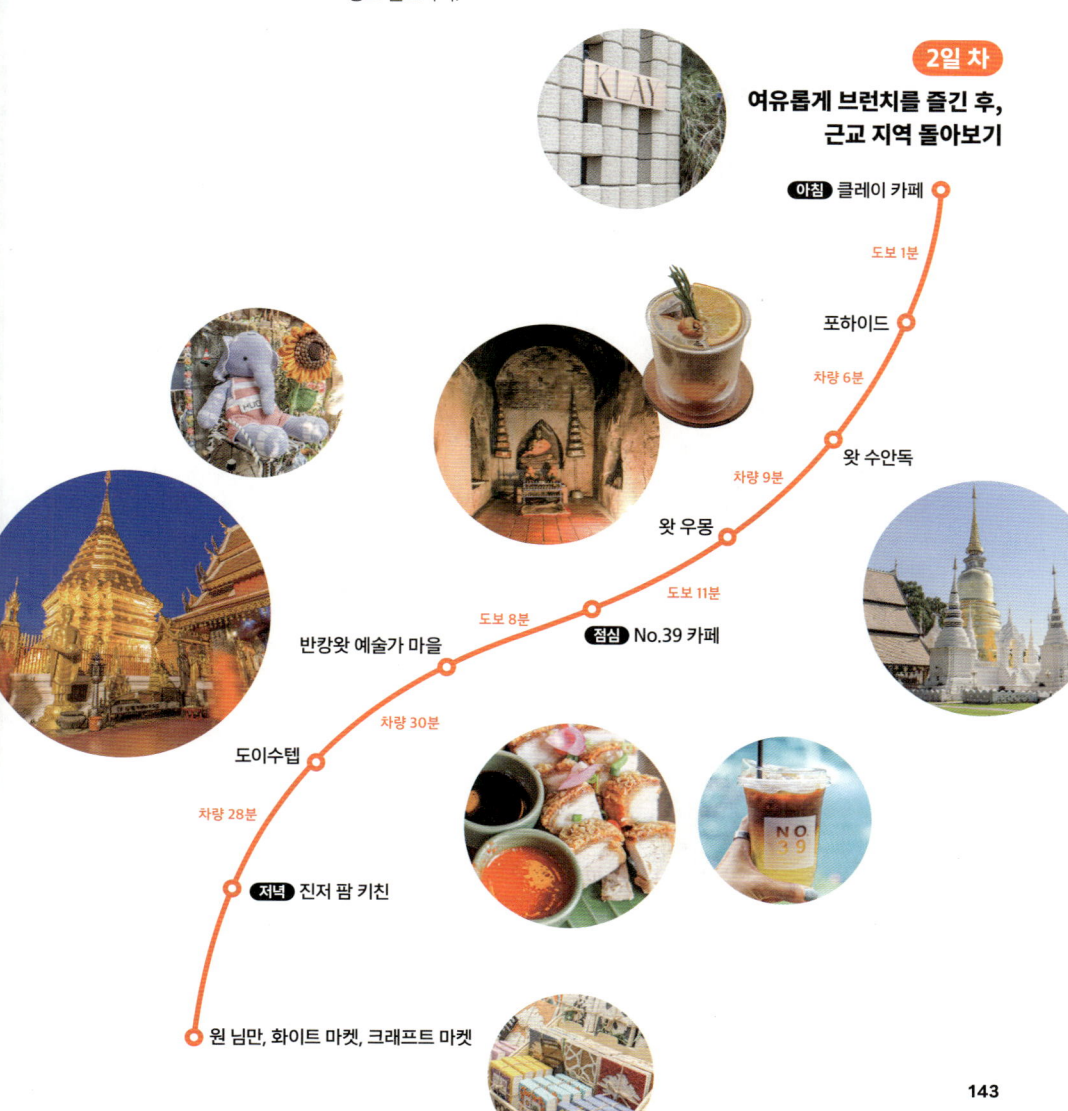

2일 차
여유롭게 브런치를 즐긴 후, 근교 지역 돌아보기

- 아침 클레이 카페
- 도보 1분
- 포하이드
- 차량 6분
- 왓 수안독
- 차량 9분
- 왓 우몽
- 도보 11분
- 점심 No.39 카페
- 도보 8분
- 반캉왓 예술가 마을
- 차량 30분
- 도이수텝
- 차량 28분
- 저녁 진저 팜 키친
- 원 님만, 화이트 마켓, 크래프트 마켓

님만해민 상세 지도

02 왓 프라탓 도이수텝

- 명소
- 식당/카페
- 상점
- 나이트라이프

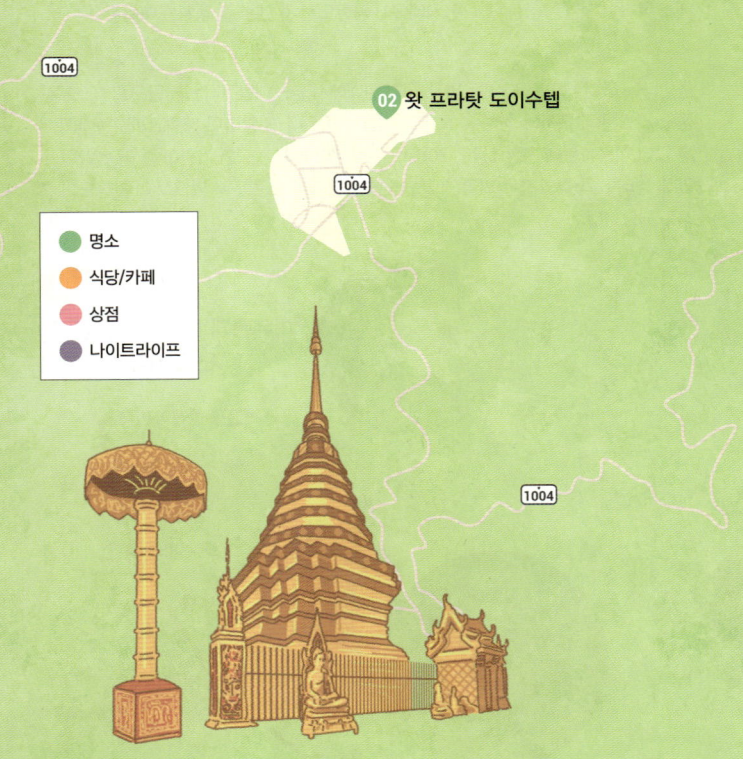

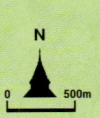

님만해민 중심부 상세 지도

13 캠프
10 마야 라이프 스타일 쇼핑센터
마야몰

02 플레이웍스 숍

1004

44 그래프
더 라이브러리 06
원 플러스 01
26 %아라비카 커피
01 원 님만
02 지아 통 헝
진저 팜 키친 01
25 홈완
03 미쓰 부티크
넘버원 20
헝태우 인 04
원 님만
까이양 청더이 03
07 자리드
올 블랙커피 27
04 수르 바
사루다 파이니스트 페이스트리 22
24 포하이드
구 퓨전 로티 앤 티 19
17 마니프레시토 카페 앤 레스토랑
리스트레토 오리지널 42
• 더 북스미스
람 야이 46
반크래프트 님만 05
18 클레이 카페
옐로 코워킹 스페이스 12
토피 로스터스 28
카오소이 님만 09

16 리틀 서울
31 나인 원 커피
10 시아 어묵국수
45 샐러드 콘셉트
06 킹 그라이
08 떵뗌또
요가 아난다 15

Nimmanahaeminn Rd

쿤머 퀴진
29 볼크스X로스티브
05 웜업 카페
05 한강 식당 14
30 그린 타운 커피
13 크루아 빠 어이
43 로스터리 커피 플래그십 스토어

프란스 12
01 더 마켓 치앙마이
통 스미스 11

님만의 No.1 랜드마크 ①

원 님만 One Nimman 🔍 원 님만

2018년, 님만해민의 초입 골목 Soi 1에 문을 연 원 님만. 태국 북부의 전통과 유럽의 감성이 어우러진 이곳은 아치형 기둥과 벽돌 외관, 유리 천장 아래 펼쳐진 반개방형 아케이드가 마치 유럽 여느 마을의 시장을 연상케 하며, 란나 전통 양식과 네팔 건축에서 영감을 받은 디테일들이 곳곳에서 우아함을 더한다. 태국 로컬 브랜드 숍, 디자인 편집 숍, 유명 레스토랑과 카페, 푸드 코트까지 다양하게 입점되어 있다. 시계탑이 있는 중앙 광장 곳곳에도 노점이 열리고 밤이 되면 조명이 불을 밝히며 더욱 활기를 띤다. 다양한 먹거리 장터와 함께 라이브 공연이 펼쳐지고 때때로 축제의 장이 되기도 한다. 건물 4층에서는 요가, 살사, 탱고 등의 생활 체육 프로그램을 무료로 진행하고 있어 누구나 워크인 또는 예약 참여가 가능하다. 명실상부 치앙마이 최고의 복합 문화 공간으로 단순한 쇼핑을 넘어 감성과 경험으로 여행자의 시간을 채울 수 있다.

🚶 님만해민 로드 초입
🕐 11:00~22:00 ☎ +66 52 080 900
🏠 https://www.onenimman.com

원 님만 층별 핵심 정리

1F 레스토랑 & 카페 지아 통 헝Jia Tong Heng, 진저 팜 키친Ginger Farm Kitchen, 키우카이카Kiew-Kai-Ka, %아라비카%Arabica, 그래프Graph, 홈 완Homm Wan, 스쿠가 에스테이트Skugga Estate, 푸드 코트

쇼핑 프라이탁FREITAG, 판푸리PAÑPURI, 탄THANN, 토분TORBOON, 저널JOURNAL, 엘리펀트 푸푸페이퍼 스토어The Elephant POOPOOPAPER STORE, 윈 코스메틱WIN Cosmetics

2F 태국 로컬 브랜드 숍, 디자인 편집 숍, 각종 기념품 판매

3F 더 라이브러리The Library(클럽)

4F 요가, 댄스 클래스

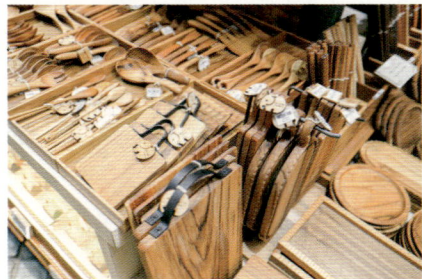

148

화이트 마켓 White Market

금요일 오후부터 월요일 밤까지 펼쳐지는 화이트 마켓은 일본인 커뮤니티에서 주최하는 일본과 란나 감성을 한데 담은 장소다. 원 님만 외부 아케이드를 따라 화이트 텐트들이 들어서고 핸드메이드 의류와 공예품, 주얼리와 아기자기한 소품들을 판매한다. 일반 나이트 마켓에 비해 비싸긴 하지만 그만큼 유니크한 디자인을 득템할 수도 있다.

🕐 금~월 15:00~22:00

크래프트 마켓 Craft Market

원 님만에서 자연스럽게 발걸음이 이어지는 곳, 크래프트 마켓은 매일 오후 3시부터 영업을 시작한다. 핑크색 게이트로 들어가면 골목길을 따라 노점들이 자리하는데 옷이나 잡화, 소품들을 주로 판매한다. 아담한 규모지만 밤에 조명이 켜지면 마켓 자체가 예쁘고 라이브 공연이 귀를 쫑긋 세우게 하니 살짝쿵 둘러볼 만하다.

🚶 원 님만 맞은편 🕐 15:00~23:00

사원 그 이상의 의미, 치앙마이 필수 코스 ②
왓 프라탓 도이수텝
Wat Phra That Doi Suthep
🔍 프라탓 도이수텝 사원

3명의 왕은 핑강과 도이수텝(※도이=산)에 둘러싸인 풍요로운 평야와 천혜의 요새 지형을 보고 치앙마이를 수도로 삼아 란나 왕국을 건설했다. 그래서 현지인들에게 도이수텝은 단순한 산이 아닌 도시의 수호자이자 근간이다. 올드타운, 님만에서 서쪽으로 고갯만 돌리면 마주할 수 있다. 부처님의 사리를 어디에 안치해야 할지 고민에 빠진 왕은 신의 뜻에 맡기기로 하고 하얀 코끼리 한 마리의 등에 사리를 싣고 자유롭게 산으로 향하게 했다. 산을 오르다 한 곳에 멈춰 선 코끼리가 세 바퀴를 돌고 세 번 운 다음 그 자리에서 숨을 거두자, 그 자리에 부처의 사리를 모시는 탑을 세웠다.

1383년 해발 1053m에 세운 사원으로 가려면 309개의 계단을 오르거나 유료 엘리베이터를 타야 한다. 중앙에 우뚝 솟은 황금 체디는 8각형의 란나 양식과 스리랑카 불교의 영향을 함께 담고 있으며, 내부에는 진신사리가 봉안돼 있다. 본당에는 수많은 불상과 정교한 벽화가 장식되어 있고, 사방에 울리는 종소리와 풍경은 이곳의 신성한 분위기를 더욱 고조시킨다. 탁 트인 사원 전망대에서 내려다보는 치앙마이 전경 또한 장관이다. 특히 해 질 무렵 노을로 물들어가는 순간이 아름답고, 사원에 조명이 점등되는 순간과 야경도 놓칠 수 없는 볼거리다. 매년 수천 명의 순례객이 방문한다.

🚶 치앙마이 대학교에서 차량 21분, 썽태우 이용 가능 🕐 05:00~21:00
🎫 입장료 30바트, 엘리베이터 50바트

썽태우 타고 도이수텝 가는 법
치앙마이 대학교 정문 앞에 빨간색 썽태우들이 대기를 하고 있다. 편도 60바트, 소요시간은 20~30분 정도다. 가격이 저렴하지만 승객이 찰 때까지 기다려야 하기 때문에 타이밍이 중요하다. 손님이 많지 않을 경우 요금이 올라간다.

리얼 가이드

치앙마이 여행 필수 코스
치앙마이 대학교 캠퍼스 즐기기

대학교가 여행 코스에 들어간다는 데 의문을 가질 수 있지만, 나무가 우거진 산책로를 걷고 앙깨우 저수지에서 핑크빛 일몰을 보고 나면 여행자로서 이곳에 발을 들일 수 있다는 데 감사하게 된다. 저녁엔 야시장까지 열려 쇼핑과 먹거리까지 즐길 수 있다. 아무래도 학생이 많다 보니 그 어떤 야시장보다 저렴하다.

치앙마이 대학교 Chiang Mai University

치앙마이 대학교는 1964년에 설립된 북부 태국 최초의 국립대학으로, 캠퍼스 안에 일반 도로가 있을 정도로 규모가 크다. 예술센터, 도서관, 전통 가옥 등 학문과 문화가 숨 쉬는 공간들이 산책길을 따라 이어지며, 해질 무렵이면 일몰을 보기 위해 산으로 둘러싸인 앙깨우 저수지로 여행자와 학생들이 모여든다. 대박 흥행을 한 중국 영화 〈로스트 인 타일랜드〉에서 치앙마이 대학이 배경으로 나와서 그런지 중국 여행자들에게 유난히 인기가 많다. 또한 대학은 태국 커피 산업 발전에도 큰 발자취를 남겼는데, 농학부와 산림학부가 주도한 고지대 커피 품종 연구와 농가 교육은 북부 지역 스페셜티 커피의 기반이 되었다. 실제로 치앙마이와 빠이, 매홍손의 많은 로스터리가 대학의 커피 프로젝트와 연결되어 있으며, 대학 자체 브랜드의 커피도 판매하고 있다.

앙깨우 저수지

치앙마이 내에서도 일몰 명소로 유명하다. 날씨가 좋은 날엔 호수가 핑크빛으로 물들고 수면에 비친 하늘과 산은 한 폭의 그림 그 자체다. 인생 사진을 찍기 위해 작정하고 찾는 사람도 많다.

치앙마이 대학교 야시장

매일 밤 치앙마이 대학교 정문 앞에는 나머 야시장, 후문 앞에는 랑머 야시장이 열린다. 랑머 야시장은 님만에서 멀지 않아 접근성은 좋지만 노점들이 주를 이루니 좀 더 시장다운 시장을 보고 싶다면 나머 야시장을 둘러보자. 학생들이 주로 찾다 보니 저렴하고 감각적인 의류, 빈티지 잡화, 휴대폰 케이스, 피규어, 액세서리 등 실생활에 유용한 제품이 많다. 또한 음식들도 저렴해 야시장 중에서도 가성비가 최고다. 즉석 떡볶이로 유명한 'K-POP 떡볶이', 방송에 나와 유명해진 '스테이크 바' 외에도 가볼 만한 곳이 많다. 또한 네일 아트도 다른 지역 숍들에 비해 저렴해 인기다.

⏱ 17:00~23:00

독보적인 꽃의 사원 ········ ③
왓 수안독 Wat Suan Dok ♀ Wat Suan Dok

수안독 게이트로 나가 수텝 로드를 따라가다 보면 '꽃밭'이란 이름의 사원, 왓 수안독을 만나게 된다. 1370년경 스리랑카의 불교를 들여온 마하테라 수마나 승려를 위해 왕실 정원을 기증해 사원으로 건립했다. 탁 트인 경내에는 크고 작은 하얀색 탑들이 줄지어 있고, 그 중심에는 높이 48m에 이르는 황금색 탑이 하늘을 찌르듯 솟아 있다. 황금색 탑에는 부처님의 사리 일부, 하얀색 탑엔 왕가의 유골들이 모셔져 있어 태국 북부 왕족의 혈통과 도시의 종교적 뿌리를 상징하는 공간이다. 경내 불전은 1932년에 재건한 것으로 내부에는 500년 된 청동 불상을 모시고 불교 대학이 함께 있어 승려들을 볼 수 있다. 그늘이 없는 곳이니 아침이나 늦은 오후에 방문하자. 일몰 무렵엔 탑 끝에 해가 걸려 황금색이 더욱 빛을 발한다.

🚶 수안독 게이트에서 수텝 로드를 따라 도보 18분, 차량 5분
🕒 06:00~18:00

신성한 동굴 사원 ········ ④
왓 우몽 Wat Umong ♀ 왓 우몽

치앙마이 사원 가운데 가장 특색 있는 곳 중 하나로 도이수텝 산기슭에 동굴을 파서 지었는데 그 역사가 700년이 넘는다. 1297년 란나 왕조의 초대 왕인 멩라이 왕이 그가 존경하던 고승 타라찬의 수행을 돕기 위해 지었다. 3개의 아치형 붉은 벽돌 터널이 안쪽으로 연결되고 동굴 끝마다 불상이 있어 어둠 속에 자리한 불상이 더욱 신성해 보인다. 상부엔 불탑이 있어 아래는 수행의 길, 위는 깨달음이라는 불교 철학을 담고 있다. 경내 숲길을 따라 걷다 보면 짧은 격언들을 적은 표지판이 걸린 나무들을 볼 수 있는데 현지에선 "말하는 나무"라고 칭한다. 15세기 이후 버마 침략으로 인해 한때 폐허가 되었던 적도 있어, 여전히 훼손된 채 방치된 것들도 있다.

🚶 수안독 게이트에서 차량으로 16분   🕒 04:00~20:00   ฿ 20바트

치앙마이의 감성을
오롯이 담은 곳 ⑤
반캉왓 예술가 마을
Baan Kang Wat 🔍 반캉왓 예술가 마을

치앙마이 도이수텝 자락, 왓 우몽에서 남쪽으로 좀 더 가다 보면 조용한 골목에 자리한 반캉왓 예술가 마을을 만나게 된다. 2014년 도예가인 나타웃 룩프라싯이 지역 예술가들과 함께 창작하고 교류하는 공간을 만들고자 시작한 프로젝트다. 약 10채의 티크 목조 가옥은 현재 도자기, 목공, 천연 염색, 가죽, 주얼리 공방, 갤러리, 식당, 카페로 채워져 '살아 숨쉬는 예술촌'으로 발전했다. 원형 극장 형태의 중앙 광장에서는 매주 일요일, 오전 8시부터 오후 1시까지 20~30여 개 셀러가 참여하는 플리마켓이 열리고, 수시로 라이브 공연도 진행된다. 도예, 드로잉, 캔들 만들기 등의 체험형 클래스들도 있어서 색다른 재미도 얻을 수 있다. 치앙마이 3대 커피로 알려진 그래프 카페, 바나나 케이크 맛집으로 유명한 옵초이 오리지널 홈메이드 Obchoei Original Homemade도 빌리지 내에서 가볼 만하다.

🚶 님만에서 차량 12분, 왓 우몽에서 차량 5분　🕐 화~일 10:00~18:00　❌ 월요일

란나 왕국의 발자취를 따라 ····· ⑥
치앙마이 국립 박물관
Chiangmai National Museum 🔍 치앙마이 국립 박물관

치앙마이의 역사와 문화를 조금이나마 알고 싶다면, 이곳 국립 박물관과 올드타운의 란나 포크 라이프 박물관 정도 들러보면 된다. 람팡 고속도로 옆, 애매한 위치라 일부러 찾아가야 하는데 그나마 왓 쳇욧이 가까이 있어 함께 일정을 짜면 된다. 총 2층 규모의 전시관에서는 선사 시대 부족들의 이주와 정착, 란나 왕국의 발전, 시암 왕국과의 관계에 이르기까지 시대별 흐름을 따라 총 6개의 테마 전시가 개최된다. 진귀한 청동 불상, 금은 장식품, 고대 토기와 란나의 세라믹, 직물, 고고학 유물까지 다양하다. 뜨거운 태양을 피해, 시원한 에어컨 바람 쐬며 태국 북부, 란나 왕국으로 잠시 시간 여행을 떠나보는 것도 좋다.

🚶 원 님만에서 메인 도로를 따라 북쪽으로 차량 5분 🕐 수~일 09:00~16:00 ❌ 월·화요일 🎫 100바트 📞 +66 53 221 308
🏠 www.virtualmuseum.finearts.go.th

뱀띠 여행자들에게 추천 ····· ⑦
왓 쳇욧 Wat Jed Yod 🔍 왓 쳇욧

치앙마이 국립 박물관에 간다면 함께 묶어서 다녀오기 괜찮다. 1455년 틸로카라트 왕이 인도 보드가야의 마하보디 사원을 본떠 지은 것으로 경내 중심엔 지붕에 7개의 탑을 올린 위한 마하포 Viharn Maha Pho 불당이 자리한다. '쳇'은 7, '욧'은 탑이란 뜻의 사원 이름도 여기서 온 것. 1477년 제8차 세계 불교대회가 이곳에서 열리면서 치앙마이가 국제 불교 중심지가 될 수 있었던 상징적인 장소이기도 하다. 스리랑카에서 가져온 보리수 씨앗은 아름드리나무로 자라 사원을 지키고 있으며 사람들은 이곳에서 소원을 빈다. 또한 고대부터 뱀을 신성시하는 토착 무속 신앙이 결합되어 곳곳에서 뱀 동상을 볼 수 있는데, 뱀띠생들이 이곳을 순례하며 복을 빈다.

🚶 마야몰에서 도보 16분
🕐 06:00~18:00 🎫 무료

겨울엔 꽃 축제 보러 가야만 ········ ⑧
찰롬 프라키앗 공원
Chaloem Phrakiat Park　♀ Chaloem Phrakiat Park

사계절 산책과 운동, 반려동물과의 여유를 누릴 수 있는 도심 속 녹지 공간으로 사랑받고 있다. 평일 저녁에도 잔잔한 음악 분수가 연출되어 공원 전체가 은은한 무대로 변하고, 주말이면 야시장과 라이브 공연이 열려 피크닉을 즐기러 가는 현지인이 많다. 매년 11월 말부터 다음 해 1월 초까지 'Charming Chiang Mai Flower Festival', 꽃 축제의 장이 된다. 튤립, 백합, 수국, 난초 등으로 가꾼 6~7개 테마존으로 구성되며 야간에는 라이트 튜브 터널, 일루미네이션 나무 장식, 분수 쇼까지 더해져 남국의 겨울을 특별하게 즐길 수 있다. 축제 기간에 방문한다면 잊지 말고 꼭 들러보자.

🚶 원 님만에서 북쪽으로 차량 15분　🕐 08:00~23:00

공항 근처 도심형 커뮤니티 몰 ········ ⑨
님 시티
Nim City　♀ Nim City Community Mall

치앙마이 국제공항 근처에 위치한 님 시티는 대형 상점과 식당, 카페들이 모여 있는 몰이다. 치앙마이뿐 아니라 태국 전역에서 인기 있는 맛집, 체인 지점들이 모여 있어 현지인도 많이 찾는다. 전국적 인기를 끌고 있는 유기농 레스토랑 오카주Ohkajhu, 합리적인 가격에 와인을 마실 수 있는 와인 커넥션Wine Connection, 한국식 치킨 전문점 본촌, 스시 우마이 외 태국 음식점까지 종류도 다양하다. 한국인 여행자들이 기념품을 사기 위해 많이 들르는 림핑Rimping 슈퍼마켓도 있어 여행 마지막 날, 쇼핑 후 식사까지 하면 딱이다. 로컬 분위기 가득한 깟 마니Kadmanee 야시장도 도보 10분 이내 거리라 함께 다녀오기 좋다.

🚶 치앙마이 게이트에서 공항 방향으로 차량 7분
🕐 매장별 상이

님만의 복합 문화 공간 ······ ⑩
마야 라이프 스타일 쇼핑센터
Maya Lifestyle Shopping Center
🔍 마야 라이프 스타일 쇼핑센터

원 님만과 함께 치앙마이를 대표하는 투 톱 쇼핑몰 중 하나로 6층 규모의 도시형 쇼핑몰. 흔히 마야몰이라 부른다. 통유리로 마감된 외관과 내부의 오픈형 구조가 개방감을 더한다. H&M, 유니클로, 자라, 망고 외 글로벌 스포츠 브랜드, 태국 인기 로컬 브랜드들과 고급 식자재를 판매하는 림핑 슈퍼마켓(지하 1층)까지 입점해 있어 에어컨 바람 쐬며 쾌적하게 쇼핑을 즐길 수 있다. SFX 시네마와 루프톱 라운지, 코워킹 카페 캠프 등도 있어 현지 젊은 층과 디지털 노마드들에게 특히 인기다. 유명 체인 레스토랑들과 로컬 음식을 판매하는 푸드 코트에서 끼니도 해결 가능하다. 한국인 여행자들에겐 4층 푸드 코트의 '문신남' 팟타이가 특히 유명하다.(*요리하시는 분 팔에 문신이 있어 별칭처럼 부른다.)

🚶 원 님만에서 도보 4분 🕐 10:00~22:00
📞 +66 52 081 555
🏠 mayashoppingcenter.com

태국의 대표 쇼핑몰 브랜드 ······ ⑪
센트럴 플라자 에어포트 Central Plaza Chiang Mai Airport 🔍 센트럴 플라자 에어포트

공항에서 차로 5분 거리에 위치한 이 복합 쇼핑몰은 로빈슨 백화점, 탑스Tops 마트, 메이저 시네플렉스 외 유니클로, 무지, 나이키 팩토리 아웃렛 등 다양한 브랜드가 입점해 있는 지역 대표 쇼핑 허브다. 특히 지하 1층에는 합리적인 가격대의 푸드 코트가 있어 관광객과 현지인 모두에 사랑받는다. 태국 북부 수공예품을 전시, 판매하는 'Northern Village' 구역도 이곳의 특별한 매력 중 하나.

🚶 치앙마이 국제공항에서 차량으로 5분
🕐 11:00~21:00 📞 +66 53 999 199
🏠 centralpattana.co.th

디지털 노마드의 천국 ⑫
옐로 코워킹 스페이스 Yellow Coworking Space 🔍 옐로 코워킹 스페이스

님만해민 중심가에 자리한 옐로 코워킹 스페이스는 디지털 노마드의 성지로 불리는 전문 업무 공간이다. 넓고 모던한 인테리어에 개방형 데스크부터 프라이빗 오피스, 미팅 룸, 유튜브 룸까지 다양한 좌석이 구비돼 혼자 작업하거나 팀 단위로 협업하기도 좋다. 홈페이지를 통해 미리 예약할 수도 있다. 초고속 와이파이, 프린터 등 업무에 필요한 기본 서비스가 갖춰져 있으며, 요금에 음료도 한 잔씩 포함된다. 데이 패스 외에도 1개월, 3개월, 1년 단위로도 끊을 수 있으며 주변에 카페와 식당들도 많아 장기 체류자들에게 특히 인기가 높다.

🚶 원 님만에서 도보 3분 🕐 24시간
🌐 데이 패스 429바트(09:00~18:00), 월간 패스 5990바트 📞 +66 629 193 223
🏠 yellowincubator.com

공용 오피스와 카페의 경계를 허물다! ⑬
캠프 CAMP Creative and meeting place
🔍 CAMP Creative and meeting place

치앙마이의 복합 문화 공간 마야몰 최상층에 위치한 캠프는 카페, 코워킹 스페이스, 도서관이 결합된 형태의 이색 공간이다. 콘센트가 설치된 테이블과 편안한 소파석, 그룹 미팅 룸, 개인 책상까지 다양한 타입의 좌석이 있어 대학생과 디지털 노마드들이 조용히 공부하거나 노트북 작업을 하기에 최적이다. 별도의 입장료 없이 1인 1메뉴 주문을 하면 되고, 2시간 이용 가능한 와이파이 코드를 제공한다. 외부 테라스에서는 치앙마이 시내와 저 멀리 도이수텝까지 펼쳐져 뷰도 훌륭하다. 쇼핑몰 안에 있어 더욱 쾌적하고 다른 시설들과 함께 이용하기도 좋다.

🚶 마야몰 5층 🕐 08:00~00:00
🌐 음료 90~100바트, 치킨버거 95바트, 샌드위치 95바트
📞 +66 52 081 199

낭만 속에서 작업하기 좋은 ......⑭
블루 커피 치앙마이 대학교 농대점 Blue coffee at Agriculture CMU 🔍 블루 커피 치앙마이 대학교 농대점

치앙마이 대학교 농대 캠퍼스 안에 자리한 이곳은 울창한 나무와 잔디밭으로 둘러싸여 산책도 할 겸 쉬어가기 좋은 카페이다. 학생들과 지역 주민들 모두에게 인기이며 조용한 분위기 속에서 커피 한잔의 여유를 즐기기에 제격이다. 단층형 카페는 층고가 높고 자연 채광이 잘되는 탁 트인 공간에 다양한 좌석 타입이 있다. 칸막이가 있는 개별 테이블, 그룹석 등도 있으며 콘센트 설치도 잘되어 있어 노트북 작업을 하기도 편하다. 님만해민에서 멀지 않고 관광지처럼 북적이지 않아 업무를 보거나 책 한 권 챙겨가도 괜찮다.

🚶 원 님만에서 남서쪽으로 도보 21분
🕐 07:30~18:00
💰 싱글 오리진 120~250바트,
  오렌지 커피 120바트
📞 +66 656 622 292   📷 @bluecoffee.th

땀 쫙 빼는 요가를 원한다면 ......⑮
요가 아난다 Yoga Ananda 🔍 요가 아난다

님만해민의 한 골목, 힐사이드 콘도Hillside 3 Condominium 안에 위치한 요가 아난다는 한국의 아파트 상가 안에 있는 작은 요가원 같은 느낌이 든다. 수업은 매일 3~4회 진행되며 한 클래스당 수용 인원은 12명 정도다. 인요가, 아쉬탕가, 빈야사, 스트레칭 등 다양한 타입으로 진행하며 초보자, 중급자 난이도에 맞춰 선택할 수도 있다. 호흡이나 명상보다는 움직임에 집중하기 때문에 다른 요가원 수업에 비해 훨씬 역동적이다. 강사들도 에너제틱하고 동작 체크도 잘해주는 편. 땀 쫙 빼는 다이어트 요가를 원한다면 딱이다. 꾸준하게 방문하는 현지인, 장기 체류 외국인이 많다.

🚶 원 님만에서 도보 8분   🕐 08:30~10:00, 17:00~19:30
💰 1회 400바트, 5회 1600바트
📞 +66 818 840 122   🏠 yogaananda.net

Farm to City ········ ①
진저 팜 키친 Ginger Farm Kitchen 🔍진저 팜 키친 치앙마이

원 님만 1층에 위치한 진저 팜 키친은 민트 컬러의 세련된 간판과 미쉐린 마크만으로도 눈길이 가는 곳이다. 사라피Saraphi 지역에서 쌀 농장을 운영하다 어린이 체험형 워크숍을 시작하면서 '진저 팜'이 탄생했고, 농장에서 제공하던 음식이 인기를 얻어 님만에도 레스토랑을 열었다. 농장에서 직접 기른 유기농 채소와 허브, 쌀, 풀을 먹여 키운 닭 등을 도시 매장으로 직송해 MSG 없는 할머니 손맛 같은 음식을 만든다. 그뿐만 아니라 감성적인 플레이팅으로 눈까지 즐겁다. 베어 문 순간 '빠삭'한 식감에 육즙이 살아 있는 크리스피 포크, 로컬 채소를 달걀과 함께 볶아낸 담백한 요리를 미쉐린 가이드에서 추천하고 있다.

🚶 원 님만 1층 🕐 11:00~22:00 🍴 크리스피 포크 벨리 390바트, 똠 카 까이 225바트
📞 +66 52 080 928

오랜 전통의 중식 레스토랑 ········ ②
지아 통 헝 Jia Tong Heng 🔍Jia Tong Heng

나와랏 시장에서 4~5개의 테이블이 전부인 노점상으로 시작해 1979년 3층짜리 건물을 세워 식당 형식을 갖췄고, 확장을 거쳐 1000석이 넘는 규모의 대형 레스토랑으로 성장했다. 시 돈 차이Si Don Chai 본점은 위치도 애매하고 에어컨도 없으니 원 님만 1층에 있는 분점을 방문하는 게 여러모로 편하다. 바삭하게 튀겨낸 크랩 볼, 크리스피 포크 벨리, 로스티드 덕 등이 미쉐린 플레이트에 오른 대표 메뉴로 인기가 많다. 베이징 덕이나 좀 더 다채로운 오리지널 티오추 정통 요리를 맛보고 싶다면 본점으로 가야 한다.

🚶 원 님만 1층 🕐 10:00~22:00 🍴 삭스핀 수프 300바트, 딥 프라이드 크랩 볼 180바트, 로스트 덕 300바트 📞 +66 932 254 666

오랫동안 사랑받아 온 태국식 치킨 구이 ③
까이양 청더이 Kai Yang Cherng Doi 🔍 까이양 청더이

님만 골목 안쪽에 자리한 이 작은 가게는 한국인 여행자들에게 꾸준히 인기다. 숯불에 구운 닭이 대표 메뉴로 함께 내어주는 특제 소스에 찰밥과 쏨땀을 곁들이면 궁합이 제대로다. 파파야 대신 옥수수를 넣은 쏨땀 카오 팟은 달달한 옥수수 알갱이가 터지면서 양념 맛을 중화시켜 태국 음식 초보자에게도 부담 없다. 채 썬 파파야를 납작하게 부친 건 식감이나 맛이 한국식 감자채전과 유사하다. 언제, 누구와 가도 호불호 없이 무난하다.

🚶 원 님만에서 도보 3분 🕐 화~일 11:00~20:00 ❌ 월요일
🍴 로스트 치킨 100바트, 크리스피 파파야 샐러드 85바트, 옥수수 쏨땀 70바트 📞 +66 818 811 407

접근성 좋은 가정식 북부 요리점 ④
헝태우 인 Hong Tauw Inn 🔍 헝태우 인

원 님만 레스토랑에서 식사하기엔 가격대가 높아 살짝 부담스럽고 푸드 코트는 당기지 않는다면, 바로 길만 건너면 보이는 '헝태우 인'으로 가보자. 가족이 운영 중인 이 식당은 소박하고 레트로한 무드, 에어컨이 있어 쾌적한데 가격까지 합리적이다. 없는 게 없는 다양한 메뉴 구성, 향토색 짙은 북부 음식까지 다양해 골고루 주문해 맛보기도 좋다. 메뉴가 너무 많아 선택하기 어렵다면 2인용, 4인용 세트 메뉴를 골라보는 것도 추천.

🚶 원 님만 맞은편, 도보 1분 🕐 11:00~22:00 🍴 생선 튀김 330바트, 모닝글로리 볶음 120바트, 그린 커리 150바트 📞 +66 53 218 333

순살 커리 크랩은 못 잊지 ⑤
쿤머 퀴진 Khun Mor Cuisine 🔍 쿤머 퀴진

한국인 여행자가 특히 좋아하는 음식 중 하나가 푸팟퐁커리다. 게에 커리와 달걀을 넣고 볶아내 달짝지근하고 부드러워서 밥에 비벼 먹으면 끝내준다. 그런데 게살만 발라 한결 먹기 좋게 만든 순살 크랩 커리가 있다면? 맛보지 않을 수 없으니 쿤머 퀴진으로! 20년 넘게 운영하고 있는 데다 접근성도 좋고 테이블도 넓어서 편안한 식사가 가능하다. 맛이 특별하지는 않지만 메뉴가 다양하고 어떤 걸 주문해도 평균 이상은 하니 딱히 떠오르는 곳이 없을 때 무난하게 방문해볼 만하다.

🚶 원 님만에서 도보 9분 🕐 11:00~21:00 🍴 커리 크랩 450~950바트, 푸팟퐁커리 229바트, 모닝글로리 볶음 100바트 📞 +66 53 226 379

태국 여러 지역의 음식을 맛볼 수 있는 곳 ····· ⑥
킹 그라이 Ging Grai 📍 Ging Grai

여행자들이 먹는 순한 맛 태국 음식이 성에 차지 않는다면 태국의 향과 맛을 진하게 느낄 수 있는 이곳을 추천한다. 150년 전통의 수파니가 Supanniga 가문의 레시피를 계승해 태국 4개 지역(북부, 동북부, 중부, 동부)의 음식을 선보인다. 그러다 보니 기존 로컬 레스토랑들에 비해 다채로운 허브와 채소, 소스를 사용하는데 지역 농가에서 직접 받아 퀄리티는 말할 필요도 없다. 매콤 새콤하고 강렬한 풍미를 좋아한다면, 이산(동북부) 지역 음식을 골라보자. 쏨땀, 카이 양(닭구이)같이 익숙한 것들도 좋지만, 낯선 음식에 도전해보는 재미도 쏠쏠하다. 메뉴판에 사진과 설명이 잘 적혀 있다. 요리와 잘 어울리는 차와 티 베이스의 목테일, 소다 음료도 특색 있다.

🚶 원 님만에서 도보 5분 🕐 11:30~21:00 🍴 깽 옴 까이 180바트, 쏨땀 100바트, 모닝글로리 볶음 120바트 📞 +66 52 010 414

와인 앤 다이닝 ····· ⑦
자리드 JARID 📍 Jarid

원 님만에서 1분 거리에 위치한 감성 호텔, 아트 마이 갤러리 Art Mai Gallery에서 운영하는 '자리드' 레스토랑은 현대적인 태국 요리을 선보이는 곳이라 호텔과 별개로도 인기가 많다. 대중적인 태국 음식과 북부 로컬 음식들을 현대적으로 풀어내고 신선한 재료와 허브, 식용 꽃들을 사용해 맛과 비주얼 모두 잡았다. 합리적인 가격대, 퀄리티 좋은 와인을 잔이나 병으로 주문 가능해 와인 앤 다이닝을 즐길 수 있다. 글라스 와인은 보통 300바트대, 보틀은 2000~3000바트대가 가장 많다. 친절하고 프로페셔널한 직원들의 응대가 방문 만족도를 더욱 높인다.

🚶 원 님만에서 도보 1분, 아트 마이 호텔 1층 🕐 12:00~23:00 🍴 그릴드 치킨 & 쏨땀 350바트, 타이 스타일 스테이크 820바트, 카오소이 310바트 📞 +66 934 597 000

숯불에 구운 고기는 진리 ⑧
떵뗌또 Tong Tem Toh 🔍 떵뗌또 치앙마이

님만에서 아주 유명한 맛집 중 하나로 저녁 시간에는 현지인, 여행객 할 거 없이 모여들어 가게 바깥쪽까지 북적인다. 지붕이 있는 오픈형 공간과 야외 테이블까지 규모도 꽤 큰 편이다. 전통 북부 요리들이 주를 이루는데 메뉴판 두께가 상당하다. 하지만 여기서 한국인 여행자들에게 인기 있는 숯불에 구운 고기류는 그릴 Grilled 메뉴 카테고리를 펼쳐 원하는 부위를 고르면 된다. 숯불에 구운 포크 벨리, 포크 넥, 곱창Chitterlings은 실패가 없다. 채소와 함께 나오는 그린 칠리 딥(남프릭 룸)과 찰밥을 함께 주문해 먹으면 실패 없는 태국식 쌈밥 정식이다.

🚶 원 님만에서 도보 6분　🕐 08:00~23:00
🅱 곱창 구이 127바트, 삼겹살 구이 127바트, 가물치 튀김 187바트

접근성 좋은 카오소이 전문점 ⑨
카오소이 님만
Khao Soi Nimman 🔍 카오소이 님만

님만해민에만 해도 카오소이 전문점이 많은데, 여행자에게 가장 접근성이 좋은 곳이 여기다. 미쉐린 빕 구르망에 2년 연속 오르며 인지도까지 높아지면서 여행자가 특히 많이 찾는다. 대기가 있을 수 있지만, 음식이 금방 나와 회전율은 빠른 편. 카오소이는 치킨, 포크, 비프, 새우, 오징어, 소시지, 버섯 등 메인 토핑을 다양하게 선택할 수 있는데 베스트셀러는 역시 치킨이다. 수제 페이스트로 매일 6시간씩 끓여내는 농밀하고 진한 코코넛 카레 국물이 꽤 강렬하지만 소스가 잘 배지 않는 면발이 살짝 아쉽다. 그 외 다른 메뉴도 다양한데 보통 치킨이나 돼지고기 꼬치를 사이드로 많이 주문한다.

🚶 원 님만에서 도보 4분　🕐 10:00~21:00　🅱 카오소이 95~195바트
📞 +66 53 894 881

님만 대표 누들 ⑩
시아 어묵국수 Sia Fish Noodles 🔍Sia Fish Noodles

올드타운에 블루 누들이 있다면, 님만에는 시아 어묵국수가 있다. 1997년부터 영업을 시작한 국수 전문점으로 매일 신선하게 만드는 여러 종류의 어묵을 토핑으로 사용한다. 의외로 육수는 돼지 뼈를 사용해 맑고 담백하면서도 깊은 맛이 난다. 생선 본연의 맛이 잘 살아 있는 탱글한 식감의 어묵 맛은 단연 최고. 돼지 뼈를 고아 맑게 국물을 낸 갈비탕도 인기가 많다. 한국인이라면 국물 한번 먹는 순간 "캬" 소리가 절로 나와 해장용으로도 이만한 게 없다. 저렴한 로컬 식당이지만 에어컨이 있어 쾌적하다.

🚶 원 님만에서 도보 5분 🕐 월~토 10:00~15:00 ❌ 일요일 🍜 어묵국수 50~70바트, 포크립 수프 45바트, 타이 티 25바트 📞 +66 911 387 002

실패 없는 보트 누들 ⑪
통 스미스 Thong Smith 🔍통 스미스 치앙마이

방콕의 운하, 보트 위에서 팔던 국수에서 유래한 보트 누들은 진한 국물을 적게 넣어 흘리지 않게 하고 양을 줄여 여러 개를 시켜 먹도록 했다. 진한 고기 육수에 각종 향신료와 선지를 살짝 추가해 일반적인 국물보다 육수가 진한 것도 특징이다. 하지만 이제 보트 누들을 보트에서만 먹는 건 아니다. 방콕에서 시작한 통 스미스는 대중적인 맛의 보트 누들 전문점인데 인기에 힘입어 치앙마이 님만해민에도 분점을 냈다. 진하고 깊은 맛의 육수, 잘 삶은 고기 토핑을 다양하게 선택할 수 있으며, 국물 없이 비벼 먹는 메뉴도 있다. 완탕, 미트볼 같은 사이드 메뉴도 인기. 간이 세고 자극적인 편이라 부드러운 코코넛 밀크 커스터드로 입가심을 해주면 밸런스가 딱 맞는다.

🚶 원 님만에서 도보 9분 🕐 10:00~22:00 🍜 비프 누들 149/199바트, 코코넛 밀크 커스터드 29바트, 새우 완탕 100바트 📞 +66 652 388 869

프렌치 감성의 올데이 브런치 카페 ⑫
프란스 FRAN'S 📍Fran's Chiang Mai

방콕에서 시작한 인기 브런치 카페 프란스는 24년 말, 통 스미스와 나란히 오픈했다. 같은 담장 안에 2개의 가게, 주차장도 함께 사용한다. 천장이 높은 모던한 유럽 스타일의 카페 내부, 잘 가꾼 야외 테라스가 이국적인 분위기라 SNS용 사진을 찍으러 오는 사람도 많다. 올데이 브런치가 가능하며 빵과 달걀 요리, 사이드 메뉴를 선택해 개인 취향 맞춤 아침 메뉴도 주문할 수 있다. 화덕에 구운 플랫 브레드, 베이글, 파스타와 스테이크까지 다양한 메뉴를 갖추고 있지만 가격대는 님만해민 내에서도 비싼 편. 10% 서비스 차지까지 추가로 붙는다.

🚶 원 님만에서 도보 9분 🕐 08:00~21:00
🍽 에그 베네딕트 370바트, 베이글 & LOX 320바트 📞 +66 949 990 311

어이 이모의 손맛 ⑬
크루아 빠 어이
Aunt Aoy Kitchen 📍크루아 빠 어이

'크루아=부엌, 빠=이모, 어이=주인장'이라는 이름의 조합으로 '어이 이모의 부엌'이란 뜻이다. 수수한 외관을 따라 안으로 들어가면 조도가 낮은 조명 아래 포스트잇 낙서가 벽면을 가득 채우고 있고, 시선을 강탈하는 촌스러운 테이블보까지 시골 이모집에 간 듯한 느낌이다. 30년 경력의 어이 이모의 손맛이 담긴 태국식 덮밥 메뉴가 주를 이루는데 대부분 100바트 이내다. 푸팟퐁커리가 유명한데 혼자 먹기엔 양이나 가격 면에서 부담이라면, 옐로 커리 시푸드 덮밥으로 주문하면 된다. 1/3 가격으로 비슷한 맛과 만족도를 얻을 수 있다. 다진 돼지고기를 올린 셰프 오믈렛도 대표 메뉴 중 하나다.

🚶 원 님만에서 도보 11분 🕐 10:00~19:00 🍽 셰프 오믈렛 150바트, 푸팟퐁커리 320바트, 옐로 커리 시푸드 덮밥 105바트 📞 +66 817 160 938

식사 후 빙수까지 코스로 즐겨 ⑭
한강 식당 Hangang 🔍한강 식당

포토제닉한 G 님만 호텔 근처의 한강 식당은 한강 빙수와 함께 한국인 사장님이 운영하는 곳이다. 두 가게의 출입구는 각각이지만, 안에서 연결되어 있다. 김밥, 떡볶이, 만두 같은 분식부터 찌개, 덮밥, 전까지 외국 나가면 유독 생각나는 한국 음식은 다 있다. 가격도 대부분 100~200바트 선으로 착한 편. 불 맛 나는 짬뽕, 김치볶음밥이 특히 인기가 많은데 양도 넉넉하다. 식사 후 달달한 빙수 한 그릇 먹으면 게임 끝! 국내에서 비싼 몸값 자랑하는 망고 빙수가 단돈 120바트, 팥빙수와 인절미 빙수도 맛있다.

🚶 원 님만에서 도보 9분 🕘 09:00~22:00 🍴 짬뽕 250바트, 김치찌개 180바트, 김치볶음밥 150바트, 빙수 120바트 📞 +66 800 756 544

가성비 좋은 로컬 뷔페 ⑮
아로이 줌 잡 Aroi Jum Zap 🔍Aroi Jum Zap

태국식 바비큐 '무카타'와 전골 '찜쭘'을 뷔페식으로 먹을 수 있는 곳들이 현지인에게도 인기인데 '아로이 줌 잡'도 그중 하나. 무카타의 경우 성인 1인 129바트, 찜쭘은 99바트에 무제한 뷔페를 즐긴다. 다양한 종류의 고기와 해산물, 버섯과 채소, 누들 등이 있고, 소스도 취향껏 만들어 먹으면 된다. 맑은 육수가 담긴 도자기 냄비에 각종 재료를 넣고 끓여 먹는 찜쭘은 국물이 깔끔하고 시원해 무카타만큼이나 한국인 입맛에도 잘 맞는다. 단, 에어컨이 없는 데다 테이블마다 불이 있어 매우 더울 수 있다는 점은 감안해야 한다.

🚶 원 님만에서 남동쪽으로 도보 10분 🕘 17:00~24:00 🍴 무카타 129바트, 찜쭘 99바트 📞 +66 869 218 802

가볍게 먹기 좋은 한식과 빙수 ⑯
리틀 서울 Little Seoul 🔍Little Seoul

님만해민 대로변에 위치한 리틀 서울은 한식당과 게스트 하우스를 함께 운영하고 있다. 1층에 위치한 식당은 아담한 규모에 실내가 깔끔하며, 위치가 좋아 오다가다 들를 수 있다는 게 큰 장점이다. 각종 찌개, 덮밥, 잡채, 라면, 김밥, 떡볶이, 짬뽕 등 간단히 먹기 좋은 식사류와 분식이 주를 이룬다. 대부분 100~200바트대로 저렴해 현지인에게도 인기다. 채식 옵션도 있고, 뜨거운 날씨에 떨어진 입맛을 끌어올려줄 비빔국수, 냉면, 빙수도 괜찮다.

🚶 원 님만에서 도보 5분 🕘 08:00~24:00 🍴 떡볶이 100바트, 비빔밥 150바트, 비빔냉면 180바트 📞 +66 639 583 413

브런치를 넘어 BBQ까지 ⑰
마니프레시토 카페 앤 레스토랑
Manifreshto Café & Restaurant
🔍 마니프레시토 카페 앤 레스토랑

가족이 운영하는 아담한 베이커리로 출발한 마니프레시토는 현재 이른 아침부터 저녁까지 모두 아우르는 올데이 브런치 & BBQ 레스토랑으로 자리 잡았다. 접근성 좋은 님만에 위치하고 옆 점포까지 확장해 넉넉한 공간에 메뉴 구성도 폭이 넓은 편이라 언제든 무난하게 방문하기 좋다. 산지에서 직접 배송받는 달걀, 유기농 채소를 사용하고 베이커리류도 직접 만들어 사용한다. 취향대로 골라서 주문 가능한 맞춤형 아침 메뉴, 시럽 없이 신선한 과일만으로 만들어주는 스무디가 인기다. 풀드 포크, 비프 브리스킷, BBQ 샌드위치 등도 있어 육류파도 문제없다.

🏃 원 님만에서 도보 2분
🕐 금~화 07:30~23:30, 수·목 09:00~23:30
🍽 파니니 195~235바트, 스무디볼 198바트, 풀드 포크 265바트 📞 +66 826 917 725

라이프 스타일 브랜드에서 시작한 ⑱
클레이 카페 KLAY Café 🔍 KLAY Café

샤랄라한 원피스를 입고 요리조리 포즈를 취하는 여행자가 유독 많아 눈길이 절로 가는 곳. 회색 블록 벽으로 된 외관과 입구 주변에 조성된 아담한 정원 속 테이블, 차분한 톤의 목재 조합이 미니멀한 일본, 스칸디나비아 감성을 느끼게 해준다. 전면 유리창으로 들어오는 자연 채광도 좋아서 따사롭게 브런치를 즐길 수 있다. 홈메이드 빵에 스크램블드에그, 베이컨이 포함된 빅 브렉퍼스트, 프렌치토스트, 스무디볼뿐만 아니라 라이스, 파스타 메뉴도 있다. 리빙 & 라이프 스타일 자체 브랜드도 운영하며 향초, 에센셜 오일, 핸드크림과 도자기 제품들도 판매한다.

🏃 원 님만에서 도보 2분 🕐 08:30~21:00 🍽 아보 토스트 190바트, 스무디볼 190바트, 콤부차 100바트, 빅 브렉퍼스트 220바트 📞 +66 813 249 526

달달한 로티로 당 충전 ⋯⋯⋯ ⑲
구 퓨전 로티 앤 티 GUU Fusion Roti & Tea 🔎 구 퓨전 로티 앤 티

로티는 보통 길거리 음식인데 에어컨 바람 쐬며 편안히 앉아 먹을 수 있는 곳이다. 리스트레토, 블루 커피와 나란히 자리해 접근성이 좋아 때때로 대기도 있다. 초코, 마일로, 바나나, 아이스크림, 치즈 등의 토핑을 올린 기본 로티도 종류가 다양한데, 반죽을 바삭하게 튀겨 과자처럼 씹히는 크리스피 로티까지 있어 뭘 먹어야 할지 모르겠다면 2in1, 4in1으로 주문도 가능하다. 로티를 주문하면 따뜻한 차가 무료로 제공되며, 100바트 내외의 식사 메뉴도 있다. 밤 늦게까지 운영해 야식을 먹으러 가기도 좋다.

🚶 원 님만에서 도보 2분 🕐 09:00~01:00 🍽 플레인 로티 30바트, 크리스피 로티 2in1 105바트, 커리 로티 135바트 📞 +66 828 988 992

SNS 핫플 ⋯⋯⋯ ⑳
넘버원 Nomberone 🔎 Nomberone

2025년 초에 오픈한 신상 카페로 태국판 〈마스터 셰프〉 출신 셰프가 운영한다. 흰색에 빨간 포인트, 우드 조합, 대형 유리창이 있는 건물 외관부터 눈길을 사로잡는다. 커피 대신 우유, 그리고 다양한 토핑을 올린 토스트를 전문으로 하는 곳이라 디저트가 당길 때 들르면 좋다. 구운 수제 빵 위에 버터, 커스터드 크림, 크림치즈 등을 바르고 아이스크림이나 과일 등을 올린 토스트는 비주얼까지 완벽. 최고급 원유로 만든 우유 음료를 샴페인 잔에 제공해 감성적인 비주얼을 더한다. 참고로 핑크 우유는 딸기 우유다.

🚶 원 님만에서 도보 2분 🕐 16:00~01:00 🍽 바노피 토스트 169바트, 오리지널 토스트 149바트, 핑크 우유 50바트 📷 @nomberone.cnx

현지 MZ에게 사랑받는 디저트 ⋯⋯⋯ ㉑
미쾀팡 MEE KWAM PANG 🔎 미쾀팡

님만의 디저트 카페는 이제 한국의 카페들과 가격이 거의 비슷하다. 그러다 보니 어떤 땐 식사 가격보다 커피, 디저트에 더 많은 지출을 하게 된다. 그래서 부담 없이 가볼 만한 디저트 카페로 찾아낸 곳이 바로 '미쾀팡'. 밤에도 손님들 발길이 끊이지 않는 토스트 전문점으로, 숯불에 바로 구운 빵 위에 우유, 판단, 타이 티 등으로 만든 커스터드 크림을 듬뿍 올려준다. 겉은 바삭하고 속은 촉촉한 빵과 달콤하고 부드러운 크림의 조합이 기대 이상이다. 신선한 우유 음료와 우유 크림이 특히 유명하다.

🚶 원 님만에서 남동쪽으로 도보 12분 🕐 17:00~23:00 🍽 토스트 40~65바트, 프레시 밀크 35바트 📞 +66 632 596 916 📷 @meekwampang

프랑스 본토의 맛 ········ 22
사루다 파이니스트 페이스트리
Saruda Finest Pastry 〇 Saruda Finest Pastry

세계적으로 유명한 페이스트리 셰프들에게 사사한 치앙마이 현지 셰프 사루다가 님만에 오픈한 첫 매장이다. 1970년대 주택이었던 건물을 리노베이션해 빈티지의 미학과 미드 센추리 모던 스타일이 공존하는 하이브리드 공간으로 디저트들과의 조화까지 신경 썼다. 쇼케이스에서 원하는 디저트를 선택할 수 있는데 하나같이 너무 예뻐서 고르기가 힘들 정도. 시그니처 메뉴는 오렌지 블리스와 찐득한 초콜릿 무스, 미스터 어텀. 얇게 코팅한 초콜릿 위장 오렌지 껍질을 자르면 화이트 초코, 오렌지 필, 헤이즐넛 등이 들어 있어 산뜻 달콤한 오렌지 블리스는 모양까지 예뻐서 SNS 업로드용 사진으로도 최고다. 프랑스 본토의 맛을 구현하는 곳이라 가격대가 살짝 높다.

🚶 원 님만에서 도보 1분   🕐 10:00~20:30
Ⓑ 클라우디 더티 커피 135바트, 오렌지 블리스 230바트
📞 +66 638 670 868

한국 빙수의 태국 버전 ㊧

치윗치와 Cheevit Cheeva 🔍 치윗치와

태국 북부에 한국식 빙수 문화를 정착시킨 선구자 치윗치와는 현지인에게도 사랑받는 디저트 카페다. '빙수 Bingsu'라는 표기를 그대로 사용하고 있어 왠지 더 친근하다. 님만의 작은 가게로 시작해 현재는 방콕, 푸켓, 우돈타니를 넘어 말레이시아까지 지점을 열었다. 화이트와 우드 톤 인테리어, 곳곳에 감성 포토존을 마련한 매장도 딱 요즘 스타일. 우유 얼음을 곱게 갈아놓고 그 위에 태국 스타일의 토핑을 얹어 익숙하지만 색다른 매력을 풍긴다. 망고, 두리안 스티키라이스, 솔티 에그 요크 빙수가 특히 인기. 패밀리 사이즈로 주문하면 2~3인이 같이 먹기 좋다. 토스트와 와플, 케이크도 있으니 시원하게 당 충전하고 싶은 이들에게 추천한다.

🚶 원 님만에서 도보 10분　🕐 11:00~22:00
💰 빙수 165~235바트, 토스트 215~235바트
📞 +66 991 410 440
🏠 cheevitcheevacafe.com

뷰 맛집 카페 ㉔

포하이드 Fohhide 🔍 포하이드

🚶 원 님만에서 도보 2분　🕐 월~목 08:00~17:00, 금~일 08:00~18:00
💰 시그니처 커피 목테일 90~110바트, 더티 라테 80바트　📞 +66 832 365 442

스쳐 지나가기 쉬운 건물 입구로 들어가면 유럽에서나 볼 법한 아날로그 스타일의 수동 엘리베이터가 나온다. 크기도 작아서 단 3명만 탑승 가능! 5층으로 올라가면 탁 트인 뷰가 눈길을 확 사로잡는다. 높은 건물이 많지 않은 치앙마이에선 5층만 올라가도 어지간한 도시의 루프톱 부럽지 않다. 다닥다닥 붙어 앉아도 10명 이내로 수용할 법한 실내 공간과 야외 테라스 바가 있는데 이 역시 좌석이 많지는 않아 대기해야 할 수도 있다. 님만 일대를 넘어 도이수텝까지 한눈에 담을 수 있으며 커피 맛도 좋다. 리치, 오렌지 소다 등에 에스프레소를 추가한 커피 목테일, 더티 커피가 특히 인기.

두리안 마니아라면 무조건! ㉕
홈완 Homm Wan(Durian Café) 🔍홈완

두리안은 특유의 향 때문에 대부분의 호텔에서 반입을 제한해 여행자 입장에선 은근 먹기가 힘들다. 과일 가게나 시장에선 먹을 수 있지만, 쾌적한 곳에서 편하게 먹고 싶다면 원 님만 1층의 '홈완'으로 가자. 손질한 생두리안을 그램 단위로 판매하고, 두리안 빙수, 스무디, 아이스크림 등 다양한 디저트류까지 있어 골라 먹는 재미가 있다. 두리안 가격이 다른 과일에 비해 비싸다 보니 전반적으로 가격대가 살짝 높은 편. 망고로 만든 디저트들도 있지만 카페 안에 두리안 냄새가 가득해 예민한 여행자들에겐 비추천.

🚶 원 님만 1층　🕐 11:00~22:00　🍧 두리안 스노우 529바트, 망고 스노우 289바트, 두리안 아이스크림 159바트　📞 +66 638 914 659

치앙마이에서 만나는 일본식 커피 ㉖
%아라비카 커피 % Arabica 🔍% Arabica Chiang Mai One Nimman

교토에서 시작한 '%아라비카'가 치앙마이에도 첫 번째 지점을 열었다. 원 님만 1층, 치앙마이 3대 카페 중 하나로 손꼽히는 그래프Graph 바로 맞은편. 인기 많은 브랜드 카페임에도 치앙마이에선 상대적으로 힘을 못 쓰고 있다. 일본 특유의 디자인과 아트리움형 천장을 통해 따사로운 햇빛이 들어오고 2층에도 좌석이 있어 대체로 여유로운 편이라 쉬어가기 좋다. 적절한 산미와 우유의 풍미가 어우러진 라테도 좋지만, 말차 라테나 소프트 크림(아이스크림)도 인기다.

🚶 원 님만 1층　🕐 08:00~21:00　☕ 교토 라테 155바트, 말차 소프트 크림 140바트, 말차 라테 155바트　📞 +66 821 620 100
🏠 arabica.com/en/location/arabica-chiang-mai-one-nimman/

구글 리뷰 별점 4.9 ㉗
올 블랙커피 ALL BLACK COFFEE 🔍올 블랙커피 치앙마이

물가 비싼 님만에서 퀄리티 좋은 커피를 50바트에 마실 수 있는 곳이 있다! 한국인 여행자들이 많이 찾는 까이양 청더이 바로 맞은편이라 치킨으로 점심 먹고 커피 마시러 들르기도 딱이다. 가게 이름처럼 "커피는 블랙일 때 진짜다"란 철학을 가진 2명의 커피 애호가가 만든 미니멀한 카페라 에스프레소, 아메리카노, 롱 블랙까지 진짜 '블랙커피' 3종만 판매한다.(아이스 가능.) 또한 하우스 블렌드와 로컬, 해외 원두들 중 선택 가능한 옵션이 있어 취향껏 즐길 수 있다.

🚶 원 님만에서 도보 3분　🕐 07:30~15:30　☕ 에스프레소·아메리카노·롱 블랙 원두 종류에 따라 50~80바트　📞 +66 912 229 729　📷 @all.black.chiangmai

단골 삼고 싶은 카페 ·······㉘
토피 로스터스 TOFFEE ROASTERS Toffee Roasters

조용한 골목, 어느 빨간 벽돌 건물 앞이 유난히 분주하다. 서울 성수동의 한 카페 같은 미니멀한 인테리어에 낮은 테이블, 벤치형 의자만 있어 자리 자체가 편하지는 않다. 그럼에도 맛있는 커피와 직원들의 따스한 응대, 직접 로스팅한 싱글 오리진, 블렌드 원두를 추출, 필터, 콜드 브루 커피로 즐길 수 있어 인기다. 적절한 산미와 고소한 우유가 어우러진 플랫 화이트가 특히 맛있다. 오전 7시부터 영업해 크루아상, 바나나 브레드, 블루베리 파이 등 베이커리와 함께 모닝커피를 마시러 오는 사람이 많다.

🚶 원 님만에서 도보 3분 🕒 07:00~16:00 ☕ 필터 커피 100~120바트, 플랫 화이트·라테 70바트 📞 +66 951 594 195 📷 @toffeeroasters

아침 메뉴로 최고, 베이글 & 커피 ·······㉙
볼크스X로스티브 VOLKS X ROASTIV 볼크스 베이글스 님만

방콕 사톤에서 시작한 '볼크스 베이글'이 치앙마이에도 지점을 냈다. G 님만 호텔 1층에도 입점했고, 님만해민의 한 골목에 커피 전문점 '로스티브'와 함께 숍인 숍으로 운영하는 지점도 있다. 뉴욕 스타일의 오리지널 베이글은 70바트, 스페셜티 베이글은 100바트다. 다양한 종류의 크림치즈와 샌드위치도 갖춰 취향대로 조합할 수 있다. 베이글과 커피는 각각 따로 주문해야 하고, 가게 내부가 협소해 테이크 아웃을 고려해야 할 수 있다.

🚶 원 님만에서 도보 10분 🕒 07:30~17:00 ☕ 베이글 70~100바트, 크림치즈 40~60바트, 베이글 샌드위치 240~270바트 📞 +66 623 255 979

감성 가득 트럭 커피 ·······㉚
그린 타운 커피 Greentown Coffee Greentown Coffee

포토제닉한 공간으로 인기인 G 님만 호텔 맞은편 공터엔 하얀색 트럭과 야외 테이블 몇 개가 마련된 캠핑장 느낌을 주는 카페가 있다. 나무 그늘도 있어 뜨거운 한낮만 피하면 피크닉 분위기를 내면서 커피 타임을 가질 수 있다. 블랙 오렌지, 코코넛, 유자 같은 플레이버 커피도 있고 말차 유자, 재스민 티 프루트 등의 이색 음료들도 인기다. G 님만 호텔 투숙객은 10% 할인 혜택도 받을 수 있다.

🚶 원 님만에서 도보 10분 🕒 08:30~17:00 ☕ 블랙 오렌지 90바트, 아이스 라테 85바트, 아이스아메리카노 75바트 📞 +66 948 304 759

로컬 하이랜드 커피의 매력 ㉛
나인 원 커피 NINE ONE COFFEE 🔍 나인 원 커피 치앙마이

나인 원 커피는 단순한 카페를 넘어 태국 스페셜티 커피 문화의 진심을 담은 공간이다. 이곳의 커피는 모두 도이사켓의 자체 농장에서 재배한 고품질 아라비카 원두를 사용하는데 설립자는 태국 스페셜티 커피 협회(SCATH) 회장까지 지냈다. 치앙마이에서 30~40km 떨어진 도이사켓의 매톤루앙 지역에서 생산하는 하이랜드 아라비카 커피는 밝고 산뜻한 산미, 고소한 초콜릿 향의 뒷맛이 특징이다. 바리스타가 내려주는 커피 한 잔엔 고지대의 은은한 안개처럼 맑고 섬세한 풍미가 담겨 있다. 다른 스페셜티 커피 전문점에 비해 커피 양이 넉넉하고 가격도 저렴하다. 입을 헹궈줄 따뜻한 차 한 잔도 함께 주는 세심함도 있다.

🚶 원 님만에서 도보 6분 🕐 화~일 07:00~16:30 ❌ 월요일
💲 드립 커피 100~150바트, 아메리카노 75바트, 플랫 화이트 85바트

치앙마이 인기 No.1 카오소이 ㉜
카오소이 매싸이 Khao Soi Mae Sai 🔍 카오소이 매싸이

2021년부터 2025년까지 연속으로 미쉐린 빕 구르망 리스트에 올랐다. 올드타운과 님만 사이, 애매한 산티탐 지역에 위치하는데도 늘 붐빈다. 치앙라이 매싸이 지역의 레시피라 일반적인 치앙마이 스타일보다 진하고 묵직한 육수가 특징. 강하게 느껴지는 카레의 향과 맛이 코코넛 밀크로 적절하게 중화된다. 테이블에 놓인 주문서를 작성해 직원에게 주면 되는데, 최소 150바트 이상만 GLN 결제가 되니 현금을 챙기는 게 좋다. 가격이 저렴하지만 그만큼 양도 적은 편이다.

🚶 원 님만에서 산티탐 방향으로 도보 13분 🕐 08:00~16:00
💲 카오소이 50~60바트, 음료 20바트 📞 +66 53 213 284

가정식 북부 요리 전문점 ㉝
흐언 무언 짜이 HUEN MUAN JAI 🔍 Huen Muan Jai

카오소이 매싸이 근처에 2020년부터 2025년까지 연속으로 미쉐린 빕 구르망에 오른 또 하나의 유명 맛집, '행복한 집'이란 뜻의 '흐언 무언 짜이'가 있다. 전통 란나식 목조 건물과 소박한 인테리어는 마치 시골 할머니집에 초대받은 듯한 따스함을 자아낸다. 이곳의 요리는 현지인이 즐기는 정통 북부 음식 위주로 구성되어 있는데, 특히 크리스피 포크, 깽항레, 카오소이, 싸이우아(북부 소시지) 등이 인기다. 개미 알, 달팽이 등 이색적인 재료로 만든 음식들이 도전 의식을 자극한다. 꾸밈없이 소박한 북부 음식을 경험해보고 싶다면 한 번쯤 들러볼 만하다. 대기가 빈번하니 점심, 저녁 피크 타임은 피해서 방문하는 게 좋다.

🚶 원 님만에서 산티탐 방향으로 도보 14분 🕐 목~화 11:00~15:00, 17:00~21:00
❌ 수요일 🅱 노던 타이 애피타이저 290바트, 카오소이 75바트, 깽항레 150바트
📞 +66 982 618 029

합리적 가격의 프렌치 베이커리 ㉞
나나 베이커리 Nana Bakery 🔍 나나 베이커리 치앙마이

외관은 평범하지만 안으로 들어서는 순간 고소한 버터 향이 퍼진다. 프랑스 정통 방식으로 매일 3회 구워내는 크루아상, 바게트, 데니시, 카눌레, 치아바타, 천연 발효 빵이 가득하다. 최고 인기 메뉴는 크루아상인데 촉촉하고 부드러운 스타일이다. 덥고 습한 날씨 때문에 맛있는 빵 만들기가 어려운 동남아에서 보기 힘든 퀄리티에 가격대도 합리적이라 단골손님도 많지만 까다로운 한국인 입맛엔 조금 아쉬울 수 있다. 매주 토요일 오전, 나나 정글 마켓Bamboo Saturday Market에서도 나나 베이커리의 빵을 구입할 수 있다.

🚶 원 님만에서 산티탐 방향으로 도보 22분, 차량 6분 🕐 06:00~17:00
🅱 크루아상 45바트, 월넛 브레드 65바트, 사워도우 65바트 📞 +66 641 319 739

최고의 가성비 오렌지 커피 ········ ㉟
아리밋 커피
AREEMITR COFFEE 🔎 아리밋 커피

산티탐 지역의 애매한 주택가에 있지만 외국인, 한국인 여행자들이 신기할 정도로 많이 찾는 카페다. 가정집 마당에 테이블을 몇 개 두고 아버지와 아들이 운영하는데 빈 테이블을 찾기가 힘들다. 그래서 카페 앞쪽에 의자를 두고 앉아서 마시는 사람도 꽤 많다. 오렌지 커피와 타이식 아이스 에스프레소, 에스 옌Es Yen이 특히 인기다. 오렌지주스와 에스프레소의 조합이 의외이긴 하지만, 산뜻하고 시원해 무더운 치앙마이의 날씨엔 딱이다. 님만에서는 100바트는 줘야 하는 오렌지 커피를 40바트에 마실 수 있으니 가성비는 말할 것도 없다.

🚶 원 님만에서 산티탐 방향으로 도보 24분, 차량 7분
🕐 목~화 06:45~15:30
❌ 수요일   🅱 오렌지 커피 40바트, 카페 라테 40바트

4색 커스터드 크림이 시그니처 ········ ㊱
꼬프악 꼬담 Gopuek Godam 🔎 꼬프악 꼬담

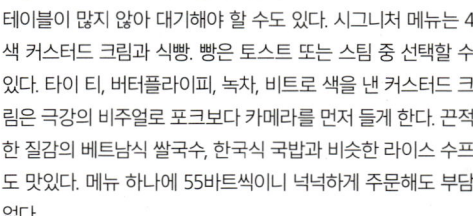

이렇다 할 것 없어 보이는 한적한 골목에 아담하게 자리한 식당으로 매일 아침 사람들이 모여든다. 현지인들 SNS에서 인기를 끌자 한국 여행 프로그램에도 소개되면서 치앙마이 최고의 조식 핫플이 되었다. 테이블이 많지 않아 대기해야 할 수도 있다. 시그니처 메뉴는 4색 커스터드 크림과 식빵. 빵은 토스트 또는 스팀 중 선택할 수 있다. 타이 티, 버터플라이피, 녹차, 비트로 색을 낸 커스터드 크림은 극강의 비주얼로 포크보다 카메라를 먼저 들게 한다. 끈적한 질감의 베트남식 쌀국수, 한국식 국밥과 비슷한 라이스 수프도 맛있다. 메뉴 하나에 55바트씩이니 넉넉하게 주문해도 부담 없다.

🚶 마야몰에서 서북쪽 방향으로 도보 10분
🕐 수~월 07:30~14:00 ❌ 화요일
🅱 토스트 & 커스터드 딥 55바트, 죽 55바트, 베트남 쌀국수 55바트
📞 +66 908 919 622

이색적인 북부 요리가 궁금하다면 .... ③⑦
한퉁 Han Thueng 🔍한퉁 치앙마이

로컬 음식에 진심이라면 한 번쯤 가볼 만한 곳. 오랫동안 가족이 영업해온 태국 북부 요리 전문점으로 치앙마이 대학에서 왓 우몽으로 가는 길에 자리해 일부러 찾아가야 하는 곳이다. 2020년부터 6년 연속 미쉐린 빕 구르망에 올라 입구에 붙은 미쉐린 마크가 압도적인데, 그에 반해 삼각 지붕이 있는 전통 란나 스타일 가옥을 개조한 식당 분위기는 소박하다. 소시지, 야생 버섯 같은 제철 로컬 식재료와 북부식 소스를 사용해 만든 음식들이 주를 이룬다. 개미 알로 만든 다양한 요리도 있어 도전 정신을 불러일으킨다.

🚶 왓 우몽에서 도보 10분 🕐 10:00~16:00, 17:00~21:30
💰 개미 알 수프 120바트, 칸톡 250바트 📞 +66 939 706 885

유럽풍, 사진 찍기 좋은 카페 .... ③⑧
카페 아르테 Café Arte 🔍카페 아르테 치앙마이

님만에서도 꽤 떨어진 쳇옷 지역에 위치해 일부러 찾아가야 하지만 여행자들에게 예쁜 공간으로 입소문이 났다. 유럽의 여느 도시 같은 하얀색 2층 건물, 넓은 앞마당에는 자갈길과 분수, 철제 테이블과 의자가 놓여 있어 감성을 자극한다. 내부는 높은 천장에 샹들리에, 앤티크 가구들과 조명, 주인장의 취향이 돋보이는 소장품들로 채워져 있다. 나이가 지긋한 바리스타 사장님과 직원들이 다양한 언어를 구사하며 따스하게 맞아주는 것도 포인트다. 더티, 오렌지/허니 아메리카노 등 커피 맛도 좋으며 아침 식사 메뉴는 11시까지 주문 가능하다. 2층의 객실 2개는 '아르테 하우스' 게스트룸으로 운영 중이다.

🚶 원 님만에서 북서쪽 방향으로 도보 19분 또는 차량 6분 🕐 금~수 09:00~17:00 ❌ 목요일
💰 오렌지 아메리카노 110바트, 더티 커피 120바트, 샌드위치 200바트 📞 +66 818 219 250

왓 우몽 근처 찐 로컬 맛집 ······ ㊴
폭랭쌥 ○ 구글 맵스에서 왓 우몽에 위치 지정 후, '랭쌥'으로 검색

왓 우몽 근처에서 식사를 한다면 찐 로컬 식당 폭랭쌥으로 가보자. 식당과 카페가 모여 있는데 유독 이곳만 사람이 많다. 랭쌥이 대표 메뉴지만 어지간한 태국 음식들은 다 한다. 테이블에 놓인 종이에 원하는 메뉴를 표기하면 되는데, 랭쌥 큰 사이즈를 주문하면 핫포트에 내어준다. 오랫동안 삶은 돼지갈비는 젓가락만 갖다 대도 살이 으스러지고, 다진 마늘, 새눈 고추, 남 쁠라, 라임즙, 고수 등을 넣은 육수는 매콤 새콤한 맛이 매력이다.

🚶 왓 우몽에서 도보 3분 🕒 토~목 09:00~22:00 ❌ 금요일 🍴 랭쌥 소/대 99/179바트, 버섯 샐러드 55바트 📞 +66 629 356 494

왓 우몽에서 도보로 갈 수 있는 ······ ㊵
센세이션 커피 로스터스 SENSATION COFFEE ROASTERS ○ Sensation Coffee Roasters

녹지로 둘러싸인 한적한 동네에 자리한 이 카페는 접근성이 좋지 않아도 제대로 된 커피를 맛보기 위해 찾는 마니아층이 많다. 오랜 경력의 바리스타들이 직접 선별하고 로스팅한 스페셜티 원두로 커피를 내려준다. 콜롬비아, 파나마 등지에서 수입한 고급 빈으로 내린 필터 커피 셀렉션 중 한정판 리미티드 게이샤는 1000바트가 넘는다. 하지만 일반 커피 메뉴들은 다른 카페들과 비슷하거나 조금 비싼 수준이다.

🚶 왓 우몽에서 도보 2분 🕒 09:30~17:30 🍴 스페셜티 핸드 드립 350~1100바트, 싱글 오리진 커피 120~150바트 📞 +66 627 298 081 🏠 sensationcoffeeroasters.com

펫 프렌들리 카페 ······ ㊶
테즈 커피 앤 이터리 TEDS Coffee & Eatery ○ TEDS Coffee & Eatery

왓 우몽, 폭랭쌥에서 멀지 않은 곳의 신상 카페로 목재와 금속이 조화로운 인테리어에 채광이 잘 든다. 밝은 공간에 나무 테이블, 빈티지 조명, 편안한 라운지 의자 등이 채워져 있어 딱 요즘 트렌드. 그래서인지 카페 안팎으로 인증 사진을 찍는 이가 많다. 카페에서 키우는 골든 리트리버 '테드'가 상주하고 있는데 친화력도 좋다. 펫 프렌들리 카페라 귀여운 댕댕이들을 볼 수 있다는 것도 장점. 커피 외에도 풍미가 좋은 말차 라테가 인기다. 스콘, 당근 케이크, 바스크 케이크 등의 홈메이드 디저트들도 평이 좋다.

🚶 왓 우몽에서 도보 4분 🕒 08:30~18:00 🍴 아이스아메리카노 60바트, 말차 라테 75바트 📞 +66 629 462 598

**세계 라테 아트
챔피언의 커피** ……㊷
리스트레토 오리지널
Ristr8ro Original 🔍 리스트레토 오리지널

2011년, 세계 바리스타 챔피언십 파이널리스트 아논Arnon이 님만해민에 문을 연 카페로 치앙마이를 대표하는 커피 성지다. 인더스트리얼 감성의 오픈 바에서 바리스타의 라테 아트가 펼쳐진다. 사탄 라테, 멕시칸 라테 같은 콘셉트 음료들과 시험관, 해골 모양의 컵 등 개성 넘치는 플레이팅도 눈길을 사로잡는다. 세계 각국의 싱글 오리진 원두를 사용하며, 라테 아트 챔피언십에서 인정받은 기술력을 커피 한 잔에 담아낸다.

🚶 원 님만에서 도보 1분 🕐 07:30~18:00 ⓑ 시가레토 88바트, 플랫 화이트 88바트
📞 +66 53 215 278

아논의 또 다른 브랜드 ……㊸
로스터리 커피 플래그십 스토어 Roast8ry Coffee Flagship Store 🔍 Roast8ry Coffee Flagship Store

리스트레토 오리지널의 아논이 이끄는 또 다른 카페로 콘크리트와 원목이 어우러진 미니멀 인더스트리얼 스타일의 공간이 분위기부터 아주 힙하다. 브루잉 바에선 핸드 드립, 콜드 드립, 에스프레소 등 다양한 추출 방식의 커피를 즐길 수 있으며, 원하는 모양의 월드 챔피언 라테 아트를 주문할 수 있다. 챔피언 세트도 있어 커피에 진심인 사람들에게 제격! 하지만 커피값이 만만치 않은 것도 사실이다.

🚶 리스트레토 오리지널에서 도보 9분 🕐 08:00~17:00
ⓑ 시가레토 95바트, 월드 챔피언십 라테 아트 200바트
📞 +66 616 854 165 🏠 roast8ry.com

예술과 실험이 공존하는 감성 커피 공간 ···· ㊹
그래프 Graph 🔍 Graph One Nimman

2014년 올드타운 골목의 작은 카페로 시작해 치앙마이 스페셜티 커피 문화를 선도하는 하나의 브랜드가 되었다. 지역 로스터리 기반의 싱글 오리진 원두와 독창적인 레시피, 예술적인 브루잉 플레이팅으로 유명하다. 'GRAPH No.17'(콜드브루+토마토+라임), '모노크롬'(활성탄+바닐라), '마그마'(에스프레소+아보카도+아몬드 밀크) 같은 메뉴들은 그 어떤 카페에서도 볼 수 없는 조합. 현재는 올드타운 본점 외에 치앙마이 전역에 6개의 매장이 있는데 분위기가 각각 달라 도장 깨기 듯 둘러보는 재미도 있다.

🚶 원 님만 1층 🕐 11:00~22:00 💵 아메리카노 100바트, 모노크롬 165바트
🏠 graphcoffeeco.com

취향 반영 샐러드 한 접시 ···· ㊺
샐러드 콘셉트 Salad Concept 🔍 Salad Concept

꽤 오랫동안 영업을 해오며 샐러드 전문 카페로 확실히 자리매김한 곳으로 현지인과 외국인 모두에게 사랑받는 건강식 식당. 유기농 채소와 천연 드레싱으로 만든 샐러드를 기본으로 스무디, 파스타, 파니니까지 다양한 메뉴를 선보인다. 가장 큰 인기 요인은 원하는 재료를 직접 선택해 나만의 맞춤 샐러드를 주문할 수 있다는 점. 퀴노아, 치아시드, 아보카도, 닭 가슴살, 연어 등 건강한 토핑들이 가득하다. 당연히 드레싱도 취향대로 고르면 된다. 여행 중 살짝 몸이 무거워졌다면 가벼운 한 끼로 탁월한 선택이다.

🚶 원 님만에서 도보 6분 🕐 09:00~22:00 💵 기본 샐러드 79바트, 오믈렛 샐러드 119바트, 레인보 퓨어 퓌레 175바트 📞 +66 53 894 455

달콤함의 끝판왕 ···· ㊻
람 야이 Lam-yai 🔍 lam yai chiang mai

태국식 디저트 중 한국인 여행자들에게 가장 대중적이고 인기가 많은 것 중 하나가 망고 스티키 라이스, '카오 니아오 마무앙'이다. 코코넛 밀크에 졸인 달콤한 찰밥을 망고와 함께 먹는데 그 조합이 꽤나 신박하다. 맛의 조합도 좋지만, 입안에서 사르르 녹는 망고와 쫀득한 밥알의 식감도 매력적이다. 대부분의 식당에서 후식으로 주문해 먹을 수 있지만 좀 더 저렴하게 디저트만 구입하고 싶다면 전문 노점도 좋은 선택이다.

🚶 원 님만에서 도보 2분 🕐 15:00~23:00
💵 망고 스티키 라이스 50바트

치앙마이의 올리브영 ········ ①
윈 플러스
WIN PLUS 🔍 윈 플러스 치앙마이

원 님만 맞은편에 위치한 매장 외에도 여러 지점을 두고 있는 윈 플러스는 뷰티와 헬스 케어 제품을 한 번에 쇼핑할 수 있는 인기 멀티 숍이다. 특히 태국 로컬 브랜드의 스킨케어, 메이크업, 선크림, 보디 제품과 약품류가 다양하게 구비돼 있다. 여행자들이 많이 구입하는 마담헹 비누, 선실크 헤어 제품, 홍타이 야몽, 스네이크 파우더, 야돔, 타이거밤, 프로폴리스 등을 한 섹션에 모아놓아 편안한 쇼핑이 가능하다. 묶음으로 할인 판매하는 제품도 많고 그때그때 다양한 프로모션을 진행해 대형 마트나 드러그스토어에 비해 가격 경쟁력도 있다.

🚶 원 님만 맞은편 🕐 10:00~23:00 📞 +66 659 253 744 🏠 wincosmetics.co.th

기념품의 정석 ········ ②
플레이웍스 숍 PLAYWORKS SHOP 🔍 플레이웍스 숍 치앙마이

치앙마이 출신 디자이너가 만든 브랜드로 태국 북부의 문화와 일상을 담은 일러스트와 패턴으로 다양한 기념품을 제작한다. 1층에는 엽서, 포스터, 수첩, 마스킹 테이프, 스티커 등의 문구류를 비롯해 키링, 에코백, 파우치, 카드 지갑 등이 있다. 실용적이면서 로컬의 스토리와 감성을 담고 있어 기념품, 선물용으로 이만한 게 없다. 2층에선 아로마 제품과 패션, 캠핑 용품들을 판매한다. 마야몰 맞은편, 씽크파크Think Park에 위치한 매장은 미니멀하고 옆 골목의 벽화와 일본 느낌의 소품들이 곳곳에 배치되어 포토존으로도 인기다.

🚶 마야몰 맞은편 🕐 09:00~22:00 📞 +66 925 421 500 🏠 playworksshop.com

리얼 가이드

치앙마이 바이브 가득
감각적인 님만해민의 서점

어느 나라든 서점으로 들어가는 순간 바깥의 공기와 다르다. 태국어로 된 책을 읽을 수는 없지만 서점 특유의 잔잔한 분위기는 누구든 느낄 수 있다. 책의 물성이라는 것은 이렇듯 신기하다. 여행자 가득한 님만해민 가운데 조용한 서점에서 한적함을 느껴보자.

동네 서점의 잔잔한 무드
란라오 서점 Lan Lao

제일 번화한 님만해민 대로변에 있지만, 이곳만큼은 잔잔하고 고요함이 깃든다. 나이 지긋한 어르신이 맞이해주는 오래된 서점의 책 냄새가 마음을 평온하게 한다. 태국어로 된 책들이 주를 이루지만 간간이 영어 서적들도 있고 엽서, 옛날 장난감, 북마크나 스티커 같은 굿즈들도 있어 의외의 득템을 할 수 있다. 2층 공간에서는 로컬 예술가들의 작품을 전시하거나 토론회, 연주회가 열리기도 한다. 동네 서점의 아날로그 매력을 좋아한다면 한 번쯤 둘러볼 만하다.

🚶 원 님만에서 도보 1분   🕐 11:00~20:00
📞 +66 850 349 555

감각적 취향의 발견
더 북스미스 The Booksmith

님만의 서점 더 북 스미스는 단순한 책방 그 이상이다. 정교하게 큐레이션한 책을 고르는 순간마저 예술이 되는 듯한 몰입을 선사한다. 〈킨포크Kinfolk〉, 〈시리얼Cereal〉, 〈프랭키Frankie〉 같은 매거진부터 유럽 서점에서 판매하는 여행 책, 문구류까지 감각적인 여행자의 취향을 충족시킨다. 앉을 수 있는 공간도 마련돼 천천히 책장을 넘겨보고 구입할 수 있다. 바쁜 여행자의 발걸음을 잠시 멈추고 책 속의 낭만에 빠져보자. 치앙마이 공항과 방콕에도 지점이 있다.

🚶 원 님만에서 도보 3분   🕐 일~금 09:00~19:00, 토 09:00~18:00   📞 +66 53 223 292

태국의 향에 빠져봐 ③
미쓰 부티크 MITH Boutique MITH Boutique

방콕에서 시작한 태국 향수 브랜드로 원 님만 근처에 단독 매장이 있고 마야몰 1층에도 입점해 있다. 세계적인 조향사들과 협업해 현지에서도 브랜드의 입지를 굳혀 나가고 있다. 60여 종의 다양한 라인업이 있는데 직원들이 부담 없이 시향할 수 있도록 도와주는 시스템이라 원하는 만큼 향을 맡아보고 고를 수 있어 만족도가 높다. 게다가 합리적인 가격에 10ml 트래블 사이즈도 있어 휴대용으로 구입하기도 좋아 여행의 추억을 향으로 기억할 수 있다.

🚶 원 님만에서 도보 1분 🕐 11:30~21:00
📞 +66 988 415 000

특별한 향으로 각인되는 곳 ④
신더 앤 스모크 Cinder and Smoke 신더 앤 스모크

일부러 찾아가야 하는 아담한 가게지만 현지인, 여행자들에게 이미 입소문이 자자하다. 문을 열고 들어서는 순간 빈티지한 인테리어와 감각적인 디스플레이에 동공이 확장되고 매력적인 향에 반한다. 100% 핸드메이드로 만드는 향초, 디퓨저, 퍼퓸, 비누가 인기 아이템. 천연 에센셜 오일과 자연 추출물을 사용해 블렌딩한 제품들엔 창업자들의 감성과 철학이 담겨 있다. 특히 이국적인 향에 지속력이 좋은 향수가 인기다. 그 밖에도 에코백, 엽서, 주얼리, 빈티지한 소품들이 많아 개미지옥이 될 수 있다. 다른 지점은 없지만 화이트 마켓, 찡짜이 마켓 등에서도 만날 수 있다.

🚶 수안독 게이트에서 치앙마이 대학교 방향으로 도보 10분 🕐 10:00~19:30
📞 +66 961 680 180 📷 @thecinderandsmoke

접근성 좋은 종합 편집 숍 ⑤
반크래프트 님만 BAAN CRAFTS NIMMAN 🔎 BAAN CRAFTS NIMMAN

원 님만에서 멀지 않은 곳에 자리한 편집 숍으로 접근성이 좋아 오며 가며 자연스럽게 들르게 되는 곳이다. 덕분에 늘 관광객들로 북적인다. 치앙마이 감성의 의류, 잡화, 공예품, 주얼리, 소품 등 다양한 제품을 판매한다. 특별한 제품들은 아니지만 현지에서 바로 입고 쓰기 좋은 무난한 원피스나 라탄 슬리퍼, 액세서리 같은 걸 구입하기 좋다.

🚶 원 님만에서 도보 2분 🕐 09:00~22:00

유기농 농산물 & 친환경 제품 ⑥
로열 프로젝트 숍
Royal Project Shop
🔎 Royal Project Shop

수텝 로드에 위치한 로열 프로젝트 숍 본점은 태국 국왕 라마 9세가 시작한 '로열 프로젝트'의 철학과 성과를 직접 체험할 수 있는 공간이다. 북부 고산지대 농민이 직접 기른 유기농 농산물과 가공식품들을 판매해 지속 가능한 농업과 지역 농민의 소득 증대에 기여하고, 소비자들은 품질 좋은 제품들을 저렴하게 구입할 수 있어 큰 호응을 얻고 있다. 메인 매장에서는 허브티, 원두, 과자 등 가공식품을, 또 다른 부속 매장 두 곳에서는 유기농 채소와 과일, 수제 잼, 꿀 등의 먹거리와 친환경 화장품도 판매한다. 건강한 식재료를 구입하러 오는 현지인들의 발길이 끊이질 않는다.

🚶 원 님만에서 치앙마이 대학교 방향으로 차량 8분
🕐 08:00~18:00 📞 +66 53 226 872

> **로열 프로젝트**
> 태국 국왕 라마 9세가 1969년에 북부 산악 지역의 아편 재배를 대체하기 위해 시작한 농업 개발 사업이다. 딸기, 커피, 허브, 샐러드 채소, 곡물, 허브티, 잼 등 다양한 고산 작물과 가공식품을 친환경 방식으로 생산해 농민의 자립과 생태 복원을 동시에 실현하고 있다.

빈티지의 매력 속으로 ①
더 마켓 치앙마이
The Market CNX 🔎 The Market CNX

님만해민 남쪽, 치앙마이 대학교 아트센터 근처 공터에서 화~목요일에만 열리는 야시장이 있다. 여행자들에겐 잘 알려지지 않았지만, 트렌디한 빈티지 제품들을 판매하는 노점이 많아 현지 젊은 층에게 인기다. 의류, 잡화가 메인이지만 아날로그 감성 가득한 카메라나 소품들도 꽤 보인다. 50바트도 안 되는 초저렴이 제품도 많아서 두 눈 크게 뜨고 찾으면 대박 득템의 기회도 생긴다. 당연히 음식을 판매하는 노점도 많아서 쇼핑 후 야식까지 챙길 수 있다.

🚶 원 님만에서 남서쪽으로 도보 13분 🕐 화~목 17:00~23:00

〈존 윅〉의 비밀 호텔 ②
더 컨티넨탈 바 THE CONTINENTAL BAR 🔎 the continental bar chiang mai

어두운 복도를 지나 책장을 힘껏 밀면, 영화 〈존 윅〉 세계관을 그대로 옮긴 듯한 스피크이지 바가 모습을 드러낸다. 팬데믹 시절 네 친구가 만든 이 공간은 영화 속 암살자들을 위한 비밀 호텔의 분위기를 그대로 담았다. 낮은 조도에 흐르는 음악, 잠시 여정을 벗어나 영화 속으로 들어가는 시간이다. 대표 바텐더인 어스는 2023 태국 월드 클래스 챔피언 출신으로 레시피에 감각적인 디테일을 더해 독창적이면서도 균형 잡힌 맛을 선보인다.

🚶 원 님만에서 도보 5분 🕐 18:30~00:00
💰 칵테일 380~420바트 📷 @thecontinental.bar

피아노 선율과 함께 ③
1892 피아노 바 The 1892 Bar 🔎 1892 피아노 바

시내 중심과는 살짝 떨어진 조용한 동네, 알린타 리트리트 Aleenta Retreat Chiang Mai 호텔 내 레스토랑 2층에 위치한 바는 칵테일 맛으로 입소문이 자자하다. 티크 우드의 란나 전통 스타일 건물에 140년 된 스위스산 피아노가 있는 고풍스러운 바, 때때로 라이브 연주가 열리니 공연 일정을 체크해보고 방문하는 것도 좋은 방법이다. 태국 고유의 맛과 향을 살린 시그니처 칵테일뿐만 아니라 와인, 스피릿 컬렉션도 수준급이다. 참고로 커피를 베이스로 한 '란나 모닝'은 특히 인기다.

🚶 알린타 리트리트 호텔 🕐 17:00~23:30
💰 칵테일 280~320바트 📞 +66 52 090 326 🏠 aleenta.com

예술을 담은 칵테일 한잔 ········ ④
수르 바 SURR BAR 🔎 Surr Bar

님만해민 아트 마이 갤러리 호텔 루프톱에 자리한 수르 바는 초현실주의 거장 살바도르 달리에게서 영감을 받은 실험적 아트 바다. 왜곡된 시계 조형물과 곡선형 가구 등 달리 작품을 닮은 공간 안에서 펼쳐지는 칵테일 퍼포먼스는 예술과 맛의 경계를 허문다. 럼과 라즈베리, 크림을 올린 '달리스 드림Dali's Dream' 외에도 칵테일 이름과 스타일이 하나같이 범상치 않다. 특정 작품이나 테마를 오마주해 한 잔의 예술을 마시는 느낌이다. 가격은 호텔 칵테일 바 중에서도 높은 편이지만 특별한 경험이 될 수 있다.

🚶 아트 마이 갤러리 호텔　⏰ 12:00~00:00　🍸 칵테일 340~610바트
📞 +66 817 149 833　🏠 facebook.com/surrbar.cnx

님만해민 최고의 핫플 ········ ⑤
웜업 카페 Warm Up Café 🔎 Warm Up Café

현지 젊은 층과 여행자 모두의 사랑을 받는 카페(?) 아니고 클럽이다. 가든존, 야외 라이브 밴드존, 실내 EDM존으로 나뉘어 있어 다양한 무드를 한자리에서 즐길 수 있다. 저녁 9시 이후 본격적으로 분위기가 무르익는데 디제잉을 하는 가장 안쪽 공간이 국내 일반 클럽과 비슷하다. 라이브 밴드는 태국 노래나 POP 위주의 공연을 하는데 종종 K-POP도 나온다. 주류 가격도 일반 술집과 큰 차이가 없는데 맥주만 주문해 마셔도 되니 부담 없다. 신분 확인을 위해 여권이나 사본을 준비해갈 것.

🚶 원 님만에서 도보 8분　⏰ 19:00~02:00　🍸 맥주 100~160바트
📞 +66 53 400 677　🏠 facebook.com/warmupcafe1999

가장 신나는 도서관 ········ ⑥
더 라이브러리 The Library 🔎 The library chiang mai

원 님만 쇼핑몰 3층에 위치한 도서관 콘셉트의 세련된 바. 낮은 조도에 화려한 조명, 빈티지한 가구, 책장 디스플레이로 꾸며 이색적인 분위기다. 매일 밤 라이브와 DJ 공연과 함께 칵테일 쇼, 불 쇼 등 바텐더들이 보여주는 다양한 퍼포먼스도 놓칠 수 없는 즐거움이다. 오후 7~10시까지는 특정 주류에 한해 1+1 프로모션도 진행된다. 치앙라이, 푸켓 등 여러 지역에 지점을 두고 있는 로컬 바라 믿고 방문해볼 만하다.

🚶 원 님만 3층　⏰ 19:00~01:00　🍸 칵테일 260바트
📞 +66 956 686 331　🏠 thelibrary.bar

AREA ···· ③

치앙마이의 밤, 낭만과 활기 충전
나이트 바자 & 핑강

핑강 주변엔 과거 무역의 중심지, 유럽 상인들이 머물렀던 역사적인 마을들이 있다. 이야기를 담고 있는 한적한 동네엔 갤러리와 카페들이 드문드문 자리한다. 하지만 밤이 되면 분위기는 180도 달라진다. 강변을 따라 화려한 조명을 켠 대형 식당과 바에서 라이브 음악이 퍼져 나오고, 데이트 나온 현지인도 많아진다. 없는 거 빼고 다 있는 나이트 바자도 여행객들로 인산인해를 이룬다. 강변의 낭만, 야시장의 즐거움을 모두 누릴 수 있는 곳이 바로 여기다.

나이트 바자 & 핑강
이렇게 여행하자

나이트 바자와 핑강 일대는 낮보다 밤이 매력적이다. 그래서 이 일대는 늦은 오후부터 시작하는 게 좋다. 타패 게이트를 빠져나와 창모이 일대의 라탄 거리와 와로롯 시장, 강변 일대의 사원과 갤러리를 가볍게 둘러보면 된다. 그리고 해 질 무렵엔 강변의 분위기 좋은 레스토랑에서 식사 후 나이트 바자를 구경하며 배를 꺼뜨려보자. 일대에 칵테일 바, 라이브 바도 많아 나이트 라이프를 즐기기에 제격이다. 뜨거운 한낮만 피하면 도보로 돌아보기도 괜찮다.

● 라탄 거리

도보 1분

● **아침** 브루기닝 커피

도보 8분

● 와로롯 시장

도보 8분

● **점심** 와로롯 하롯

도보 14분

도보 7분

● 라 루나 갤러리

공항에서 나이트 바자 & 핑강 가는 법

치앙마이 국제공항에서 나이트 바자~핑강까지는 약 8~10km 거리라 차량으로 20분 이내로 오갈 수 있다. 공항 1번 게이트로 나가면 현장에서 바로 택시를 탈 수 있고, 고정 요금 150~200바트 선이다. 목적지가 좀 더 외곽이라면 가격이 차이날 수 있지만 합리적인 편이다. 공항 셔틀버스도 운행하지만, 일찍 끊기기 때문에 한국인 여행자들에겐 크게 의미가 없다.

시내에서 나이트 바자 & 핑강 가는 법

타패 게이트에서 나이트 바자까진 도보 15분 정도인데 가는 길에 볼거리들이 있어 쉬엄쉬엄 걸어갈 만하다. 님만해민에선 차로 15분 거리라 택시나 썽태우, 툭툭을 이용하면 된다. 시내 안에선 그랩, 볼트 택시가 가격대도 합리적이고 배차도 빨리 되는 편이라 이동 수단은 걱정할 필요가 없다.

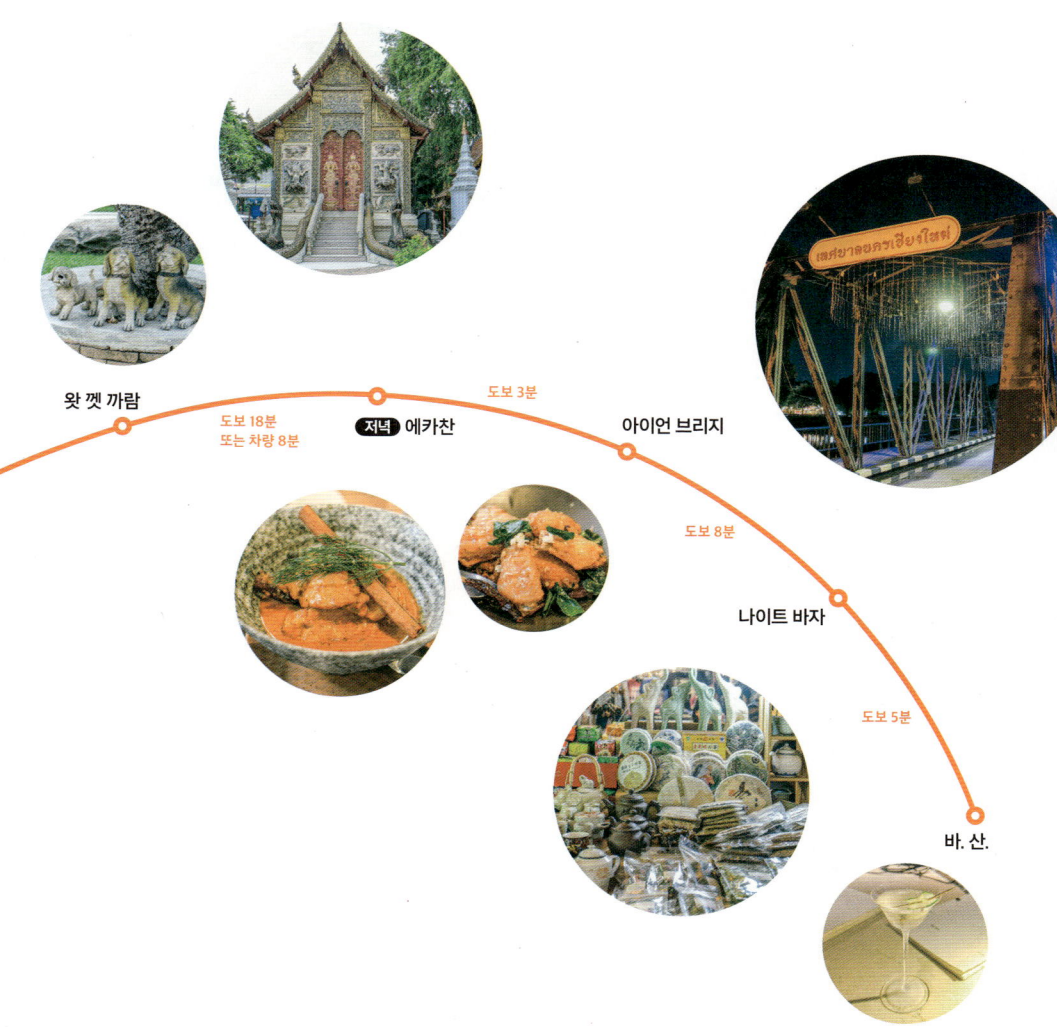

왓 쩻 까람 — 도보 18분 또는 차량 8분 — **저녁** 에카찬 — 도보 3분 — 아이언 브리지 — 도보 8분 — 나이트 바자 — 도보 5분 — 바. 산.

해가 지면 비로소 깨어난다! ①
나이트 바자
Night Bazar 🔍 치앙마이 나이트 바자

해가 지기 시작하면 창클란 로드를 따라 수백 개의 조명이 켜지고 사람들이 모여들기 시작한다. 1980년대에 몇 개의 노점으로 출발해 지금은 수백 곳의 상점과 푸드 트럭, 공연장이 어우러진 치앙마이 대표 야시장으로 성장했다. 실제 나이트 바자Night Bazar라는 시장이 있긴 하지만, '나이트 바자'는 야시장 구역 전체를 통칭하는 의미라고 생각하면 된다. 코끼리 바지를 비롯한 각종 옷과 잡화, 은세공 주얼리, 소수민족 홈메이드 제품, 공예품 등을 판매하는데 예나 지금이나 제품 스타일이 비슷해 식상하고 촌스러운 느낌이 들기도 한다. 그래서 물건 구입보다는 복작거리는 분위기와 시장 먹거리를 즐기러 간다고 생각하는 게 좋다. 아누산 마켓Anusan Market이 그래도 가장 규모가 크고 다양한 시설이 모여 있다. 중앙 광장에 수십 개의 노점과 식당이 있으며 해산물 요리도 저렴하게 먹을 수 있어 인기다. 수시로 라이브 공연도 열리고 트랜스젠더 쇼장도 있어 쇼핑, 식사, 엔터테인먼트까지 한 번에 해결 가능하다.

🚶 타패 게이트에서 핑강 방향으로 도보 15분, 창클란 로드
🕐 17:00~24:00

나이트 바자에서 제일 트렌디한 곳!
파플로엔 마켓 PHAPLOEN MARKET

나이트 바자에서 비교적 최근에 오픈한 야외 시장으로 먹거리가 메인이다. 약 70개의 식음료 스탠드가 중앙 광장 주변을 둘러싸고 있으며 그 종류도 다양하다. 가운데 자리 잡은 무대에선 매일 19~23시 사이에 다양한 라이브 공연이 열린다. 신나는 음악과 함께 맥주, 칵테일 한잔 마시며 치앙마이의 밤을 즐기기 좋다.

🚶 나이트 바자 쇼핑 스트리트   🕐 월~토 18:00~24:00
❌ 일요일

● 리얼 가이드

치앙마이에 왔다면
한 번쯤 주말 마켓

치앙마이 여행 일정 중 주말이 있다면 행운이다. 바로 주말 마켓을 구경할 수 있으니. 개성 강한 치앙마이 주말 시장, 나이트 바자와 핑강 근처에서 둘러볼 수 있는 주말 마켓을 알아보자. 예쁜 소품은 물론 식사까지 해결 가능하다.

진심을 담은 주말 시장
찡짜이 마켓 Jing Jai Market Chiang Mai

치앙마이에서 가장 인기 많은 주말 러스틱 마켓이다. '찡짜이Jing Jai'는 태국어로 '진심'을 뜻하는데, 이름처럼 진심이 담긴 지역 농부의 농산물, 핸드메이드 공예품, 비건, 유기농 먹거리 등을 판매한다. 평소에 골동품과 중고 가구들을 판매하는 상가 공터 안쪽으로 주말마다 마켓이 들어서는데 천연염색 의류, 친환경 공예품, 핸드메이드 비누, 향수, 아로마 제품, 액세서리 등 물건 종류도 다양하다. 다른 마켓에서 보기 힘든 유니크한 제품이 많다. 현지인들은 신선한 식재료를 사기 위해서도 많이 들른다. 로컬 먹거리도 판매하며 곳곳에서 라이브 공연도 열리니 주말 오전엔 무조건 JJ 마켓으로 가자.

🚶 타패 게이트에서 북쪽으로 차량 11분 🕐 토·일 06:30~14:00
🌐 jingjaicentralchiangmai.com

마켓보다 포토존
코코넛 마켓 Coconut Market

코코넛 농장에 자리한 이곳은 치앙마이 주말 마켓 중 가장 예쁘고 인스타그래머블한 곳이다. 직선으로 뻗은 둔덕 사이사이로 수로가 있고 키가 큰 코코넛 나무들이 늘어서 있어 이국적이고 싱그럽다. 대나무 다리, 오두막, 해먹 같은 포토존이 곳곳에 있어 마켓 구경보다는 사진 찍기에 열을 올리는 사람이 많다. 노점이 많은 편은 아니라 가볍게 둘러본 후 코코넛으로 만든 다양한 먹거리를 맛보면 된다. 여유롭게 사진을 찍고 싶다면 아침 일찍 방문하고, 동선상 찡짜이 마켓과 함께 다녀오면 좋다.

🚶 타패 게이트에서 북동쪽으로 차량 15분
🕐 토·일 08:00~15:00

시공간을 이어주는 상징적 다리 ········ ②
아이언 브리지 Iron Bridge 📍Chiang mai Iron Bridge

본래 이름은 '철 다리'란 뜻의 '사판 렉'이다. 20세기 초 영국, 버마계 무역상들이 세운 이 다리는 치앙마이 최초의 근대식 철제 구조물로, 물자와 사람들이 도시를 넘나들 수 있게 해준 역사적 분기점이 되었다. 가장 오래된 다리는 아니지만, 목조 다리와 나룻배가 주요 수단이던 시절, 도시의 진화를 알리는 신호탄으로서 상징적 의미가 크다. 차선이 좁아 승용차, 오토바이 정도가 오가고 양옆 인도로 도보 이동이 가능하다. 해가 지고 형형색색의 조명이 들어오기 시작하면 간식거리와 음료를 사 들고 와 다리 난간에 걸터앉아 시간을 보내는 현지인도 많다. 인근에 노점과 편의점도 있어 소소한 야경 피크닉을 즐길 수 있다.

🚶 나이트 바자에서 핑강 방향으로 도보 8분

란나와 버마, 환상의 콤비 ③
왓 부파람
Wat Buppharam 🔍 왓 부파람

타패 게이트와 핑강 사이, 왓 부파람은 알고 보면 역사적, 건축적으로 꽤 중요한 사원이다. 1497년 란나의 무앙 깨우 왕이 창건했으며, 수차례 전쟁과 침략을 겪으며 훼손되었는데 1958년 재건했다. 재건 당시 버마의 영향력이 직접적이던 시기는 아니었지만 역사, 문화적 연관성과 종교적 존중의 의미에서 버마 양식을 적용했다. 돔 체디, 섬세한 세공의 목조 불당, 붉은 기둥과 정교한 연꽃 조각들이 란나 전통과 어우러졌다. 예술성과 전통의 조화를 인정받아 1996년에 태국 건축학회(TASA)로부터 건축 보존상을 수상하기도 했다. 독특하게도 본당 외부에 도널드 덕 조각상이 있는데 이는 방문객에게 친근함을 주기 위한 승려들의 유머의 산물로, 종교적 공간과 일상의 경계를 유쾌하게 허문다. 왓 부파람은 치앙마이가 버마에 점령당했던 200년의 흔적을 생생하게 담아낸 장소 중 하나다.

🚶 타패 게이트에서 핑강 방향으로 도보 7분
🕐 06:00~20:30 💰 30바트

그냥 지나치기엔 아까운 곳 ④
왓 센팡 Wat Saen Fang 🔍 왓 센팡

스쳐 지나기 쉽지만, 왓 부파람에 간다면 2분 거리인 왓 센팡도 함께 들러보자. 아담한 규모지만 란나, 버마 혼합 양식이 인상적인 사원으로, 버마 지배 시기의 문화적 흔적을 고스란히 간직하고 있다. 새하얀 체디는 섬세한 금빛 조각과 옥빛 유리 타일로 장식되어 햇살에 눈부시게 반짝이고 불당은 화려한 나무 격자와 지붕 장식이 어우러져 있다. 붉은색과 금색이 대비를 이루며 이국적인 인상을 더한다. 방문객이 많지 않아 한적하고 바람결에 울리는 종소리만 사원 안을 채우니 절로 마음에 평화가 깃든다.

🚶 왓 부파람에서 도보 2분 🕐 06:00~18:00

개띠 해에 태어난
사람은 여기로! ········⑤
왓 껫 까람
Wat Ket Karam 🔍 왓 껫 까람

핑강 주변 왓 껫 지역은 한때 중국계, 인도계, 버마계 상인들이 정착하며 무역 중심지로 번성했고, 지금은 강변을 따라 부티크 호텔과 로컬 카페가 자리하고 있다. 이곳의 중심엔 15세기 중반에 건립된 왓 껫 까람 사원이 있는데 5단 지붕, 우아한 실루엣의 불당과 체디 너머로 느껴지는 고요한 아름다움이 있다. 2005년 대홍수 때도 피해를 거의 입지 않아, 주민들 사이에서는 재난으로부터 도시를 지켜주는 수호 사원으로 여겨진다. 또한 개띠 해에 태어난 이들이 방문해 복을 비는 장소로도 유명하다. 사원 뒤편에는 주민이 기증한 물건들을 전시한 왓 껫 박물관이 있는데 오래된 교통표, 중국 도자기 등의 생활 유물도 전시되어 있어 불교문화뿐 아니라 이 지역의 역사를 이해하는 데 도움이 된다.

🚶 와로롯 시장에서 메모리얼 브리지를 건너 도보 8분　⏰ 월~토 06:00~21:00, 일 24시간

무료 관람 가능한 현대 미술관 ········⑥
라 루나 갤러리 La Luna Gallery 🔍 La Luna Gallery

푸른 정원에 둘러싸인 80년 된 콜로니얼풍 목조 건물 안에 자리한 개인 예술 갤러리다. 독일 출신 예술 애호가가 설립한 갤러리로 단순한 전시관을 넘어 동남아 현대 미술과 전통 예술이 조우하는 감성의 장이 되었다. 태국, 베트남, 미얀마 등지 여러 작가들의 작품들이 전시되어 있으며, 란나 전통을 계승하는 회화부터 현대 설치미술, 섬유예술, 혼합 매체까지 다양한 장르가 공존한다. 따스한 나무 바닥과 자연광이 스며드는 내부는 작품 하나하나를 조용히 감상하기에 완벽한 분위기를 선사한다. 최근 갤러리 옆에 'Art Connecting'이라는 복합 문화 공간을 열어 지역 사회와 소통하는 예술 플랫폼으로 성장하고 있다.

🚶 왓 껫 까람에서 도보 7분　⏰ 화~일 10:00~17:00　❌ 월요일
📞 +66 856 950 017　🏠 lalunagalleries.com

놓칠 수 없는 재래시장 구경 ⑦
와로롯 시장 Warorot Market(Kad Luang) 🔍 와로롯 시장

여행자들을 위한 감성 마켓도 좋지만, 현지 느낌 팍팍 느껴지는 재래시장이 주는 즐거움도 만만치 않다. 핑강 근처에 위치한 와로롯 시장은 1910년부터 영업해온 곳으로 100년이 넘는 시간 동안 치앙마이 현지인들의 생활 중심지 역할을 해왔다. 3층 규모의 실내시장이라 계절이나 날씨와 관계없이 둘러볼 수 있지만 더위는 어느 정도 감안해야 한다. 1층에서는 향신료, 건어물, 과일, 정통 간식 등의 다양한 먹거리, 2층에서는 의류, 3층에서는 잡화와 생활용품을 판매한다. 또한 지하에는 작은 음식점들이 모여 있어 늘 복작복작하다. 여행자들이 살 만한 물건은 많지 않지만, 뭘 골라도 외부 상점들보다 저렴하다. 와로롯에서 자연스럽게 연결되는 또 하나의 로컬 시장, 톤람야이 마켓에선 식자재, 주전부리, 종교 용품같이 좀 더 현지인들에게 특화된 제품군을 판매한다. 바깥쪽에도 상점과 노점이 빽빽하게 늘어서 있으니 우리나라 남대문 시장 같은 곳을 좋아하는 여행자라면 한 번쯤 가볼 만하다.

🚶 나이트 바자에서 북쪽으로 도보 8분 🕐 06:00~18:00

고즈넉한 운하 마을 ⑧
클롱 매카 Khlong Mae Kha 🔍클롱 매카

쓰레기와 하수가 넘치던 도시의 뒷골목이 2022년 도시 재생을 통해 물과 사람이 공존하는 감성 운하 마을로 다시 태어났다. 약 750m 길이의 운하를 따라 산책로가 생기고 작은 상점들과 카페, 식당, 노점이 들어섰다. 여전히 현지인들이 사는 동네라 동네 꼬마들이 뛰어놀고, 옆집 할머니가 장사를 하는 소박한 일상이 더해진다. 해 질 무렵 방문하면 아름다운 노을이 운하를 핑크빛으로 밝혀주고, 하나둘 조명이 켜지기 시작하면 중국, 일본 감성이 한 스푼씩 더해진다. 여행자보단 현지인들이 데이트를 하거나 저녁 산책을 하러 많이 들른다. 매년 11월 러이 끄라통 기간에는 이곳에서도 끄라통을 띄우며 소원을 빌고 다양한 이벤트가 열린다.

🚶 치앙마이 게이트에서 동남쪽으로 도보 14분

과일 마니아들의 천국 ⑨
무앙마이 시장
Muang Mai Market 🔍무앙마이 시장

핑강 북쪽 골목길, 새벽 안개가 채 걷히기도 전 가장 먼저 깨어나는 곳이 무앙마이 시장이다. 치앙마이의 부엌을 책임지는 식자재 위주의 재래시장으로 이른 아침부터 장을 보러 오는 사람으로 넘쳐난다. 식당에서 사용할 재료들을 대량 구입해가기도 한다. 망고, 망고스틴, 리치 같은 잘 익은 열대 과일, 태국 음식에 사용되는 각종 채소들과 소스들이 꾸밈없이 진열되어 있는데 이 또한 이방인에겐 이국적으로 다가온다. 가격이 말도 안 되게 저렴해 장기 여행자들은 재료를 사다 요리해 먹기도 좋다. 생코코넛 워터나 먹기 좋게 소포장된 과일들도 판매한다. 호텔 반입이 금지된 두리안도 이곳에선 맘 편히 맛볼 수 있다.

🚶 타패 게이트에서 핑강 방향으로 도보 19분 🕐 24시간 영업

리얼 가이드

강변의 낭만을 가득 담아!
아난타라 핑강 크루즈

치앙마이의 동쪽에서 흐르는 핑강은 러이 끄라통 축제의 주요 명소다. 이 핑강에서 특별한 경험을 하고 싶다면? 바로 크루즈다. 강을 배경처럼 바라보며 레스토랑을 즐기는 것이 아니라 크루즈 위에서 입으로는 음식을, 눈으로는 핑강을 유람하며 치앙마이를 관통해보자.

왓 차이 몽콘 선착장에서 출발하는 보트 투어가 있긴 하지만, 좀 더 특별하고 편안하게 강변의 낭만을 즐기는 방법은 따로 있다. 아난타라 치앙마이 호텔에서 직접 운영하는 크루즈로 아침부터 저녁까지 다양한 콘셉트로 운영된다. 아침엔 사원을 방문하고 오후엔 애프터눈 티 세트, 저녁엔 선셋과 야경을 보며 4코스, 7코스 요리들을 먹을 수 있는데 음식 구성이나 맛도 훌륭하다. 주류 무제한 옵션도 있어 와인이나 칵테일 페어링이 가능하다. 일반 크루즈에 비해 가격대가 높긴 하지만 5성급 호텔에서 운영하는 서비스인 만큼 투어 만족도가 높다. 투숙객이 아니라도 이용할 수 있다.

🚶 아난타라 치앙마이 호텔 내 선착장
🕘 09:00~20:30
🍽 디너 크루즈 2800바트
📞 +66 53 253 333
🏠 https://www.anantara.com/chiang-mai

시푸드와 내추럴 와인의 환상적 만남 ······①
마데 슬로 피시 키친 Maadae Slow Fish Kitchen ⊙ Maadae Slow Fish Kitchen

바다가 없는 치앙마이에선 확실히 해산물 전문 레스토랑을 찾기가 쉽지 않다. 그래서 더욱 귀한 이곳. 태국 남부 춤폰의 어부들과 직거래한 해산물, 지속 가능 농업으로 생산한 현지 제철 식재료들을 사용한 요리들을 선보인다. 숯불 직화, 남부식 향신료를 활용해 해산물의 풍미를 더욱 끌어올린다. 오픈 키친이라 조리 과정을 외부에서 직접 볼 수 있다. 날마다 달라지는 오늘의 생선구이, 오징어 먹물 볶음, 튀긴 생선을 넣은 포멜로 샐러드 등 어느 하나 버릴 것 없는 메뉴 구성이다. 내추럴 와인, 수제 맥주까지 다양한 옵션이 있다는 것도 장점이다. 바로 맞은편에 인기 라이브 바, 타패 이스트가 있어 식사 후 공연을 보러 가는 코스도 추천한다.

🚶 타패 게이트에서 핑강 방향으로 도보 11분 🕐 11:00~14:00, 17:00~21:00
🍴 깽쏨 플라 340~360바트, 포멜로 & 피시 샐러드 300바트, 남프릭 800바트
📞 +66 926 690 514

웨이팅해서 먹는 조식 맛집 ······②
타이툰반 Tai Tun Baan ⊙ 타이툰반

한적한 주택가 골목 안 사원을 마주한 오래된 전통 집 반지하, 아침만 되면 생뚱맞은 이곳으로 많은 사람이 모여든다. '타이툰반'이란 이름은 '집 아래'를 뜻한다. 아침 6시 반에 문을 여는데 워낙 인기가 있어 대기하는 경우도 많다. 직원에게 인원수와 이름을 말하고 대기하면 된다. 반지하라 천장은 낮고 미니멀한 복고 감성이 느껴지는 아담한 공간에 테이블은 10개가 채 안 된다. 콘지(죽), 스팀 또는 구운 토스트와 커스터드 크림, 타이식 오믈렛이 인기다. 맛과 분위기도 좋은데 노점상에서 먹는 것과 비슷한 가격이라 안 가볼 수가 없다.

🚶 타패 게이트에서 도보 7분 🕐 06:30~14:00 🍴 콘지 위드 에그 50바트, 토스트 & 판단 커스터드 45바트, 아이스 타이 티 35바트
📞 +66 864 075 460

가성비 좋은 팟타이 전문점 ········ ③
팟타이 하롯
Pad Thai 5 Rod 🔍 팟타이 하롯

팟타이는 어딜 가나 먹을 수 있는 흔하디흔한 태국 음식이지만, 은근히 전문점을 찾기는 쉽지 않다. 그 와중에 오랫동안 사랑받아 온 곳이 팟타이 하롯이다. 타패 게이트로 나가 라탄 거리 구경 후 들르기 좋다. 타마린드, 피시소스에 면을 미리 숙성시켜 일반 팟타이보다 면 자체에서 우러나는 감칠맛이 풍부하다. 기름이 아닌 라드를 사용해 고소한 풍미를 더한 것도 장점! 레귤러, 새우, 오믈렛, 새우 & 오믈렛 팟타이가 있는데 가격도 45바트부터로 착하다. 숙주와 라임, 각종 양념을 입맛에 맞게 첨가해서 먹을 수 있다. 타이 티, 그린 티, 허브 드링크는 냉장고에서 직접 꺼내다 마시면 된다.

🚶 타패 게이트에서 도보 6분 🕒 09:30~21:00 🅑 새우 팟타이 130바트, 레귤러 팟타이 45바트, 팟타이 랩 위드 에그 60바트 📞 +66 53 234 636

베를린 감성의 브런치 카페 ········ ④
미떼미떼 MitteMitte 🔍 미떼미떼 치앙마이

베를린 유학파 오너가 베를린의 미테 지역에서 영감을 받아 만든 브런치 카페. 오너가 어렸을 적 살던 2층 집을 개조해 만든 카페 내부는 높은 층고와 한쪽 벽면을 채운 통창 덕에 개방감이 있고 화이트와 우드 톤이 조화롭게 어우러져 아늑한 분위기다. 현지 아티스트의 작품들도 전시되어 있어 작은 갤러리처럼 느껴지기도 하며, 특히 2층 창가에 자리를 잡으면 외부 식물들이 싱그러움까지 더한다. 퀄리티 좋은 재료들로 만든 베이글, 파니니 샌드위치, 달걀 요리, 파스타까지 메뉴 종류도 다양하다. 머랭 파블로바나 케이크 같은 달달한 디저트들도 있으니 당 충전도 완전 가능. 대표 메뉴 중 하나인 비프 웰링턴의 경우 일찍 소진될 수 있으니 미리 예약하는 게 좋다.

🚶 타패 게이트에서 도보 8분 🕒 08:30~15:30 🅑 미스터 슈림프 베이글 270바트, 파블로바 140바트, 에그 로열 320바트 📞 +66 656 254 952

핑강의 터줏대감, 라이브 뮤직까지! ⑤
더 굿 뷰 바 앤 레스토랑 The Good View Bar & Restaurant
🔍 the good view bar & restaurant chiang mai

핑 강변에 위치한 이 레스토랑은 1996년부터 운영되어 온 핑강의 터줏대감 같은 존재다. 이름 그대로 탁 트인 강변 뷰를 자랑하며, 저녁에는 라이브 밴드 연주와 함께 활기찬 분위기를 만끽할 수 있다. 관광객뿐 아니라 현지인들에게도 꾸준히 인기인 이곳은 넓은 실내외 좌석을 갖추고 있어 단체로 방문하기도 좋다. 로컬 요리와 인터내셔널 메뉴를 고루 갖추고 있는데 어떤 걸 주문해도 무난한 수준이다. 튀긴 족발, 새우 요리, 모닝글로리 볶음 등을 많이 주문한다. 날씨 좋은 날, 강변에서 노을을 보면서 가볍게 맥주나 칵테일 한잔하거나 라이브 공연을 즐기며 식사를 하고 싶을 때 추천한다.

🚶 타패 게이트에서 메모리얼 브리지를 건너 오른쪽 방향, 도보 20분, 차량 7분
🕐 17:00~01:00 🅑 새우튀김 395바트, 모닝글로리 볶음 160바트, 똠얌꿍 L 320바트 📞 +66 992 710 666

한국인 취향 저격 갈비 국수 ⑥
에인션트 비프 누들 Ancient Beef Noodle 🔍 Ancient Beef Thai Cuisine

핑 강변, 아난타라 치앙마이에서 멀지 않은 곳에 위치한 소고기 쌀국수 전문점이다. 30년 이상 운영해온 곳으로 오랜 전통과 변함없는 맛을 인정받아 2024년 미쉐린 빕 구르망에 오르기도 했다. 기본 소고기 국수, 갈비 국수가 대표 메뉴인데 국물 맛이 진하고 깊은 풍미가 느껴져 한국인 취향에 잘 맞는다. 갈비 국수는 큼지막한 갈빗대가 들어가 다른 가게에 비해 비싸지만 양을 보면 이해가 된다. 가게 이름만 보면 국수만 팔 것 같지만 의외로 소고기의 다양한 부위를 사용한 태국 요리가 많다는 것도 장점이다. 오랜 세월 동안 한자리를 지켜온 곳들을 방문하면 역시 실패가 없다.

🚶 나이트 바자에서 핑강 방향으로 도보 8분 🕐 화~일 09:00~18:30 ❌ 월요일 🅑 갈비 국수 200바트, 소고기 바질 볶음 150바트 📞 +66 946 467 334

전통 레시피의 재해석 ⑦
에카찬 Ekachan-The Wisdom of Ethnic Thai Cuisine 🔍 ekachan chiang mai

핑강 앞에 위치한 에카찬은 2024년, 2025년 연속 미쉐린 빕 구르망에 오르면서 더욱 큰 유명세를 타기 시작했다. 특히 저녁 시간엔 워크인이 힘들 정도라 예약을 하거나 피크 타임을 피해 방문하는 것이 좋다. 북부에 국한하지 않고 태국 다양한 지역의 맛을 한자리에서 경험할 수 있도록 메뉴를 구성하고 농가에서 신선한 재료를 조달해 사용한다. MSG 없이 직접 만든 커리 페이스트를 사용하는 등, 재료 본연의 맛을 살리는 데 중점을 둔다. 허브와 향신료를 듬뿍 넣은 소고기 강황 카레Spicy Beef Turmeric Curry, 새우 페이스트로 볶은 밥을 미쉐린 가이드에서 추천하고 있다. 교촌치킨과 비슷한 양념의 닭 날개 튀김은 한국인 입맛에 무조건 호!

🚶 나이트 바자에서 핑강 방향으로 도보 7분
🕐 월·수·목 11:00~21:30, 화 12:00~21:30, 금~일 11:00~14:30, 17:00~21:30
🍴 닭 날개 튀김 229바트, 소고기 커리 299바트, 새우 볶음밥 369바트
📞 +66 979 626 445

리버 뷰 올데이 다이닝 ⑧
데크 1 DECK 1 🔍 deck 1 chiang mai

핑 강변을 따라 위치한 데크 1은 이른 아침부터 밤까지 운영하는 올데이 다이닝 레스토랑 겸 바다. 강변에 위치한 만큼 탁 트인 뷰와 함께 여유로운 분위기를 즐길 수 있다. 현지 농장에서 공수한 유기농 식재료를 기반으로 태국 전통 요리와 웨스턴 브런치를 퓨전 형태로 풀어낸 메뉴가 특징이다. 고급스러운 디저트와 스페셜티 커피, 와인, 칵테일까지 있어 식사와 음료 모두 즐길 수 있다. 날씨가 좋은 날은 일몰 시간대에 방문해 칵테일 한잔하며 분위기 내기도 좋다. 종종 라이브 공연이 열리기도 한다. 실내에서도 유리 벽을 통해 강이 한눈에 들어오는 구조라 너무 더울 때는 굳이 야외를 고집하지 않아도 된다.

🚶 나이트 바자에서 핑강 방향으로 도보 14분 🕐 08:00~22:00
🍴 안심 스테이크 780바트, 램 스테이크 680바트 📞 +66 53 302 788

치앙마이에서 만나는 프랑스의 맛 ⑨
셰누 왓켓 Chez Nous Wat Ket 🔍 Chez Nous Wat Ket

핑 강변에서 한 블록만 안쪽으로 들어가면 현지인들의 일상이 묻어나는 한적한 동네가 나온다. 고수의 식당들은 원래 이런 곳에 위치하는 법! 르 코르동 블루 두짓 출신인 마이와 프랑스인 남편 제임스 오너 부부가 운영하는 이곳에선 프리미엄 베이커리와 브런치 메뉴들을 만날 수 있다. 하얀 벽, 빨간색 벽돌, 우드 조합의 유럽풍 건물로 들어가면 전면 쇼케이스 안에 든 베이커리들이 한눈에 들어오는데 비주얼부터 남다르다. 100% 프랑스 수입 밀가루와 버터를 사용해 전통 방식으로 만든 겉바속촉의 크루아상은 치앙마이 내에서 최고로 꼽힌다. 초콜릿, 아몬드, 바나나 캐러멜 등 다양한 필링 옵션도 있다. 뿐만 아니라 프랑스식 크레페, 파스타류도 있어 식사도 가능한데 똠얌꿍 파스타 같은 퓨전 메뉴도 기대 이상이다.

🚶 핑강 앞, 아이언 브리지 근처 🕐 목~화 08:30~17:00 ❌ 수요일
📋 아이스아메리카노 70바트, 아몬드 크루아상 90바트, 똠얌꿍 파스타 259바트, 크리미 슈림프 크레이프 230바트 📞 +66 632 585 888

합리적인 가격의 한식 뷔페 ⑩
금수정 Keum Soo Jeong 🔍 Keum Soo Jeong Korean Restaurant

떡볶이, 김밥, 비빔밥, 김치찌개, 치킨, 어느 것 하나 포기할 수 없다면 나이트 바자 근처 두앙타완Duangtawan 호텔 1층에 있는 금수정으로! 호텔 로비에 있는 한식당으로 점심, 저녁 시간에 뷔페를 이용할 수 있다. 인기 한식 메뉴들이 골고루 준비되어 있고 국과 찌개도 있어 집밥 느낌이 난다. 뷔페가 부담스럽다면 단품 메뉴들로 주문해도 된다. 패키지 여행 손님이 많은 곳이라 성수기엔 피크 타임을 살짝 피해 방문할 것을 추천한다.

🚶 나이트 바자에서 도보 4분 🕐 11:00~14:00, 17:00~21:00
💰 런치 뷔페 250바트, 디너 뷔페 300바트, 김치 볶음밥 120바트
📞 +66 875 472 303

치앙마이 여행 한국인 필수 코스 ⑪
넹 무옹옵 항아리 구이
Neng Earthen Jar 🔍 넹무옹옵 항아리 구이

한국인 여행자들에게 유독 사랑받는 치앙마이 맛집이 바로 여기다. 올드타운 외곽이라 애매한 위치인데도 찾아가는 사람이 많아 늘 문전성시를 이룬다. 주말에만 열리는 찡짜이 마켓과 가까워 함께 다녀오는 것도 좋은 방법이다. 〈배틀 트립〉에서 뱀뱀이 방문했던 곳이라 가게 외부에 사진도 걸려 있다. 커다란 항아리 안 아래쪽에 숯불을 피우고 돼지고기, 닭고기 등을 걸어서 천천히 익혀 기름기 빠진 담백한 맛이 일품이다. 특히 크리스피 포크는 겉이 바삭을 넘어 빠사삭하고 육즙도 잘 갇혀 있어 매콤한 쏨땀과 먹으면 기가 막힌다. 한국인이라면 맛없을 수 없는 조합. 가게 안을 채우고 있는 한국인이 반 이상인 이유를 알 수 있다. 참고로 그랩 배달도 가능하다.

🚶 타패 게이트에서 도보 21분, 찡짜이 마켓에서 도보 13분
🕐 10:30~20:00 💰 크리스피 포크 S 70바트, 포크넥 S 70바트, 쏨땀 55바트 📞 +66 827 664 330

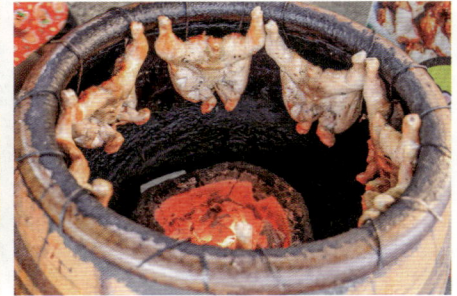

카오소이의 변신은 무죄 ⑫
카오_소_이 Khao-Sō-I 🔍 khao soi chiang mai

널리고 널린 카오소이 전문점 중 단연 독보적인 존재감을 자랑하는 곳이다. 일부러 찾아가지 않으면 만날 일 없는 핑 강변에 위치하는데도 찾아오는 손님들로 문전성시다. 가게 분위기, 오픈 키친, 직원들의 유니폼과 응대, 음식 스타일까지 일본식이 가미되어 있다. 일반적인 국물 카오소이도 있지만 자작하게 볶아서 나오는 볶음식 카오소이가 이곳만의 시그니처다. 돼지고기, 소고기, 치킨뿐만 아니라 새우, 관자, 랍스터까지 토핑도 다양하게 선택 가능하다. 우동처럼 도톰한 면발엔 쫄깃하고 카레 향과 매콤함이 어우러진 특제 소스가 꾸덕하게 잘 배어 있다. 가게 안쪽으로 비슷한 분위기의 커피 하우스, 디저트 하우스가 있어 식사 후 디저트까지 풀코스로 즐기는 것도 가능.

🚶 타패 게이트에서 동북쪽 핑강 방향으로 차량 10분 🕐 09:00~20:00
💲 볶음 카오소이 199~325바트, 카오소이 139~599바트 📞 +66 61 515 4529

라탄 거리 앞 핫한 카페 ⑬
브루기닝 커피 Brewginning Coffee 🔍 brewginning coffee chiang mai

타패 게이트를 나와 창모이 로드를 따라 5분만 가면 SNS 핫플로 유명한 라탄 거리가 나온다. 그중 제일 인기가 많은 라탄 숍 맞은편에 위치한 브루기닝 커피 역시 현지 MZ들에게 특히 인기 좋은 핫플레이스다. 인더스트리얼, 빈티지 감성 카페의 전면은 개방형이고, 안쪽으로 에어컨이 있는 실내 공간과 야외 옥상이 있어 규모가 꽤 크다. 라이브 공연이 열리기도 한다. 아침 7시부터 오픈하기 때문에 모닝커피를 마시러 가기도 좋다. 세 종류의 원두가 준비되어 취향에 따라 선택할 수 있다는 것도 장점!

🚶 타패 게이트에서 도보 5분 🕐 07:00~19:00 💲 아이스아메리카노 80바트, 오렌지 에스프레소 95바트, 더티 커피 100바트

이탈리언 형제가 운영하는 ⑭
바코 가스트로 와인 바 BACCO Gastro Wine Bar 🔍BACCO Gastro Wine Bar

나이트 바자에서 멀지 않은 곳에 위치한 이곳은 이탈리아 나폴리 출신 형제 2명이 운영하는데, 현지 분위기를 잘 살린 곳으로 평가받고 있다. 이탈리아 와인들이 주를 이루지만 다른 지역 와인들도 다양하게 취급해 와인 구입을 위해 방문하기도 괜찮다. 치즈와 샤퀴테리, 올리브, 안초비 등 가볍게 즐기기 좋은 안주 외에도 포카치아, 파니니, 브루스케타 같은 메뉴가 있어 식사 대용으로도 충분하다. 잔으로 판매하는 와인들도 가성비가 좋아서 혼술 하러 가기에도 괜찮다. 주인장과 직원들이 손님들과도 자연스레 스몰 토크를 나누는 화기애애한 분위기라 단골손님도 많다.

🚶 나이트 바자에서 도보 8분
🕐 월~토 12:00~22:00 ✖ 일요일
💵 글라스 와인 250~450바트,
바코 콜드 플레이트 375바트,
브루스케타 200바트
📞 +66 934 589 293

품절이 기본, 코코넛 크림 파이 ⑮
반피엠숙 Baan Piemsuk 🔍반피엠숙

애매한 위치지만 코코넛 크림 파이를 먹기 위해 일부러 찾아가 대기를 불사하는 사람이 많은 인기 디저트 카페. 구글 지도에 한글로 '반피엠숙'만 검색해도 나온다. 대기 인원이 많을 땐 직원이 밖으로 나와 리스트를 작성하고 번호를 불러준다. 매일 새벽 2~3시부터 직접 구운 케이크를 판매하는데, 베스트셀러인 코코넛 크림 파이는 매진되기 일쑤다. 바삭한 쿠키 시트에 코코넛 과육이 은근하게 씹히는 부드러운 크림이 한가득 올려져 있어 입안에서 사르르 녹는다. 바나나와 휘핑크림, 캐러멜 소스 조합의 영국식 디저트, 바노피도 못지않은 맛이다. 일부러 찾아갈 여유가 없고 대기가 싫다면, 그랩이나 라인맨 배달을 이용해도 된다.

🚶 핑강 근처, 왓 껫 까람에서 도보 5분 🕐 09:30~18:30
💵 코코넛 크림 파이 145바트, 바노피 165바트,
아이스아메리카노 70바트 📞 +66 855 250 752

가성비 좋은 로컬 카페 ⑯
분차스 슬로 바 Buncha's Slow Bar ⌕ Buncha's Slow Bar

치앙마이가 커피에 진심인 건 인정하지만, 현지 물가 대비 비싼 커피 가격에 놀랄 때가 한두 번이 아니다. 그래도 가격과 퀄리티는 비례하지 않다는 걸 보여주는 로컬 카페들이 있어 찾아다니는 재미도 있다. 그중 한 곳인 '분차스 슬로 바'는 핑강 주변, 아난타라 치앙마이에서 멀지 않은 곳에 자리한다. 싱글 오리진 원두가 60바트부터인데 슬로 브루잉에 집중한 바리스타 서비스를 받을 수 있다. 에스프레소 베이스 커피들은 더욱 저렴한데 원두 로스팅 정도까지 선택할 수 있으니 만족도가 높을 수밖에 없다. 테이크아웃을 해가는 현지인도 많다.

🚶 나이트 바자에서 핑강 방향으로 도보 8분
🕐 화~일 08:30~17:00 ❌ 월요일
🅑 아메리카노 40바트, 타이 밀크티 40바트, 스페셜티 커피 60바트~ 📞 +66 968 856 985

미니멀한 일본 감성 카페 ⑰
카지 Khagee ⌕ Khagee

🚶 와로롯 시장에서 도보 12분, 핑강 앞
🕐 09:00~17:00 🅑 아이스아메리카노 95바트, 당근 케이크 95바트, 커스터드 번 75바트 📞 +66 829 757 774

커피 담당 태국인 오너와 베이커리 담당 일본인 아내, 부부가 운영하는 핑강 앞의 이 카페는 옛 건물을 리노베이션해 미니멀한 일본 감성을 담아냈다. 군더더기 없이 깔끔한 인테리어에 자연 채광이 스며드는 따스한 공간을 채운 고소한 커피와 버터 향에 절로 마음이 좋아진다. 태국 북부 원두를 직접 선별해 향긋하고 균형 잡힌 맛의 커피를 제공하고, 천연 효모를 발효시켜 직접 구운 빵과 케이크를 판매한다. 앙증맞은 크기의 당근 케이크, 커스터드 번, 카늘레가 특히 인기다. 조용하게 혼자서 시간을 보내기도 좋아 나 홀로 여행자에게도 추천!

100년 가옥에서 즐기는 티타임 ⑱

라밍 티 하우스
RAMING TEA HOUSE　RAMING TEA HOUSE

1915년 란나 왕조 시대의 콜로니얼 스타일로 지은 티크 나무 가옥은 리노베이션을 거쳐 2004년 라밍 티 하우스로 재탄생했다. 건물의 역사적 가치와 뛰어난 보존 상태, 티크 가옥의 고유한 매력 때문에 여러 차례 문화, 건축상을 수상하기도 했다. 높은 천장과 채광 창으로 들어오는 빛, 안뜰까지 아름다운 내부는 고풍스러운 가구와 소품들도 채워져 있고 2층은 갤러리로 운영된다. 1층 티 하우스에선 치앙다오 인근 매 라멩 지역에서 자란 유기농 잎차로 우린 차와 함께 다과나 식사를 즐길 수 있다. 케이크, 타르트, 스콘 등으로 구성된 애프터눈 티 세트, 티 인퓨전 요리들도 특별하다. 캐주얼하게 마시기 좋은 티 음료들도 있으니 '차알못'들도 부담 없이 들를 수 있다. 티 하우스에서 사용하는 고풍스러운 그릇들은 시암 셀라돈 제품으로 내부에 매장도 함께 운영 중이다.

🚶 타패 게이트에서 핑강 방향으로 도보 9분　🕐 08:30~19:30
📍 망고 스티키 라이스 쑤시 145바트, 그린 커리 155바트, 버터플라이피 타이 티 85바트　📞 +66 53 234 518

주목받는 로컬 스페셜티 카페 ⑲
더 바리스트로 커피 로스터 The Baristro Coffee Roaster ⌖ The Baristro Coffee Roaster

최근 치앙마이에서 가장 주목받고 있는 로컬 스페셜티 커피 전문점으로 자체 로스터리에서 생산한 다양한 블렌드와 싱글 오리진 커피를 판매한다. 핑 강변 바로 앞에 위치한 대형 카페라 실내에서 보는 뷰도 좋을 뿐 아니라 야외에도 캠핑장 분위기의 자리가 마련되어 있어 반려견과 함께 오는 현지인도 많다. 농축된 향과 맛이 폭발적인 콜드브루, 다양한 맛의 수제 아이스크림, 크루아상, 스콘 등의 베이커리까지 메뉴 구성도 다양하다. 도보 2분 거리에 더 바리스트로 X 핑 리버The Baristro X Ping River 지점도 있다.

🚶 타패 게이트에서 북쪽으로 차량 12분, 핑강 앞 🕐 08:00~18:00 🍽 콜드브루 120~140바트, 더티 커피 110바트, 크루아상 60바트 📞 +66 817 494 453
🏠 thebaristro.co.th

커피에 진심, 브루잉 랩 카페 ⑳
자이트 로스터 Zeit Roaster ⌖ Zeit Roaster

핑 강변에 위치한 자이트 로스터는 북부 지역 커피 농장과 협력해 유기농 커피를 공수하고 직접 로스팅해 판매까지 한다. 태국뿐만 아니라 에티오피아, 브라질, 콜롬비아 등 전 세계 스페셜티 빈도 취급하기 때문에 다채로운 커피를 맛볼 수 있다. 퀄리티 대비 가격대도 합리적인 편. 판매하는 원두 패키지도 예뻐서 선물용으로 구입하기도 좋다. 직접 커피 농장을 방문해 원두를 수확하고 로스팅하는 전 과정을 체험할 수 있는 팜 투어 프로그램, 커피 클래스도 운영하고 있어 커피에 진심이라면 한 번쯤 해볼 만하다. 에카찬 바로 옆이라 식사 후 커피 마시러 가기도 좋다.

🚶 핑강 앞, 아이언 브리지 근처 🕐 09:00~17:00 🍽 콜드브루 크림 130바트, 커피 코코넛 120바트, 자이트 블렌딩 70~120바트 📞 +66 631 233 280

일본식 찻집에서 말차 한잔 ⑳
마고코로 티 하우스 Magokoro Teahouse ♀ Magokoro Teahouse

치앙마이에서 정통 일본 차 문화를 경험할 수 있는 티 하우스로 문을 열고 들어가는 순간부터 교토의 여느 찻집으로 또 다른 여행을 떠난 기분이 든다. 다다미 스타일의 좌식 테이블에 앉아 중정의 푸르른 녹음을 보며 차를 마실 수 있다. 정원을 직접 마주하고 앉을 수 있는 외부 마루의 긴 나무 테이블 좌석은 사진 찍기도 좋아 인기다. 다만 덥고 모기의 공격을 받을 수 있다는 점은 감안해야 한다. 일본에서 공수해온 다기에 고급 말차, 호지차를 정통 방식으로 제공하는데 가격대는 천차만별이다. 말차, 호지차 라테, 아포카토, 프리미엄 아이스크림 등 차를 베이스로 한 캐주얼한 음료와 디저트도 있어 다양하게 즐길 수 있다.

🚶 나이트 바자에서 도보 8분 🕐 10:00~21:00 🍴 파르페 239바트, 말차 라테 159바트, 호지차 라테 119바트 📞 +66 641 170 781

품절 대란 태국식 감자떡 ㉒
룽 카존 왓 껫 Lung Khajohn Wat Ket ♀ Lung Khajohn Wat Ket

현지인들이 즐겨 먹는 로컬 간식을 맛보고 싶다면, 핑강 근처 왓 껫 지역에서 제일 유명한 '룽 카존'으로 가보자. 얇은 찹쌀 반죽을 증기로 익히고 달콤 짭짤하게 졸인 견과류 소를 넣어 납작, 네모나게 만든 카오 크리압 팍 모와 짭조름한 돼지고기 소를 넣어 동그랗게 빚은 사꾸 싸이 무 2가지가 대표 메뉴다. 쫀득한 식감이 우리네 감자떡과 비슷한 느낌도 나는데 쥐똥 고추와 함께 먹기도 한다. 한 팩에 단돈 20바트인데 포만감도 있어 한 끼 식사로도 손색이 없다. 그래서 조기 품절되는 경우가 다반사다.

🚶 왓 껫 까람에서 도보 4분 🕐 월~토 06:00~15:00 ❌ 일요일
🍴 카오 크리압 팍 모 20바트, 사꾸 싸이 무 20바트 📞 +66 869 179 887

미쉐린이 인정한 로티 ······· ㉓
로티 빠 데
Rotee Pa Day 🔍 로티 빠 데

빨간색 미쉐린 마크가 별거냐 싶다가도 막상 이 마크를 보면 발걸음을 멈추게 된다. 더군다나 길거리 로티가 5년 연속 미쉐린 빕 구르망에 올랐다니 궁금증은 더 커질 수밖에. 겉이 바삭바삭하고 고소한 로티는 연유만 뿌려 먹어도 맛있고 바나나, 누텔라, 치즈, 달걀 등의 토핑을 추가해도 좋다. 노점 앞은 늘 줄을 선 사람들로 인산인해를 이루는데 30~40분 이상 대기를 해야 할 때도 있다. 기다림이 길어지는 만큼 기대와 실망도 커지는 법이니 상황을 보고 빠른 판단을 할 필요가 있다.

🚶 타패 게이트에서 타패 로드를 따라 도보 4분
🕐 18:00~00:00 💰 로티 15~45바트
📞 +66 81 021 9496

식재료, 기념품 쇼핑의 성지 ······· ①
빅 씨
Big C Market Pantip Chiangmai
🔍 Big C Market Pantip Chiangmai

기념품 쇼핑은 물론 손질된 신선 과일, 포장 음식들도 많아 숙소에서 먹을 것들을 구입하기도 좋다. 쇼핑몰과 연결되어 있어 쾌적하게 에어컨 바람 쐬며 식사를 할 만한 곳들도 있다. 한국인 여행자들이 태국으로 여행 가면 꼭 들르는 쇼핑 스폿 중 하나, 빅 씨. 대형 슈퍼마켓으로 각종 식자재와 생필품, 약, 기념품 등을 한 번에 살 수 있는 곳이다. 여러 지점이 있지만 빅 씨 마켓 판팁이 나이트 바자에서 멀지 않아 접근성이 제일 좋다.

🚶 나이트 바자에서 도보 5분 🕐 09:00~00:00
📞 +66 53 288 155 🏠 bigc.co.th

감각적인 여행 포스터 ②
어 저니 인 포스터스
A JOURNEY IN POSTERS
🔍 A journey in Posters

치앙마이를 비롯한 태국의 여러 도시를 테마로 감각적인 포스터를 선보이는 곳이다. 프랑스 출신 건축가이자 일러스트레이터 아서 베르뉴는 치앙마이에 10년간 거주하며 일본 애니메이션 스타일로 태국의 아름다움을 담은 포스터를 제작했다. 표준 사이즈로 제작해 실용성을 높여 다양한 활용이 가능하다. 엽서부터 마그넷, 토트백 등의 굿즈들도 있다. 치앙마이 디자인 위크(CMDW) 2024에 공식 참가 브랜드로 선정되어 예술성과 신뢰성도 인정받았다. 방콕, 푸켓, 크라비 등의 포스터들도 예쁘니 태국을 사랑하는 사람은 이곳을 꼭 기억해둘 것.

🚶 타패 게이트에서 핑강 방향으로 도보 11분 🕛 12:00~21:00 📞 +66 979 893 594
📷 @ajourneyposters

큐레이션 좋은 잡화점 ③
리버스 앤 로즈
Rivers & Roads 🔍 Rivers & Roads chiang mai

'어 저니 인 포스터스'에서 포스터를 구입하고 바로 옆으로 이동하면 감성 넘치는 외관의 '리버스 앤 로즈'가 나온다. 쓱쓱 러프하게 칠한 하얀색 벽돌 벽으로 마감한 가게 안엔 핸드메이드 주얼리와 빈티지 그릇, 아로마 용품과 소재 좋은 의류, 인테리어 소품들이 다양하게 섞여 있다. 치앙마이에 이런 잡화점이 많긴 하지만, 주인장의 큐레이션이 정말 돋보이는 곳이다. 가격대가 살짝 높은 편이긴 하지만 쉽게 구할 수 없는 제품을 득템할 수 있는 기회를 놓칠 수 없다.

🚶 어 저니 인 포스터스 옆 🕛 12:00~20:00

가장 핫한 라탄 상점 ········ ④
창모이 라탄 거리
Chang Moi Rattan Street 🔍 리행 퍼니처

타패 게이트에서 창모이 로드를 따라 걷다 보면 한 가게 앞에서 사진 찍는 사람들이 유독 많은 것을 볼 수 있다. 그곳이 바로 라탄 거리 최고의 인기 숍, '리행 퍼니처'다. 라탄 가방, 모자들이 주렁주렁 매달려 있고, 의자나 소반, 바구니들이 빼곡히 전시되어 있다. 언제부턴가 여기서 찍은 사진들이 SNS에 올라오기 시작하면서 최고의 핫플로 등극했다. 이 일대에 라탄을 소재로 한 공예품 가게들이 모여 있는데, 물건 종류도 다양하고 가격도 저렴해 쇼핑도 하고 예쁜 사진까지 남기면 일석이조다.

🚶 타패 게이트에서 도보 5분 ⏰ (리행 퍼니처) 월~토 09:00~17:30 ❌ 일요일

목공예 천국 ········ ⑤
더 스토리 라이프 스타일 THE STORY LIFE STYLE 🔍 The story lifestyle shop

나이트 바자에서 멀지 않은 곳에 위치한 목공예 전문점으로 자체 공장에서 생산하는 원목 가구와 그릇류, 다양한 데코 소품들을 판매한다. 첨단 장비를 기반으로 작업하고 후반부는 장인의 손길로 마감해 정교하면서도 핸드메이드의 터치가 조화롭다. 티크, 월넛, 메이플, 체리 등의 여러 원목을 사용해 질감과 색감이 풍부하다는 것도 장점. 목재 트레이나 볼, 버터 나이프, 포크, 젓가락 등 실용적인 기념품을 좋아하는 이들에게 추천한다.

🚶 나이트 바자에서 도보 3분
⏰ 월~토 16:00~23:00 ❌ 일요일

아티스틱한 코끼리 천국 ⑥
엘리펀트 퍼레이드 하우스
Elephant Parade House 🔍엘리펀트 퍼레이드 하우스

태국에서는 코끼리를 왕권과 불교, 민족 정체성을 상징하는 신성한 동물로 여긴다. 엘리펀트 퍼레이드 하우스는 코끼리 보존을 주제로 한 아트 갤러리이자 체험 공간으로 내부에는 세계 각국 아티스트들이 핸드 페인팅한 대형 코끼리 조각들이 전시되어 있다. 구입은 물론 모형에 색칠해보는 체험도 즐길 수 있으며 체험 키트 구입도 가능하다. 가격대가 비싼 편이지만 수익 일부를 아시아 코끼리 보호 재단에 기부해 소비가 기부로 연결된다.

🚶 왓 껫 까람에서 도보 6분　🕐 09:00~18:00　📞 +66 856 946 448
🏠 www.elephantparade.com

인기 호텔 루프톱 ①
홍스 스카이 바 Hong's Sky Bar 🔍홍스 스카이 바

인터컨티넨탈 치앙마이 더 매핑InterContinental Chiang Mai The Mae Ping 17층에 자리한 바로, 석양과 야경을 동시에 즐길 수 있다. 도이수텝과 올드타운 전경을 한눈에 담을 수 있는 탁 트인 테라스에 고급스러운 메인 바, 편안한 테이블까지 치앙마이의 낭만을 즐기기에 더없이 좋다. 대표 칵테일부터 와인, 위스키까지 다양하며, 16층 홍스 차이니즈 레스토랑에서 제공하는 음식도 훌륭하다. 일몰 시간대에 맞춰 방문하기를 추천한다.

🚶 인터컨티넨탈 호텔 17층　🕐 17:00~00:00
💵 시그니처 칵테일 420바트, 사천 마라 생선 튀김 880바트
📞 +66 52 090 998　🏠 chiangmai.intercontinental.com

올드타운 뷰를 한눈에! ②
하이드랜드 HIDELAND 🔍hideland chiang mai

창모이 로드의 한 건물 옥상에 자리한 하이드랜드. 이름과 달리 알 만한 사람들은 다 아는 인기 루프톱이다. 딱히 꾸미지 않은 시멘트 옥상에 일본 이자카야 감성을 모티프로 삼았다. 음식들은 그리 특별하지 않으니 칵테일, 하이볼, 맥주 등에 간단한 주전부리만 곁들여도 된다. 월~목요일 오후 5~8시는 칵테일이 1+1인 해피 아워. 해 질 무렵 핑크빛으로 물드는 올드타운을 감상하며 분위기 내기 좋다. 라이브 공연은 덤.

🚶 라탄 거리에서 도보 2분　🕐 17:00~23:30　💵 칵테일 259~299바트, 꼬치 39~89바트, 믹스 너트 99바트　📞 +66 612 524 222
📷 instagram.com/hideland.cnx　@hideland.cnx

치앙마이 최고의 칵테일 ③

바. 산. Bar.San. 🔍 Bar.San.

2024년 태국 베스트 20 바 19위, 베스트 바 인 치앙마이 1위를 차지한 아주 핫한 칵테일 바 중 한 곳이다. 인테리어, 칵테일 스타일과 직원들 유니폼, 서비스까지 일본 느낌이 물씬 풍긴다. 화려한 기교보다 심플하고 절제된 동작으로 칵테일을 만드는 바텐더들도 하나같이 프로페셔널하다. 사케나 일본식 위스키를 베이스로 한 메뉴가 많은데, 맛 역시 독특하지만 군더더기 없다. 디제잉도 하지만 대화를 방해하지 않는 수준이다.

🚶 나이트 바자에서 도보 5분 🕐 18:00~00:00
💵 칵테일 320~420바트, 치즈 플래터 420바트
📞 +66 819 146 433   📷 @bar.san.chiangmai

나만 알고 싶은 시크릿 바 ④

노스 컨트리 NORTH COUNTRY 🔍 north country chiang mai

타패 게이트 밖, 어둠 속에 우뚝 서 있는 2층짜리 목재 건물 하나가 홍콩 어디쯤인가 싶은 착각을 준다. 건물 구석에 자리한 입구로 들어가면 '여기 맞아?' 싶은 복도가 나오고, 2층으로 올라가도 마땅히 입구가 보이지 않는다. 바깥쪽 테라스를 돌아 들어가면 드디어 목적지. 어둑하고 아담한 바, 내부를 거의 가득 채운 원목 원 테이블, 은은한 조명이 분위기를 압도한다. 바텐더의 응대도 과하지 않고 적절하게 대화를 유도한다. 칵테일 역시 정갈한 와중에 임팩트가 있다. 잔잔하게 흐르는 음악까지 시끌벅적한 밤보다 감성 깊은 시간을 원하는 이들에게 어울린다. 혼술을 하기에도 이만한 곳이 없다.

🚶 타패 게이트에서 핑강 방향으로 도보 10분 🕐 19:00~00:00 💵 칵테일 340~370바트
📞 +66 996 303 694   📷 @north___country

숨은 재즈 스피크이지 바 ⑤
누아 치앙마이 NOIR CMI 📍NOIR CMI

구글 지도를 켜고 도착한 호텔 주차장, 분명히 거의 다 온 거 같은데 도대체 입구가 보이질 않는다. 한참을 헤매다 구석의 빨간 조명을 발견하면 드디어 성공이다. 비밀스럽게 자리한 바, 문을 열고 들어가면 붉은 음영이 감돌고 라이브로 연주되는 재즈에 취하기 시작한다. 클래식 칵테일 메뉴가 탄탄하고 차, 허브, 과일을 이용해 로컬의 맛과 향을 더한 시그니처 칵테일도 훌륭하다. 라이브 공연은 매일, 늦은 밤에 열리니 9~10시쯤 방문하는 것이 좋다.

🚶 나이트 바자에서 도보 5분　🕐 19:00~01:00　🍸 칵테일 330~400바트
📞 +66 649 534 221　📷 @noir_cmi

북부의 맛과 향을 담다! ⑥
투브 바 THUUB BAR 📍THUUB BAR

디 비짓 란나 THEE Vijit Lanna 호텔, 늦은 밤이 되면 2층으로 오가는 사람이 유독 많아진다. 내부는 높은 천장에 목재, 대나무, 라탄으로 장식한 북부 스타일 인테리어를 기본으로 모던한 분위기를 더했다. 망고, 두리안, 쌀, 코코넛, 깨, 판단 등의 식재료로 만든 칵테일이 많아 특히 이색적이다. 물론 클래식 칵테일들도 있지만 이왕이면 로컬의 맛을 경험해보면 좋겠다. 망고 스티키 라이스 리큐어에 코코넛 크림과 판단, 골든 라이스를 더한 '골든 라이스'도 재미있는 도전이다.

🚶 타패 게이트에서 도보 7분　🕐 18:00~00:00
🍸 칵테일 390~420바트　📞 +66 928 027 101　📷 @thuubbar

영국 감성 ⑦
브리트 바 앳 1921 하우스 BRIT BAR AT 1921 HOUSE 📍BRIT BAR AT 1921 HOUSE

1921년에 영국 총영사관으로 지은 티크 목조 건물을 복원한 이곳은 아난타라 치앙마이 리조트 내에 있다. 오크우드 바, 고풍스러운 가죽 소파, 빈티지 액자들로 장식한 내부는 여전히 영국의 멋스러움이 남아 있다. 대표 바텐더는 태국 월드 클래스 및 다수의 수상 경력을 보유했다. 1920년대 핑크 진 기반의 '진밀 Gin Mil', 1960년대풍 상큼한 '앵클바이터 Ankle Biter', 1980년대 샴페인 칵테일 '그날리 Gnarly' 등 시대별 감성이 담긴 메뉴가 인상적이다.

🚶 아난타라 치앙마이 리조트　🕐 월~목 12:00~22:00, 금~일 12:00~23:00　🍸 칵테일 450바트　📞 +66 53 253 333　🏠 anantara.com

핫한 골목, 감각적 무드 ⑧
타패 이스트 라이브 바
Thapae East - live music 🔍 타패 이스트 라이브 바

올드타운 동쪽, 창모이 로드 안쪽 골목에 자리한 타패 이스트는 단순한 라이브 바를 넘어선 복합 문화 공간이다. 매일 밤 인디 음악, 재즈, 록, 포크, 월드 뮤직 등 다채로운 공연이 있고 종종 전시, 워크숍도 함께 진행해 지역 예술가와 여행자들이 자연스럽게 교류하는 장이 되기도 한다. 붉은 강철 기둥, 벽돌벽, 목재 빈티지 가구 등을 활용한 인더스트리얼 무드의 공간도 멋스럽다. 같은 골목에 있는 식당들과 말차 전문 카페, 편집 숍도 모두 인기 있는 곳이라 식사부터 쇼핑, 나이트 라이프까지 논스톱으로 즐길 수 있다는 것도 장점이다.

🚶 타패 게이트에서 핑강 방향 도보 11분   ⏰ 목~화 18:00~00:00   ✖ 수요일   🍸 칵테일 160~300바트, 맥주 80바트~   📞 +66 936 644 605   🏠 thapaeeast.com

음악을 위한 전용 극장 ⑨
디어터 THE A TER - Music Theater 🔍 THE A TER - Music Theater

나이트 바자 인근 조용한 골목에 자리한 디어터는 극장처럼 진지하게 음악을 감상하는 공간을 지향하는 라이브 바다. 매일 저녁 하루 세 타임 이상의 정규 공연이 펼쳐진다. 보통은 오후 7시에 피아노 솔로를 시작으로 어쿠스틱, 인디 팝, 펑크, R&B, 재즈 트리오 등 장르별 뮤지션이 무대에 오른다. 무대를 중심으로 테이블이 계단식으로 세팅되어 있고 음향 시스템도 다른 공연장에 비해 좋은 편이라 음악 자체에 온전히 집중할 수 있다.

🚶 나이트 바자에서 도보 5분   ⏰ 17:30~00:00   🍺 맥주 120바트~, 칵테일 300~380바트   📞 +66 944 455 367   🏠 facebook.com/TheaterCNX

열정의 드랙 쇼 ⑩
램 쇼 바 Ram Show Bar 🔍 램 쇼 바

드랙 아티스트, 트랜스젠더가 함께하는 쇼는 태국에선 이미 한 장르로 인정받고 있지만 치앙마이는 다른 지역에 비해 이런 공연을 즐길 만한 곳이 많지 않다. 그래서 나이트 바자 근처에 위치한 '램 쇼 바'가 한국인 여행자들에게 독보적이다. 늦은 밤 화려한 의상과 음악, 열정의 퍼포먼스로 무장한 카바레 쇼가 펼쳐지는데 수~토요일 오후 10시 반부터 열리는 '시크릿 쇼Secret Show'는 특히 볼 만하다. 무대와 객석의 경계가 없어 관객들과 호흡하는 공연이라 에너지가 엄청나다.

🚶 나이트 바자에서 도보 4분   ⏰ 19:00~01:00   🎫 입장료 450바트(음료 포함)   📞 +66 924 963 962   🏠 facebook.com/ramcabaretshow

REAL PLUS …⋯ ①

근교에서 즐기는 자연
치앙마이 외곽 북쪽 코스

도이 인타논을 제외하고 하루만에 다녀올 수 있는 근교 여행지 마지노선으로 보는 몬짬. 거리도 멀고 굽이굽이 산길을 따라 올라가야 해서 택시로는 가기 힘드니 원하는 코스를 짜서 개별 차량 투어를 하는 게 가장 좋은 방법이다. 몬짬 찍고 돌아오는 길에 둘러볼 수 있는 스폿들을 취향대로 선택해보자. 매사 엘리펀트 캠프, 엘리펀트 푸푸페이퍼 파크도 동선상 묶어서 다녀오기 좋다.

- 치앙마이 시내
  - 차량 1시간
- 몬짬
  - 차량 25분
- 매사 폭포
  - 차량 5분
- 플뢰르 또는 더 아이언우드
  - 차량 10분
- 타이거 킹덤
  - 차량 20분
- 훼이 뚱 타오 호수
  - 차량 25분
- 치앙마이 시내

근교 여행지 인기 No.1
몬쨈 Mon Cham 🔍몬쨈

한때 아편 밭이었던 이 고요한 산자락은 라마 9세 푸미폰 국왕의 로열 프로젝트로 다시 태어났다. 태국 북부의 몽족이 함께한 이 개발은 해발 1300m 언덕에 딸기와 허브, 라벤더가 자라는 유기농 농장을 세웠고, 그 곁엔 카페와 캠핑장, 플라워 가든이 조용히 자리를 잡았다. 이른 아침, 철철이 피는 꽃들이 안개 사이로 얼굴을 내밀고, 스카이워크에서 바라본 전경은 고요히 여행자의 마음을 사로잡는다. 특히 잉용Yingyong 플라워 가든 같은 사설 꽃밭은 50바트 안팎의 입장료로 사계절 다채로운 꽃을 즐길 수 있으며, 여러 포토존이 있어 인생 사진을 남기기 좋다. 전망 좋은 곳에서 커피 한잔하려면 요도이Yoddoi 커피, 글램핑 스테이를 하고 싶다면 몬 잉 다오Mon Ing Dao도 추천한다. 개별 투어를 이용해 훼이 뜽 타오, 타이거 킹덤, 매사 폭포 등을 함께 둘러보는 일정을 계획하면 더욱 효율적이다.

🚶 타패 게이트에서 북서쪽으로 차량 55분 🕐 07:00~20:00

호숫가의 낭만과 여유
훼이 뜽 타오 호수
Huai Tueng Thao 🔍훼이 뜽 타오 호수

훼이 뜽 타오는 현지인들의 삶에 녹아들어 반나절쯤 유유자적 시간을 보내고 싶은 사람에게 추천하는 곳이다. 몬쨈에 갔다 돌아오는 길에 들르기 좋은 코스다. 1980년대 관광용 저수지로 조성했으나 현재는 현지인들이 제일 사랑하는 공원 중 하나. 호수를 따라 이어진 자전거길과 산책길은 둘레 약 7km로 걷거나 달리며 자연을 온몸으로 느끼기에 충분하다. 물 위에 줄지어 세워진 대나무 정자에 앉아 식사도 할 수 있으며, 바로 뛰어들어 수영을 하기도 한다. 좀 더 안쪽으로 들어가면 킹콩, 코끼리, 들소 등 짚으로 만든 대형 작품들이 설치된 조각 공원이 있어 사진 명소로 인기다.

🚶 원 님만에서 북서쪽으로 차량 20분
🕐 06:30~17:30 💰 50바트

꽃밭 속의 점심 식사
플뢰르 Fleur ◎ 플뢰르 치앙마이

매림의 조용한 시골길을 따라가다 보면 연못과 정원에 둘러싸인 동화 같은 공간이 나타난다. 생뚱맞은 곳에서 만나는 유럽 감성의 플뢰르. 나지막한 언덕을 따라 몇 개의 건물이 있고 곳곳에 배치된 가든 장식과 만발한 장미꽃이 로맨틱한 분위기를 완성한다. 연못 위에 놓인 돌다리, 한 척의 나무 보트, 나무 아래 테라스 좌석, 흐드러지게 핀 계절 꽃, 어디에서 찍어도 인생 사진이다. 거기에 음식 맛까지 좋으니 금상첨화. 샐러드, 파스타 같은 서양식과 로컬 음식들까지 메뉴 구성이 다양한데 오징어 먹물 파스타, 트러플 크림 파스타, 홈메이드 훈제 돼지고기로 만든 팟 끄라파오 무쌉이 특히 인기다. 장미 향이 은은하게 느껴지는 로즈 더티로 달콤함까지 충전해보자. 역시 접근성이 떨어져도 인기가 많은 데는 다 이유가 있다. 매사 폭포에서 멀지 않다.

🚶 원 님만에서 북서쪽으로 차량 30분　🕘 09:00~18:00
🍴 로즈 더티 커피 105바트, 트러플 크림 파스타 290바트, 팟 끄라파오 무쌉 210바트　📞 +66 910 878 104

유럽 감성 미쉐린 레스토랑
더 아이언우드
THE IRONWOOD ◎ 아이언우드 치앙마이

매림의 숲길 끝자락, 계곡 물소리와 짙은 나무 그림자 사이에 숨은 듯 자리한 더 아이언우드는 유럽의 시골 저택을 옮겨놓은 듯한 감성의 레스토랑이다. 여러 건물이 빈티지 가구와 소품들, 다양한 열대 식물들로 채워져 있어 공간 구경만 해도 꽤 재미있다. 당연히 포토존도 많다는 이야기. 미쉐린 빕 구르망에 여러 해 이름을 올리기도 했으며, 대표 메뉴로는 새우 페이스트 볶음밥, 파냉 커리 소스를 곁들인 로스티드 덕 등이 있다. 물론 음료만 마시고 쉬어가도 괜찮다. 한국인 여행자에게도 꽤 유명한 곳인데, 최근엔 평이 좀 나뉘는 편이라 일부러 찾아가기보단 북부 외곽 투어 시 여유가 있다면 가볍게 들러보자.

🚶 플뢰르에서 차량 4분　🕘 09:00~17:00
🍴 새우 볶음밥 200바트, 로스트 덕 250바트
📞 +66 818 311 000
🏠 www.facebook.com/theironwoodmaerim

REAL PLUS ···· ②

산자락을 따라 달리는
치앙마이 외곽 서남쪽 코스

님만해민 서쪽으로 수텝, 푸이산이 있어 산자락을 따라 볼거리가 많다. 구불거리는 산길을 달려야 하니 지도상에서 보는 것보다 스폿 간 이동 시간이 더 길고 일반 택시로는 가기 힘들어 차량 대여나 투어를 이용하는 게 좋다. 동선상 편리한 코스를 제시하는 것이라 모든 스폿을 그대로 따라갈 필요는 없다. 취향에 따라 선택과 집중! 사이프레스 레인스, 엘레핀 팜 카페는 몬짬과 함께 다녀오는 투어도 있으며 클룩, 마이리얼트립 등의 플랫폼을 통해 예약 가능하다.

- 치앙마이 시내
  - 차량 15분
- 반캉왓 예술가 마을
  - 차량 12분
- 로열 파크 라차프룩
  - 차량 7분
- 왓 프라탓 도이캄
  - 차량 25분
- 사이프레스 레인스
  - 차량 9분
- 엘레핀 팜 카페
  - 차량 30분
- 치앙마이 나이트 사파리
  - 차량 19분
- 치앙마이 시내

아름다운 왕실 식물원
로열 파크 라차프룩
Royal Park Ratchapruek 🔍 로열 파크 라차프룩

치앙마이 남서쪽, 80만㎡의 너른 대지 위에 펼쳐진 로열 파크 라차프룩은 태국 국왕 라마 9세의 즉위 60주년과 80세 생일을 기념해 조성한 왕실 식물원이다. 노란색 꽃송이가 탐스럽게 흘러내리는 태국 국화 라차프룩은 '왕실의 나무'라는 의미로, 태국에서 경건한 의미를 품고 태어난 삶과 신성, 그리고 번영을 상징한다. 란나 전통 양식의 황금빛 파빌리온을 중심으로 30개국의 국제 정원, 열대 온실, 허브 정원, 오키드 돔, 곤충 생태관 등 50여 개의 테마존이 넓게 펴져 있다. 11월 말부터 2월 말까지는 치앙마이 겨울 꽃 축제, '로열 플로라 페스티벌'이 열린다. 수만 송이 꽃과 야경 조명, 테마 전시가 어우러져 낭만 가득한 찐 꽃길을 걸어볼 수 있다. 반캉왓, 왓 프라탓 도이캄과 함께 다녀오기 좋다.

🚶 공항에서 남서쪽으로 차량 17분 🕗 08:00~18:00
🅑 성인 200바트, 어린이(100~140cm) 150바트
📞 +66 53 114 110 🏠 www.royalparkrajapruek.org

소원을 말해봐?!
왓 프라탓 도이캄
Wat Phrathat Doi Kham
🔍 왓 프라탓 도이캄

치앙마이 남쪽 언덕 위, 해발 200m 높이의 황금 산에 자리한 왓 프라탓 도이캄은 1300년 전 하리푼차이 왕국 시대에 창건한 유서 깊은 사원이다. 오랜 세월 폐허로 방치되었다가 1966년 폭우로 무너진 탑에서 고대 불상과 사리함이 발견되면서 주민들의 손으로 다시 재건했다. 사원 앞 300계단의 나가 계단을 오르면, 17m 높이의 금빛 좌불상이 치앙마이 평야를 굽어보며 은은히 빛난다. 사원 내부에는 소원을 빠르게 이뤄준다는 '루앙 포 탄 차이' 불상이 봉안되어 있어 복권 번호를 점치러 오는 현지인들의 발길이 끊이지 않는다. 숫자가 쓰인 촛불을 태운다거나 향 연기 속에서 숫자 형상을 찾는 사람들, 복권을 파는 상인들이 여기 모여 있는 것은 어쩌면 당연한 일이다.

🚶 반캉왓에서 차량 12분   🕐 06:00~18:00

밤이 되면 깨어나는 동물원
치앙마이 나이트 사파리
Chiang mai Night Safari 🔍 치앙마이 나이트 사파리

도심에서 남서쪽으로 약 30분, 해가 지면 시작되는 특별한 야생의 밤. 2006년 개장한 치앙마이 나이트 사파리는 아시아 최대 규모의 야간 사파리로, 싱가포르보다 두 배 가까운 넓은 면적을 자랑한다. 트램을 타고 기린, 얼룩말, 코끼리 등 초식 동물이 있는 '사바나 사파리'와 사자, 호랑이, 하이에나 등 맹수가 있는 '프레데터 프로울' 두 구역을 돌며 다양한 야생 동물을 가까이서 관찰할 수 있다. 약 60여 종의 동물들이 있는 '재규어 트레일'은 도보 탐방 구간이라 자유롭게 돌아보면 되고 타이거, 맹수 쇼도 특별한 볼거리다. 11시부터 오픈하지만, 분수 쇼, 카우보이 쇼, 전통 공연 등은 오후 6시부터 진행되니 늦은 오후에 방문하면 더위도 피하고 프로그램도 알차게 즐길 수 있다. 밤의 숲속을 돌아다녀야 해 모기가 많을 수밖에 없으니 기피제를 챙기는 것도 잊지 말자.

★ **사파리 트램 운행 시간**
14:00~16:00, 17:30~21:00(30분 간격 운행), 태국어/영어 선택 가능

🚶 타패 게이트에서 항동 방향으로 차량 20분 🕐 11:00~22:00 🎫 사파리 트램 1200바트
📞 +66 53 253 333 🌐 chiangmainightsafari.com

토스카나 느낌 한 스푼
사이프레스 레인스 Cypress Lanes 🔍 cypress lanes chiang mai

항동 언덕길에 쭉쭉 뻗은 사이프레스 나무가 늘어선 숲길이 있다. 50바트의 입장료가 있지만, 레이첼 커피 앤 커뮤니티Rachel Coffee and Community에서 음료를 마시면 이 금액만큼 할인을 받을 수 있다. 다른 볼거리가 있는 건 아니지만, 찍었다 하면 인생 사진 각이라 사진에 진심인 여행자는 방문해볼 만하다. 아기자기한 분위기를 더해줄 피크닉 용품, 꽃다발 등의 소품도 무료로 대여해준다. 몬쨈 가기 전, 엘레핀 팜 카페와 함께 들르는 조인 투어로 많이 간다. 투어는 클룩, 마이리얼트립 등의 플랫폼을 통해 예약 가능하다.

🚶 원 님만에서 차량 34분
🕙 금~수 10:00~17:00 ❌ 목요일
💰 입장료 50바트, 오렌지 커피 120바트, 흑임자 커피 130바트

코끼리 보면서 커피 한잔!
엘레핀 팜 카페
Elefin Farm & Café 🔍 엘레핀 팜 카페

치앙마이에는 코끼리와 함께 자연 속에서 교감할 수 있는 체험장이 꽤 많다. 요즘은 라이딩 대신 '케어' 위주로 진행하는데 특별한 경험이 될 수 있다. 하지만 시간 여유도 없고 체험이 부담스럽다면 코끼리를 보며 커피 한잔할 수 있는 엘레핀 팜 카페도 괜찮은 선택이다. 별도의 입장료가 없어 부담도 없다. 원하는 경우에는 바나나를 구입해 먹이 주기 체험을 할 수 있다. 바나나를 손에 들고 다가가면 코끼리가 다가와 자연스럽게 교감할 수 있다. 다른 체험 프로그램들도 있지만 강요하지 않는다. 보통 근처의 사이프레스 레인스와 함께 몬쨈 가는 길에 들른다.

🚶 사이프레스 레인스에서 차량 10분 🕙 10:00~17:00
💰 새우 볶음밥 129바트, 피시 앤 칩스 129바트, 엘레핀 시그니처 커피 110바트 📞 +66 985 492 516

REAL
PLUS ···· ③

특별한 경험을 할 수 있는
치앙마이 외곽 동쪽 코스

치앙마이에서도 자연 온천을 즐길 수 있다! 이열치열 특별한 경험을 해보고 싶다면 싼캄팽 온천으로 떠나보자. 주말이라면 토요일과 일요일에만 열리는 참차 마켓도 가는 길에 들러볼 만하다. 차량을 렌트하거나 택시 투어를 통해 다녀오는 것을 추천한다.

○ 치앙마이 시내
│ 차량 18분
○ 참차 마켓＊
○ 미나 라이스 베이스드 퀴진(참차 마켓 내)
│ 차량 10분
○ 보쌍 우산 마을
│ 차량 30분
○ 싼캄팽 온천
│ 차량 8분
○ 무앙온 동굴
│ 차량 4분
○ 스쿠가 에스테이트
│ 차량 45분
○ 치앙마이 시내

＊**참차 마켓** 토·일요일 09:00~14:00

세상에 하나뿐인 우산 만들러!
보쌍 우산 마을
Bo Sang Umbrella Village
🔍 Bo Sang Umbrella Village

치앙마이 동쪽, 보쌍은 사 종이로 만든 전통 우산으로 유명한 공예 마을이다. 마을 중심의 보쌍 우산센터Bo Sang Umbrella Center에선 장인이 직접 우산을 만들고, 그 위에 꽃과 새, 전통 무늬를 정성껏 그려 넣는 과정을 눈앞에서 볼 수 있다. 여행자도 직접 붓을 들고 세상에 단 하나뿐인 우산을 완성할 수 있다. 매년 1월 셋째 주에는 '우산 축제'가 열리는데, 마을을 온통 화려한 우산으로 장식하고 미스 보쌍 미인 선발 대회 및 자전거 퍼레이드, 전통 공연 등 다채로운 이벤트가 열린다. 이 마을에서 우산은 단순한 공예품이 아닌 세대를 잇는 문화의 꽃이자 마을 사람들의 삶 그 자체다. 체험형 장소를 좋아한다면 추천, 싼캄팽 온천과 함께 다녀오면 동선이 효율적이다.

🚶 타패 게이트에서 동쪽으로 차량 25분   🕗 08:00~17:00

사 종이
태국 북부, 라오스 등지에서 뽕나무 껍질을 이용해 전통 방식으로 만든 수제 종이. 섬유 결이 살아 있고 일반 종이보다 습기에도 강함.

이열치열, 이색 체험
싼캄팽 온천 San Kamphaeng Hot Springs 🔍 싼캄팽 온천

가만히 있어도 더운 나라에서 온천을? 하지만 이런 아이러니한 체험이 여행을 더 재미있게 해주는 법이다. 싼캄팽 온천은 치앙마이 동쪽, 외곽으로 40분쯤 가다 보면 만날 수 있다. 수십만 년 전 생성된 단층대의 지열로 데워진 빗물이 지각의 틈을 따라 솟아오르는데 물의 온도가 100℃ 이상이다. 이 정도의 고온 원천수는 드물기도 하고, 간헐천처럼 분출하는 온천은 태국에서도 손에 꼽힌다. 미네랄이 풍부해 피부 미용 및 혈액 순환에도 좋다. 공원 안에는 야외 족욕탕, 어린이 전용 욕장, 프라이빗 실내 온천장 등이 있는데 기본 입장료만 내면 야외 온천 시설은 무료로 이용 가능하다. 식당, 매점, 마사지 숍 등 부대시설도 잘 갖춰져 있다. 가족 단위로 온 현지인들은 음식을 가져와 피크닉을 즐기기도 한다. 다른 건 몰라도 대나무 바구니에 담긴 달걀을 온천수에 담가 익혀 먹는 건 꼭 해볼 것.

🚶 타패 게이트에서 북동쪽으로 차량 40분　🕐 07:00~18:00
💰 입장료 100바트, 프라이빗 온천 300~500바트　📞 +66 53 037 101

성스러운 동굴 탐험
무앙온 동굴 Muang On Cave 🔍 무앙온 동굴

치앙마이 동쪽 싼캄팽 깊은 숲속, 무앙온 동굴은 수백만 년 전 석회암이 빚은 천연의 신비 위에 불심이 스며든 공간이다. 비좁고 경사진 나무 계단을 낑낑대고 내려가 동굴 안으로 들어가면 절로 감탄사가 터져 나온다. 동굴의 중심에는 약 9m 높이의 석회 기둥이 우뚝 서 있는데, 그 안엔 부처님의 머리카락이 봉안되어 있다는 전설이 전해진다. 이 신성한 분위기 속에서 북부의 고승 크루바 스리위차이가 수행을 했고 그 터가 지금도 동굴 안에 남아 있다. 9m에 달하는 와불상과 곳곳의 제단들, 동굴 안을 가득 채운 불심이 울림을 더한다. 싼캄팽 온천과 멀지 않으니 함께 다녀오는 것을 추천한다.

🚶 싼캄팽 온천에서 차량 8분　🕗 08:00~17:00　💰 20바트

시골장에서 힐링
참차 마켓 Chamcha Market 🔍 참차 마켓

치앙마이 외곽, 싼캄팽 지역에 위치한 아담하지만, 감각적인 아트 & 핸드 크래프트 주말 마켓이다. 핸드메이드 의류, 털실 제품, 실버 주얼리, 천연 염색 패션 잡화 등을 판매하는 만큼 유니크한 제품이 많다. 논밭으로 둘러싸인 조용한 마을이고 다른 마켓에 비해 차분하고 여유로워서 시골 낭만을 좋아하는 분들께 추천한다. 타이다이 같은 천연 염색은 실제로 체험해볼 수도 있다. 가는 김에 5가지 컬러의 쌀로 만든 삼각밥으로 유명한 미나 라이스 베이스드 퀴진에서 식사까지 하면 딱 좋은 코스다.

🚶 타패 게이트에서 동쪽으로 차량 20분　🕗 토·일 09:00~14:00

비주얼 끝판왕, 맛도 좋아
미나 라이스 베이스드 퀴진
Meena Rice Based Cuisine 🔎 Meena Rice Based Cuisine

논밭으로 둘러싸인 외곽의 로컬 식당은 조용한 분위기에 어울리지 않게 늘 사람들로 북적인다. 유기농 쌀을 기반으로 한 다양한 비건 메뉴와 북부 전통 요리를 선보이며, 2020년부터 6년 연속 미쉐린 빕 구르망에 올랐다. 실내석도 있지만 나무 그늘 아래 야외 정원 테이블이 분위기가 좋다. 재스민 라이스, 브라운 라이스, 라이스 베리와 홍화씨, 버터플라이 피로 물들인 5가지 컬러의 쌀로 만든 오색 밥은 반드시 시켜야 한다. 어떤 메뉴를 주문해도 정갈한 접시 위엔 꽃과 과일, 허브로 장식된 눈부신 식사가 놓인다. 건강한 맛과 화려한 플레이팅으로 여행자들의 감성과 식욕을 모두 만족시킨다. 덕분에 사진 찍느라 음식이 좀 식을 수 있다. 식사 후에는 가게 안에 마련된 작은 잡화점에서 로컬 아티스트들의 수공예품 쇼핑도 가능하다. 주말에 방문하면, 이때만 열리는 참차 마켓도 함께 돌아볼 수 있다.

🚶 타패 게이트에서 동쪽으로 차량 22분, 참차 마켓 내
🕐 10:00~20:00 💲 5가지 컬러 라이스 30바트, 새우 튀김 150바트, 크랩 커리 350바트 📞 +66 956 939 586

달콤 쌉싸름한 초콜릿의 유혹
스쿠가 에스테이트
SKUGGA ESTATE 🔎 Skugga Estate

싼캄팽 온천에 갔다가 당 충전이 필요하다면, 여기! 스쿠가Skugga는 스웨덴어로 '그림자'란 뜻으로, 숲 그늘 아래 농업과 라이프 스타일이 감각적으로 만나는 공간이다. 너른 땅에서 직접 키운 포레스트 커피, 야생 아삼차, 카카오, 아보카도, 마카다미아는 그대로 초콜릿 바, BBQ 비스트로, 롤 베이커리, 티 바의 테이블로 올라간다. 대나무 훈연 향 가득한 바비큐 샌드위치, 수제 초콜릿과 디저트, 갓 구워낸 빵까지 리얼 팜 메이드의 맛을 경험해볼 수 있다. 뿐만 아니라 농산물을 직접 수확해볼 수 있는 팜 투어, 초콜릿, 커피, 티 워크숍 등 체험 프로그램도 다양하다. 달콤 쌉싸름한 초콜릿으로 만든 음료와 디저트들은 비주얼부터 맛까지 완벽하다. 원 님만에도 지점이 있다.

🚶 싼캄팽 온천에서 차량 7분, 무앙온 동굴 근처
🕐 09:00~19:00 💲 초코 크리스털 125바트, 초콜릿 바(50g) 145바트 📞 +66 889 516 697 🏠 www.skuggalife.com

REAL PLUS ···· ④

하루 가득 채워서 즐기는
도이 인타논

도이 인타논 국립공원은 태국 최고봉(2565m)을 품은
자연보호 구역으로 안개 낀 고산 숲과 웅장한 폭포,
소수민족 마을이 어우러져 있다. 아름다운 정원과 탁 트인 전망이
기가 막힌 킹 앤 퀸 파고다까지 함께 돌아보고 다양한
트레킹 코스가 있으니 도전해보자. 개별적으로는 가기 힘드니
원데이 투어를 이용하는 걸 추천한다.

○ 치앙마이 시내
  차량 2시간
○ 킹 앤 퀸 파고다
  차량 8분
○ 정상 전망대
  차량 6분
○ 끼우매판 트레일
  차량 30분
○ 와치라탄 폭포
  차량 1시간 25분
○ 치앙마이 시내

Top of Thailand
도이 인타논 국립공원 Doi Inthanon National Park 🔍 도이 인타논 국립공원

해발 2565m. 태국에서 가장 높은 봉우리를 품은 도이 인타논은 1972년 태국의 생태계 보존과 생물 다양성 보호를 위해 국립공원으로 공식 지정되었다. 연평균 기온은 10~20℃ 수준이지만, 12월과 1월이면 기온이 0℃ 이하로 떨어지며 일출 무렵 서리가 내리기도 해 보기 드문 '태국의 얼음꽃'을 보러 오는 현지인이 많다. 정상에는 '태국 최고봉Thailand's Highest Point'이라 적힌 표지석이 있고, 그 근처에 동전을 세우는 작은 제단이 있어 "흔들리지 않는 마음엔 기적이 깃든다"는 믿음 속에 여행자들이 소원을 빈다. 왕과 왕비의 탑, 다양한 트레일 코스, 웅장하게 떨어지는 와치라탄 폭포 등 다양한 볼거리와 즐길 거리도 있다. 시내에서 2시간, 오가는 길이 멀지만 태국의 지붕이라는 상징성과 때 묻지 않은 자연을 보기 위해선 충분히 감내할 만하다. 시내와 기온 차이가 꽤 날 수 있으니 가벼운 외투를 준비할 것!

🚶 올드타운에서 차량 2시간　🕐 05:00~18:00
🎫 국립공원 성인 300바트, 어린이 150바트, 킹 앤 퀸 파고다 100바트

도이 인타논 계절별 하이라이트
- 11~1월 일출 운해, 서리
- 12월 산벚꽃 만개
- 3~5월 고산 야생화 만발
- 6~9월 와치라탄 폭포 수량 풍부

도이 인타논 국립공원 주요 명소

명소	특징
정상 전망대	도이 인타논 정상 인증샷 명소. 킹 앤 퀸 파고다보다 더 높은 지점
킹 앤 퀸 파고다	라마 9세 부부의 탄생 60주년을 기념해 지은 파고다. 아름다운 정원과 전망대
끼우매판 트레일	가이드 동행 트레킹 코스(11~5월 개방). 운해, 구름숲, 야생화로 유명
와치라탄 폭포	인타논 지역에서 가장 장엄한 폭포. 사진 명소이자 여름철 피서지

킹 앤 퀸 파고다 King & Queen Pagoda

도이 인타논 정상 근처, 푸른 산자락 위에 우아하게 자리한 2개의 파고다는 라마 9세 푸미폰 아둔야뎃 왕과 그의 아내 시리킷 왕비Queen Sirikit를 기리기 위해 1987년, 1992년에 각각 건립했다. 부부의 헌신과 국가 발전에 대한 공헌을 상징한다. 탁 트인 전망과 계절마다 각기 다른 꽃으로 만개하는 화려한 정원이 특히 아름답다.

끼우매판 트레일

도이 인타논 국립공원에서 가장 인기 있는 트레킹 코스로 해발 약 2200m 지점에 위치한 3.2km의 순환형 산책로다. 약 2~3시간 소요된다. 현지 몽족 가이드와 함께 걸어야 하며, 이끼 낀 고산 우림과 산철쭉 군락, 희귀 난초, 야생 동물들을 가까이서 관찰할 수 있다. 특히 이른 아침 일출과 안개가 자욱한 운해 풍경은 이 트레일만의 특별한 매력이다. 숲길과 절벽 구간에서 펼쳐지는 파노라마 뷰는 여행자에게 잊지 못할 감동을 선사한다. 11월부터 5월까지만 개방되니 방문 시기를 꼭 확인해야 한다. 트레킹화까진 아니어도 운동화는 필수, 재킷도 챙기는 게 좋다.

트레일	특징	거리 / 소요 시간
끼우매판	가장 유명한 트레일, 운해 전망, 고산 식생 체험, 가이드 필수 ※11~5월까지만 개방	3.2km / 2~3시간
앙카루앙	짧은 산책 코스, 이끼 가득한 원시림 탐방	360m / 30분
파독시우	와치라탄 폭포부터 이어지는 계곡 트레일, 커피 농장, 몽족 마을 경유	6km / 3~4시간

와치라탄 폭포

와치라탄 폭포는 해발 2100m 부근의 화강암 절벽을 따라 약 80m 높이로 세차게 흐른다. 태국어로 '다이아몬드 냇물'이라는 뜻으로 햇살 아래 부서지는 물줄기가 매우 웅장하고 이름답다. 우기 시즌엔 더욱 가열찬 낙수 소리를 들을 수 있고 무지개도 자주 뜬다.

도이 인타논 국립공원 편하게 다녀오기

개별적으로 다녀오기 힘든 코스라 현지 여행사 또는 클룩, 마이리얼트립 등의 플랫폼을 통해 투어로 다녀오는 것을 추천한다. 시내 숙소에 묵는다면, 보통 픽/드롭까지 포함되어 있다.

PART 4

치앙마이 근교 여행

AREA ···· ①

태국 최북단, 느림의 미학
치앙라이

멩라이 왕이 세운 란나 왕국의 첫 수도 치앙라이는 북방 왕조의 시작을 알리는 도시다. 치앙마이가 마지막 수도로 찬란히 빛나기 전, 북방 문화와 불교 예술이 움트던 터전이었다. 그 역사 위에 오늘의 치앙라이는 잔잔한 호흡으로 살아 숨 쉰다. 화이트 템플, 블루 템플, 블랙 하우스, 현대 로컬 예술가들의 상상력이 깃든 공간들은 단순한 관광지를 넘어 이 도시의 영혼을 보여주는 창이 된다. 산과 강, 안개 낀 새벽, 조용한 골목마다 예술과 전통이 자연처럼 스며 있고, 그 고요함 속에서 여행자는 비로소 '멈춤'을 경험한다.

치앙마이에서 치앙라이 가는 법

치앙마이에서 치앙라이까지 최단 거리로 갈 경우 약 180km. 치앙라이에도 공항이 있긴 하지만, 현재 치앙마이-치앙라이를 직항으로 운행하는 항공편은 없다. 또한 태국 북부는 철도망이 연결되지 않아 기차로 이동하는 것도 불가해 육로로만 이동 가능하다.

버스

치앙마이 아케이드3 버스 터미널Chiang Mai Bus Terminal 3에서 그린 버스Green bus를 타면 약 3시간 반~4시간이 걸린다. 200km도 채 되지 않는 거리지만 도로 사정이 좋지 않아 속도를 많이 내지 못하고, 중간에 휴게소도 한 번 들러 생각보다 오래 걸리는 편. 버스는 VIP, EXPRESS 옵션이 있는데 넉넉한 레그룸에 리클라이닝도 가능한 VIP가 확실히 편하다. 가격 차는 110바트 선이다. 티켓은 터미널에서 구입해도 되지만, 홈페이지를 통해 미리 예약하는 것이 좋다. 치앙라이 버스 터미널은 두 곳인데 터미널1Chiang Rai Bus Terminal 1이 나이트 바자 근처, 시내 중심이라 여행자들은 대부분 이곳에서 내린다.

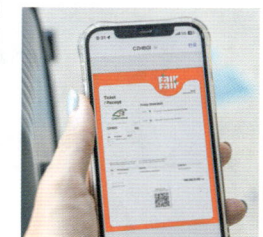

그린 버스 이용 정보
🕐 하루 약 13회, 07:00~18:30, 배차 간격 30~90분
💲 VIP 약 400바트, Express 약 300바트 🏠 https://www.greenbusthailand.com, https://fairfair.co.th/

미니밴

버스 터미널까지 가는 수고로움을 덜고 싶다면, 미니밴을 이용하는 방법도 있다. 현지 여행사나 클룩, 케이케이데이 등의 예약 플랫폼을 통해 예약할 수 있으며 올드타운, 님만해민 일대 숙소는 픽업 서비스가 포함된다. 버스보다 약간 비싼 금액이라 비용 부담은 없지만, 버스에 비해 차량이 좁아 오히려 불편할 수도 있다. 치앙라이까지는 버스가 가장 무난한 이동 수단이다.

치앙라이
대중교통

치앙라이의 대중교통은 치앙마이와 거의 유사하다. 치앙마이만큼은 아니지만 볼트나 그랩 등 택시가 잘 연결되어 있고 썽태우와 툭툭도 치앙마이에서처럼 타면 된다.

택시

다행히 치앙라이에서도 볼트, 그랩 서비스를 이용할 수 있어 개별 여행을 하기가 훨씬 수월해졌다. 치앙마이에 비해 차량 수가 많지 않아 연결에는 시간이 조금 걸릴 수 있지만 이용하는 데 큰 불편은 없다.

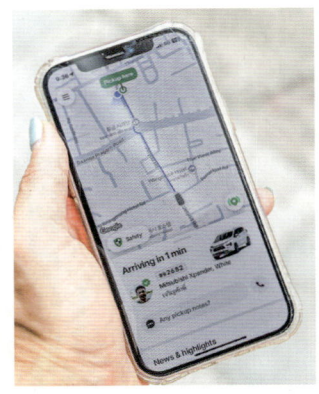

버스

치앙라이 버스 터미널1에서 로컬 버스로 이동할 수 있는 주요 관광지가 꽤 있다. 왓 롱쿤, 블랙 하우스, 골든 트라이앵글까지 다녀올 수 있으며 배차 간격은 30~60분 정도다. 가격은 저렴하지만 대부분 오래된 버스라 에어컨이 없어 덥고 불편할 수 있다. 버스를 이용해 여행할 예정이라면 치앙라이에 도착하자마자 주요 노선, 버스 시간표를 현장에서 체크해두는 게 좋다.

썽태우 & 툭툭

치앙마이와 동일한 방법으로 썽태우와 툭툭을 이용할 수 있다. 원하는 목적지를 이야기하고 가격 흥정 후 탑승하면 된다. 썽태우는 여럿이 출발해야 가격이 저렴해지는데, 버스 터미널1에 가면 썽태우가 많이 모여 있고 주요 관광지로 가려는 여행자들이 자연스럽게 모인다.

시티 투어 트램

멩라이 왕 동상 근처 관광 안내소에서 매일 2회씩(오전 9:30, 오후 13:30) 무료 시티 투어 트램을 운영한다. 왓 프라깨우, 황금 시계탑 등 주요 사원과 명소 아홉 곳을 약 2시간 동안 둘러본다. 가이드도 있지만, 아쉽게도 태국어만 지원한다. 좌석 수가 한정되어 있어 미리 현장을 방문해 접수해두는 것이 좋다. 투어 횟수는 시즌에 따라 달라질 수 있으며, 인원이 적거나 우천 시 취소될 수 있다.

치앙라이 이렇게 여행하자

대도시가 아닐수록 주요 볼거리들이 꽤 넓게 퍼져 있는 경우가 많다. 시내만 돌아본다면 반나절로도 충분하지만, 치앙라이 대표 현대 사원 세 곳과 미얀마, 라오스를 한눈에 담을 수 있는 최북부 골든 트라이앵글까지 다녀오려면 최소 2박 3일은 필요하다. 치앙라이 버스 터미널1에서 버스나 썽태우를 이용해도 되지만, 일정이 짧다면 여러 스폿을 묶어서 다녀올 수 있는 현지 투어나 기사가 딸린 개별 차량을 이용해 움직이는 것을 추천한다.

1일 차
치앙라이 남부 코스

- 치앙라이 버스 터미널1
- 차량 20분
- 왓 롱쿤
- 차량 8분
- 싱하 파크
- 차량 16분
- 황금 시계탑
- 도보 10분
- 나이트 바자

2일 차
개별 차량 또는 투어로 골든 트라이앵글 다녀오기

- 치앙라이 버스 터미널1 (또는 호텔)
- 차량 1시간 10분
- 골든 트라이앵글 전망대
- 차량 1시간
- 도이퉁 로열 빌라
- 도보 10분
- 매 파 루앙 정원
- 차량 30분
- 추이퐁 차 농장
- 차량 40분
- 반담 박물관
- 차량 15분
- 퐁 프라밧 온천
- 차량 15분
- 왓 후아이 플라 캉
- 차량 15분
- 시내

3일 차
시내 & 콕강 주변 둘러본 후 치앙마이로 출발

- 깟 루앙 시장
- 도보 6분
- 왓 프라깨우
- 차량 6분
- 왓 롱 쓰어 텐
- 도보 5분
- 치윗 탐마다 커피 하우스
- 차량 10분
- 치앙라이 버스 터미널1
- 버스 3시간 반~4시간
- 치앙마이 버스 터미널

치앙라이 상세 지도

- 02 반담 박물관
- 12 퐁 프라밧 온천
- 11 왓 후아이 플라 캉
- 01 왓 롱쿤
- 부 비롬 레스토랑
- 차 타이 카페
- 09 싱하 파크

- 명소
- 식당/카페

치앙라이를 찬란하게
밝히는 눈꽃 사원 ……①

왓 롱쿤
Wat Rong Khun 🔍 왓 롱쿤, 렁쿤 사원

치앙라이 외곽, 평범한 시골길 끝에 자리한 왓 롱쿤은 백색 유리 타일로 장식해 햇살이 비치면 더욱 반짝여 '화이트 템플'이라고 불린다. 예술가 찰름차이 코싯피팟이 설계한 이 사원은 현대 불교 예술의 결정체로 '치앙라이' 하면 가장 먼저 떠오르는 랜드마크로 자리 잡았다. 불교의 3계인 지옥, 현생, 극락계를 시각적으로 풀어냈는데 언뜻 보여지는 외형과 달리 하나하나 뜯어보면 기괴하면서도 깊은 철학이 담겨 있다. 정면의 하얀 다리는 '현생계'를 상징하며, 양옆으로 늘어선 뒤틀린 손 조각상들은 인간의 탐욕과 고통을 형상화한 '지옥계'를 지나야만 '극락계'로 들어갈 수 있음을 의미한다. 지옥에서 벗어나 극락으로 온 길을 되돌아가지 말라는 의미로 다리는 일방통행으로 설계했다. 사원 내부는 전통 불화가 아닌 영화, 만화, 전쟁, 환경 문제 등 현시대를 반영한 벽화로 장식해 인상적인데 사진 촬영은 불가하다. 1997년 착공 이후 지금까지 계속 건설 중이다.

🚶 치앙라이 버스 터미널1에서 차량 20분
🕗 08:00~17:00 💵 100바트
📞 +66 53 673 579

기기괴괴 괴짜 예술가의 전시장 ②
반담 박물관 Baan Dam Museum ⌕ 반담 박물관

반담 뮤지엄, 일명 '블랙 하우스'는 태국의 괴짜 예술가인 타완 두차니의 철학과 생전의 작품들이 고스란히 담긴 공간이다. 40채가 넘는 태국 북부 전통 건물 안에 가죽, 뼈, 뿔, 해골 등 생과 사를 상징하는 오브제들과 그의 조각, 회화 작품들이 전시되어 있다. 검은색 건물 안, 기기괴괴한 작품들을 마주하면 지옥에 들어선 듯한 강렬한 느낌에 사로잡힌다. 삶과 죽음을 이분법적으로 보지 않고 관람객으로 하여금 죽음의 세계를 마주하게 만들고, 인간 내면의 욕망이나 권력, 폭력성 등도 부정하지 않는다. 다른 사원에 비해 규모가 크고 볼거리도 많은 편이다. 순백의 화이트 템플과는 정반대의 매력을 느낄 수 있다.

🚶 왓 롱 쓰어텐에서 북쪽으로 차량 15분 🕘 09:00~17:00
🎟 80바트 📞 +66 53 776 333
🏠 https://thawan-duchanee.com

눈이 시원해지는 블루 템플 ③
왓 롱 쓰어 텐
Wat Rong Suea Ten 🔍 치앙라이 블루 템플

화이트, 블랙 하우스와 함께 특별한 치앙라이 3대 볼거리 중 하나로 손꼽히는 이곳은 온통 파랑 파랑해서 '블루 템플'로 불린다. 화이트 템플의 설계자 찰름차이 코싯피팟의 제자인 푸타 캅카오가 만들었으며, 전통 란나 양식에 현대 불교 예술 감각을 더했다. 입구에서부터 강렬한 푸른색과 황금빛이 어우러진 용 조각상이 시선을 압도하며, 사원 내부 천장과 벽, 기둥까지도 온통 푸른 빛깔이라 시원하면서도 영적 에너지가 느껴진다. 거대한 백색 좌불상은 푸른 배경과 극명한 대비를 이루고 벽화에는 윤회, 자비, 깨달음의 메시지가 섬세하게 그려져 있다. 사원의 이름은 과거 이 일대에 호랑이가 출몰했다는 데서 유래했고, 그 기운을 다스리는 의미로 사원을 지었다고 전해진다. 시내와 멀지 않은 콕 강변에 위치해 다른 두 사원에 비해 접근성도 좋다.

🚶 치앙라이 버스 터미널1에서 콕강 방향으로 차량 9분
🕐 07:00~20:00 📞 +66 643 473 636

치앙라이, 역사의 시작 ④
멩라이 왕 동상
King Mangrai Monument 🔍 King Mangrai Monument

치앙라이의 창건자이자 란나 왕국의 시조인 멩라이 왕은 1262년, 북부 태국 도시국가들을 통합하며 도시를 건국했다. 치앙라이의 '치앙'은 도시, '라이'는 그의 이름에서 따온 것으로 '멩라이의 도시'를 뜻한다. 멩라이 왕은 문화, 종교, 행정 체제를 정비한 통합 군주로 평가되며, 치앙라이는 지금도 그의 유산을 간직한 란나 문명의 출발점으로 여겨진다. 도시 입구에 세워진 청동 동상은 지역민들에게는 수호자 같은 존재다. 왕의 리더십을 기리는 꽃과 향으로 가득한 이곳은 성공과 행운을 기원하는 장소다.

🚶 치앙라이 버스 터미널1에서 도보 17분

화려함의 절정 치앙라이 랜드마크 ⑤
황금 시계탑
Golden Clock 🔍 치앙라이 황금 시계탑

시내 중심 반파 프라간 Baanpa Pragarn 교차로에 자리한 황금 시계탑은 화이트 템플을 설계한 찰름차이 코싯피팟이 푸미폰 국왕(라마 9세)의 즉위 60주년을 기념하기 위해 설계한 것으로 현재는 지역 랜드마크로 자리 잡았다. 전통 란나식 조형미, 황금빛 외관, 종교적 상징성을 모두 담아낸 시계탑은 밤에 조명이 켜지면 그 화려함이 배가 된다. 매일 저녁 7시, 8시, 9시에 라이트 & 사운드 쇼가 펼쳐진다. 음악에 맞춰 다양한 색깔의 조명과 레이저가 시계탑과 로터리 하늘을 수놓는다. 주변에 식당과 카페가 많고 저녁엔 먹거리 노점상들이 영업을 해 활기를 띤다.

🚶 치앙라이 버스 터미널1에서 도보 9분

에메랄드 붓다의 근간 ⑥
왓 프라깨우
Wat Phra Kaew 🔍 chiang rai wat phra kaew

1434년 당시 치앙라이의 '왓 파야카오' 사원 내 체디가 벼락을 맞았고, 그 안에서 에메랄드 불상인 프라깨우가 발견되었다. 실제 에메랄드가 아닌 짙은 녹색 옥으로 만들었으며, 태국 불교의 신성한 유물로 여겨진다. 이후 에메랄드 붓다는 람팡과 치앙마이를 거쳐 라오스의 루앙프라방과 비엔티안으로 옮겨졌다 18세기 말, 짜끄리 왕조를 세운 라마 1세가 이를 방콕 왕궁 내 왓 프라깨우로 옮기며 국보로 안치했다. 태국 국왕이 1년에 세 번 직접 옷을 갈아 입히는 신성한 의식을 통해 왕실과 국가의 안녕을 기원한다. 현재 치앙라이 왓 프라깨우에는 1990년대 태국 왕실에서 제작한 모조품이 모셔져 있으며, 사원 내 부속 박물관에 관련된 다양한 불교 유물들이 전시되어 있다.

🚶 황금 시계탑에서 도보 12분 🕐 07:00~18:00

치앙라이의 밤을 즐기는 법 ⑦
나이트 바자
Night Bazaar
🔍 chiang rai night bazaar

치앙라이 버스 터미널1 옆에 자리한 나이트 바자는 어스름해질 무렵부터 현지인과 여행자들이 모여 활기를 띤다. 핸드메이드 공예품, 란나 스타일의 직물, 은 세공품 등 특색 있는 전통 아이템부터 코끼리 바지같이 로컬 느낌 가득한 패션, 잡화류까지 다채로운 상품군을 판매한다. 중앙 무대에선 라이브 음악이나 전통 댄스 공연이 펼쳐져 흥겨운 분위기를 더한다. 야외 푸드 코트엔 다양한 먹거리 노점들이 자리하는데, 도기에 끓여 먹는 태국식 샤부샤부, 찜쭘이 단연 인기다. 시원한 로컬 맥주와 함께 여유로운 저녁 시간을 즐기기에 제격이다.

🚶 치앙라이 버스 터미널1에서 도보 2분　🕒 18:00~23:00

토요일 밤엔, 바로 여기! ⑧
치앙라이 토요 야시장
Saturday Night Market 🔍 치앙라이 토요 야시장

늘 조용하던 치앙라이가 소란해지는 유일한 시간. 매주 토요일 밤이 되면 약 1km에 달하는 타날라이 Thanalai 로드에 시장이 열린다. 오후 4~5시쯤부터 차량이 통제되고 보행자 거리로 바뀌며 길 양쪽으로 수많은 노점상이 자리를 잡는다. 전통 직물, 액세서리, 로컬 의류, 천연 비누 등 지역 특산품과 먹거리들까지 종류도 다양하다. 무앙 치앙라이 공원에 테이블이 깔려 주변 노점에서 음식을 사다 먹으면 되는데 라이브 음악, 전통 공연도 열려 흥까지 돋운다. 치앙마이 마켓들에 비해 세련된 맛은 없지만 로컬의 소소하고 정겨운 분위기, 저렴한 물가가 매력적이다. 치앙라이 일정 중 토요일이 있다면 저녁엔 무조건 야시장!

🚶 황금 시계탑에서 숙 사팃 로드를 따라 직진
🕒 토요일 17:00~23:00

즐길 거리 넘쳐나는 무료 테마파크 ·······⑨

싱하 파크 Singha Park 🔍 싱하 파크

싱하 파크는 태국의 대표 맥주 '싱하Singha'를 생산하는 모기업, 분라우드 브루어리Boon Rawd Brewery가 지역 사회 환원과 지속 가능한 농업 발전을 위해 조성한 복합 문화 공간이다. 원래는 차와 농작물을 재배하는 유기농 농장이었지만, 현재는 트램을 타고 차 밭, 꽃밭, 동물 농장을 순회하며 체험하는 엔터테인먼트형 공원으로 진화했다. 유기농 차밭 견학과 시음, 시즌 농산물 수확, 동물 먹이주기, 자전거, 버기카 트레일, 집라인 등 다양한 액티비티가 마련돼 있어 가족 단위 여행자에게 특히 인기가 많다. 공원에서 매년 2월에 열리는 열기구 축제는 태국 최대 규모로, 광활한 코스모스 꽃밭과 함께 사진을 찍을 수 있는 인생 사진 명소로도 손꼽힌다. 공원 내 레스토랑 부 비롬Bhu Bhirom에서는 북부 요리와 신선한 싱하 맥주를 페어링할 수 있고, 차 타이 카페Cha Thai Cafe에선 달콤한 타이 티, 그린티 한잔! 즐길 거리가 많아 여유롭게 둘러보면 반나절 이상 소요된다. 그런데 입장료까지 무료니 치앙라이 여행 중 안 가보면 손해. 다만 공원이 넓어서 도보로 다니기 힘드니 유료 트램을 타거나 카트를 대여해서 다니는 게 좋다.

🚶 치앙라이 버스 터미널1에서 남서쪽으로 차량 18분
🕐 08:30~17:00 💰 입장료 무료
📞 +66 91 760 374 🏠 www.singhapark.com

싱하 파크 트램 팜 투어

- **운영 시간** 09:00~16:00(15분 간격), 공원 내 자유롭게 승하차 가능
- **요금** 성인 150바트, 어린이(120cm 이하) 50바트, 0~5세 무료
- **정류장** 백조의 호수-꽃 정원 & 티 하우스(무료 티 제공)-싱하 동물원-스포츠 & 레크리에이션 센터-차 타이 카페/부 비롬 레스토랑

부 비롬 레스토랑
마지막 정류장에 위치한 레스토랑으로 차밭을 보며 식사를 할 수 있다. 바삭한 녹차잎에 신선한 싱하 생맥주 한잔 마시며 쉬어가도 좋다.

차 타이 카페
초록 초록한 계단식 차밭을 보면서 맛있는 차 한잔. 예쁜 사진을 남길 수 있는 포토존으로도 인기다.

사람 사는 냄새 가득한 곳 ......⑩
깟 루앙 시장
Kad Luang Market 🔍 깟 루앙 치앙라이 시장

깟 루앙 시장은 치앙라이에서 가장 크고 오래된 전통 시장으로 현지인들에게도 시장 중의 시장으로 손꼽힌다. 아케이드형 실내 시장에는 식재료부터 의류, 잡화, 금 세공품, 주방용품, 불교용품, 심지어 학생들 교복까지 안 파는 것이 없다. 치앙마이보다 물가도 훨씬 저렴해 이색적인 식재료에 놀라고 가격에 또 한 번 놀란다. 이른 새벽엔 시장 바깥쪽으로 노점상이 줄지어 서는데 신선한 과일, 채소가 천지라 구경하는 재미도 크다. 장보러 나온 오토바이 부대들, 부지런히 움직이는 상인들, 탁발하는 스님들까지. 치앙라이에서 이곳만큼 사람 사는 냄새가 가득한 곳은 없을 것 같다.

🚶 황금 시계탑에서 도보 7분 🕐 24시간

붓다의 눈으로 세상을 보다! ......⑪
왓 후아이 플라 캉
Wat Huay Pla Kang 🔍 Wat Huay Pla Kang

치앙라이 북쪽 언덕에 위치한 현대 사찰로 가장 눈에 띄는 구조물은 69m 높이의 압도적인 백색 관음보살상으로 엘리베이터를 타고 올라가 내부 장식과 창밖으로 펼쳐지는 치앙라이 전경까지 감상할 수 있다. 내부 관람은 무료이고, 엘리베이터 탑승은 유료지만 관음보살의 눈을 통해 주변 전경을 내려다보는 게 이색적이라 한 번쯤 올라가볼 만하다. 붉은 기와 지붕, 황금빛 천장, 용 장식과 팔각형 탑 등도 중국의 영향을 받아 다문화 불교 건축의 독특한 사례로 꼽힌다. 사찰 운영 수익은 지역 사회 발전에 쓰인다.

🚶 왓 롱 쓰어텐에서 북서쪽으로 차량 12분 🕐 07:00~21:00
💰 전망대 엘리베이터 40바트 📞 +66 53 150 274

여독을 풀 수 있는 ⑫
퐁 프라밧 온천 Pong Phrabat Hot Springs ○ 퐁 프라밧 온천

반담 박물관, 왓 후아이 플라 캉에 갈 때 잠시 들르기 좋은 온천. 지표 아래 화강암층을 타고 올라오는 지열 온천수는 약 50℃ 내외로 미네랄이 풍부해 피부에도 좋다. 공원처럼 조성한 온천 안엔 무료 족욕탕과 저렴하게 이용 가능한 공용 탕, 프라이빗 온천도 있어 뜨끈한 온천수에 몸을 담그며 여독을 풀 수 있다. 시설은 오래된 편이라 기대하지 않는 게 좋다. 오가는 길에 들러 뜨끈한 물에 발만 잠시 담가도 한결 피로가 풀린다.

🚶 반담 박물관에서 남서쪽으로 차량 15분 🕐 08:00~18:00
🎫 Old Bathhouse 1/2/3인실 50/80/120바트
New Bathhouse 1/2/3/4인실 70/100/140/180바트
📞 +66 53 150 676

초록 초록한 차밭 뷰 티타임 ⑬
추이퐁 차 농장
Chui Fong Tea Plantation ○ 추이퐁 차 농장

약 1200m 고산지대에 자리한 추이퐁 차 농장은 40년 역사를 지닌 태국 대표 프리미엄 차 생산지다. 왕실 프로젝트의 일환으로 양귀비 재배를 대체하기 위해 시작한 고산 농업 개발의 성공 사례로, 유기농 방식으로 녹차, 우롱차, 홍차, 아쌈차 등을 재배한다. 기후와 토양 조건이 차 재배에 이상적이라 뛰어난 풍미를 자랑하며, 세계적인 차 대회에서도 여러 차례 수상하며 세계적으로 인정받고 있다. 계단식 차밭이 한눈에 펼쳐지는 명당 자리에 티하우스가 있어 음료와 디저트, 식사까지 할 수 있다. 제주의 오설록과 풍경이나 분위기, 카페 운영 방식이 꽤 비슷하다.

🚶 치앙라이 버스 터미널에서 북쪽으로 차량 55분 🕐 08:30~17:00
🎫 그린티 롤 120바트, 그린티 크레페 케이크 120바트, 그린티 라테 70바트
📞 +66 637 795 999 🏠 www.chouifongtea.com

국민 어머니의 여름 별장 ⑭
도이퉁 로열 빌라 Doi Tung Royal Villa ♀ Doi Tung Royal Villa

도이퉁 로열 빌라는 푸미폰 국왕(라마 9세)의 어머니이자 '국민 어머니'로 존경받는 스리나가린드라 왕비가 1987년, 별장 겸 활동 거점으로 지은 목조 건물이다. 스위스 유학 시절의 기억을 살려 스위스 샬레 스타일에 란나 건축 요소를 접목시킨 독창적인 형태로 지었으며, 해발 1630m 고산이라 탁 트인 풍경을 조망할 수 있다. 여름 별장이자 도이퉁 개발 프로젝트의 거점으로 이곳에서 산림 복원, 교육, 농업 대체 사업 등을 진두지휘했다. 현재 박물관으로 운영 중인데 남아 있는 유품들을 통해 그녀의 삶을 엿볼 수 있다. 내부 관람 시 무릎과 어깨 노출 의상과 사진 촬영이 금지된다.

🚶 치앙라이 버스 터미널1에서 북쪽으로 차량 1시간 5분 ⏰ 08:00~17:00
💰 90바트 📞 +66 53 767 015
🏠 www.doitung.com/tourism

어머니의 사랑 가득한 정원 ⑮
매 파 루앙 정원
Mae Fah Luang Garden ♀ Mae Fah Luang Garden

1980년대 당시 도이퉁 지역은 양귀비 재배와 불법 벌목으로 황폐화된 산악지대였다. 마약과 빈곤이 일상이었던 이곳에서 스리나가린드라 왕비는 '도이퉁 개발 프로젝트'를 시작하며 황량한 벌거숭이 산에 아편 대신 꽃들을 심었는데, 그 첫 번째 결실이 매 파 루앙 정원이다. 해발 1500m가 넘는 고지대에 수천 종의 고산식물과 꽃들이 계단식으로 조성되어 계절마다 총천연색 꽃들이 피고 진다. 현재는 도이퉁의 대표 명소이자 태국인이 가장 사랑하는 정원 중 하나가 되었다. '매'는 엄마, '파'는 하늘, '루앙'은 로열이란 뜻으로, 이곳을 거닐어보면 왜 이곳을 '어머니의 하늘 정원'이라고 부르는지 바로 공감된다.

🚶 치앙라이 버스 터미널1에서 북쪽으로 차량 1시간 5분
⏰ 07:00~18:00 💰 90바트
🏠 www.maefahluang.org

미얀마, 라오스까지 세 나라를 한눈에! ⑯
골든 트라이앵글 전망대 Golden Triangle Viewpoint 🔍 golden triangle viewpoint chiang rai

치앙라이 북부, 메콩강과 루악강이 만나는 지점에 위치한 골든 트라이앵글은 태국, 미얀마, 라오스 세 나라가 국경을 맞대고 있는 특별한 지리적 요충지를 한눈에 담을 수 있다. 강 건너 정면으로 라오스, 왼쪽으로 고개를 살짝 틀면 미얀마가 자리한다. 이 일대는 한때 세계 최대 규모의 아편 생산지 중 하나였지만, 왕립 프로젝트를 통해 대체 작물 재배를 장려하고, 농업 지원과 관광 개발로 주민들의 자립을 도왔다. 강력한 법 집행과 지속적인 경제 개발로 현재는 아편 생산이 거의 사라졌다. 인근에 아편 박물관, 메콩강 보트 투어, 불교 사원 등이 있어 문화 및 역사적 체험이 가능하다. 하지만 안타깝게도 미얀마는 정치 불안 속 생계 유지를 위해 여전히 대량의 아편을 생산 중이며 라오스도 불법 마약 거래, 범죄 조직이 활동하고 있어 여행 금지 구역이 된 상태다. 그러니 골든 트라이앵글은 태국에서만 보는 걸로!

🚶 치앙라이 버스 터미널1에서 차량 1시간 5분

콕강 뷰, 유럽 감성 충전소 ①
치윗 탐마다 커피 하우스 Chivit thamma da coffee house 🔍 Chivit thamma da coffee house

콕 강변을 따라 우아하게 자리한 커피 하우스는 2011년, 태국인 아내와 스웨덴인 남편이 '단순한 삶'을 모토로 오픈했다. 100년 된 전통 목조 가옥을 개조해 북유럽 감성의 가구와 소품들로, 테라스는 아름다운 강변 뷰로 채웠다. 제철, 유기농, 공정 무역 식재료들을 이용한 메뉴들은 종류도 상당하다. 태국 음식, 파스타, 햄버거, 샐러드, 퓨전 요리까지 없는 게 없고 디저트, 음료까지 따지면 메뉴 고르기가 쉽지 않다. 뜨거운 한낮에 방문하면 멍 때리기 좋고, 일몰 무렵 방문하면 예쁜 노을과 함께 로맨틱한 저녁 시간을 보낼 수 있다. 블루 템플인 왓 롱 쓰어 텐에서 멀지 않아 함께 다녀오기 좋다.

🚶 왓 롱 쓰어 텐에서 도보 5분 🕘 09:00~22:00 💵 칵테일 320바트, 파스타 320~420바트, 바나나 캐러멜 케이크 140바트 📞 +66 819 842 2925
🏠 www.chivitthammada.com

달콤한 휴식이 필요할 때 ········ ②
멜트 인 유어 마우스 Melt in your mouth ♀ Melt in your mouth

콕 강변에 자리한 인기 카페 중 시내에서도 비교적 가까운 멜트 인 유어 마우스. 조용한 골목 안에서 만나는 유럽식 건물, 그리고 석조 분수대가 있는 정원이 이국적이다. 2층짜리 벽돌식 건물은 천장이 높고 유리창이 커서 치앙라이의 따스한 햇살이 공간을 가득 채운다. 외부 테라스 자리도 넉넉한 편이라 오전이나 늦은 오후에 방문하면 비교적 덥지 않아 야외에서 시간을 보낼 수 있다. 식사 메뉴도 있지만, 가격 대비 조금 아쉽다는 평이라 음료에 디저트 정도 먹는 게 좋다. 마리아주 프레르 티도 있어 여유롭게 티타임을 즐겨보는 것도 괜찮다.

🚶 황금 시계탑에서 콕강 방향으로 도보 20분　🕘 09:00~20:00　🅑 허니 토스트 250바트, 그랜드마스 그릴드 포크 350바트, 멜트 모카 90바트　📞 +66 52 020 549

포크립은 언제나 옳아! ········ ③
립스 앤 코 Ribs & Co ♀ Ribs & Co chiang rai

황금 시계탑 인근 조용한 거리 한쪽에 자리한 립스앤코는 퀄리티 높은 그릴 요리와 합리적인 가격대로 현지인과 여행자 모두에게 꾸준히 사랑받는 바비큐 전문 레스토랑이다. 가장 인기 있는 포크립 BBQ 플래터와 풀드 포크 버거는 고기를 푹 익혀 부드럽고 촉촉함을 자랑하며, 여기에 수제 감자튀김이나 맥앤치즈를 곁들이면 든든한 한 끼가 완성된다. 캐주얼하고 따뜻한 분위기의 실내 공간 외에도, 저녁이면 야외 좌석에 은은한 조명이 더해져 분위기 있는 식사가 가능하다. 태국 음식이 살짝 질릴 때, 단백질을 충전하고 싶은 분들께 추천한다.

🚶 치앙라이 워킹 스트리트에서 도보 6분　🕘 11:00~22:00　🅑 포크립 R/L 295/399바트, 풀드 포크 버거 195바트, 알프레도 파스타 289바트　📞 +66 52 059 956

일몰을 즐기기 좋은 루프톱 ④
더 피크 와인 앤 그릴 THE PEAK WINE AND GRILL 🔍 the peak wine and grill

치앙라이에서 아름다운 선셋 보면서 칵테일이나 와인 한잔 혹은 근사한 식사를 하고 싶을 때 가기 좋은 곳. 콕 강변 더 리버리 바이 카타타니 호텔The Riverie by Katathani Chiang Rai 10층에 위치한 루프톱 레스토랑으로 콕강의 야경이 파노라마처럼 펼쳐져 해 질 무렵에 방문하면 특히 좋다. 스테이크와 와인, 그릴 요리를 전문으로 하며, 오너 셰프의 세련된 감각이 담긴 서양식 메뉴들이 깔끔한 플레이팅으로 제공된다. 인기 메뉴는 텐더로인 스테이크, 양갈비, 그릴드 치킨 등으로, 현지 농장에서 공수한 재료를 사용해 신선함이 돋보인다. 고급스러우면서도 과하지 않은 분위기, 친절한 응대, 아름다운 노을 전망이 어우러진 현지 최고의 루프톱이다. 17:30~19:00 해피아워 땐 일부 칵테일 할인 행사도 한다.

🚶 콕강 인근, 더 리버리 바이 카타타니 호텔 루프톱 🕐 17:30~23:00
🍽 텐더로인 스테이크(250g) 1000바트, 머시룸 수프 280바트, 리버 프라운 550바트
📞 +66 897 575 849

랜드마크 뷰 로컬 조식 ⑤
옐로 트럭 커피 Yellow Truck Coffee
🔍 Yellow Truck Coffee(Clock Tower)

이른 시간부터 하루가 시작되는 치앙라이. 로컬 감성, 현지 음식으로 아침 식사를 하고 싶다면 황금 시계탑으로 가보자. 약 7년간 동네 주민들과 여행자들의 조식을 책임지고 있는 노란색 트럭이 기다리고 있다. 인기 메뉴는 쪽(쌀죽)과 파통코, 타이식 달걀프라이가 있다. 쌀죽에는 생선이나 돼지고기, 수란을 옵션으로 선택할 수 있는데 모두 추가해도 55바트. 질감이 부드러워서 호록호록 잘 넘어간다. 바로 튀긴 파통코를 연유 듬뿍 찍어 먹는 것도 별미다. 저렴한 가격인데 따뜻한 차까지 기본으로 제공되니 안 가보면 손해.

🚶 황금 시계탑 앞 🕐 06:00~12:00 🍽 달걀 죽 40바트, 돼지고기 죽 45바트, 파통코 15/25바트, 아이스 타이 커피 30바트 📞 +66 869 213 142

따뜻한 치앙라이 가정식 ⑥
바랍 BARRAB 🔍 barrab

치앙라이 출신의 오너 셰프가 로컬 식재료와 전통 조리법에 대한 깊은 이해를 바탕으로 정성스러운 요리를 선보인다. 대표 메뉴인 북부식 커리 요리 깽항레, 커리 누들 카오소이는 담백하면서도 깊은 풍미를 자랑한다. 로컬의 맛을 유지하되 외국인의 입맛도 고려해 여행자들에게 좋은 높은 평을 받고 있다. 겉보기엔 소박하지만, 접시에 담긴 음식 하나하나가 맛깔나고 영어가 유창한 직원들의 응대가 따뜻하다.

🚶 왓 쳇욧에서 도보 1분　🕐 목~월 11:00~20:00　❌ 화·수요일
🏠 깽항레 75바트, 카오소이 75바트, 치앙라이 허브 소시지 70바트
📞 +66 948 126 670

무난함의 정석 ⑦
더 윈즈 The Winds 🔍 the winds chiang rai

왓 쳇욧 근처 바랍, 서울식당 인근에 자리한 더 윈즈. 시내 중심에서 아주 살짝 떨어져 있지만 깔끔한 분위기, 친절하고 빠른 서비스, 음식 맛 등 골고루 좋은 평을 받고 있다. 태국 북부와 대중적인 현지 요리들을 모두 갖추고 있으며 과하지 않은 맛으로 외국인 여행자들에게 인기다. 남프릭, 깽항레 등이 포함된 북부식 한 상 차림도 있으며, 간단히 카오소이 한 그릇만 먹어도 괜찮다. 완전 로컬 식당 기준으로는 다소 높은 가격이지만 여러모로 무난하게 한 끼 식사를 할 수 있다.

🚶 왓 쳇욧에서 도보 2분　🕐 12:00~22:00　🏠 볶음밥 95~145바트, 치킨 카오소이 95바트, 그릴드 포크넥 165바트　📞 +66 853 547 850

접근성 좋은 로컬 누들집 ⑧
로테 이암 비프 누들 Rote Yiam Beef Noodle 🔍 421, 4-5 Thanon Baanpa Pragarn Road

황금 시계탑 주변 로컬 식당들 중 한국인 입맛에도 무난하게 잘 맞고 가볍게 한 끼 해결할 만한 곳이다. 구글 맵스에는 상호명이 태국어로만 등록되어 있다. 수십 년간 영업을 해온 곳으로 정통 레시피로 만든 소고기 국수, 카오카무(족발 덮밥)가 인기다. 살코기와 힘줄이 들어간 국수나 라이스 중 선택 가능하며, 야들야들하게 삶은 족발을 얹은 덮밥도 많이 주문한다.

🚶 황금 시계탑에서 도보 2분　🕐 07:00~17:00
🏠 카오카무·포크 누들 S/M/L 80/100/150바트
📞 +66 53 601 190

태국 최고의 야식 중 하나 ⑨
로티 파 야 Roti Pa Yah Four Stars chiang rai

황금 시계탑에서 야경 쇼를 보고 슬쩍 고개를 돌려보면 많은 사람이 모여 있는 한 노점을 발견하게 된다. 바로 현지인과 여행자 모두에게 사랑받는 무슬림 스타일 로티 전문점이다. 구글 맵스에 태국어로 등록되어 있어 'Four Stars'를 검색하고 가는 게 편하다. 저녁 6시 무렵부터 새벽까지 영업하는데, 줄 서서 기다리는 사람도 많고 그랩 오토바이들이 수시로 오가 인기를 실감케 한다. 주문 즉시 철판 위에서 바삭하게 구워지는 로티는 겉은 바삭하고 속은 쫄깃하며, 연유, 초콜릿, 바나나, 치즈 등의 토핑을 선택할 수 있다. 오리지널 로티는 20바트부터. 가격까지 착하니 그냥 지나칠 수가 없다.

🚶 황금 시계탑 앞에서 도보 2분 🕐 일~금 17:30~21:30 ❌ 토요일 🍽 플레인 로티 20바트, 바나나 에그 누텔라 로티 40바트, 모차렐라 로티 50바트 📞 +66 53 752 429

타지에서 먹는 삼겹살의 맛 ⑩
서울식당 서울식당 치앙라이

한국의 맛을 그리워하는 여행자와 현지인들에게 반가운 공간, 서울식당은 오랜 시간 가족이 성실하게 운영해온 한식당이다. 김치찌개, 불고기, 제육볶음, 비빔밥 등 대표적인 한식 메뉴들을 정갈하게 제공하며, 다양한 반찬 구성에서 집밥 같은 따뜻함이 느껴진다. 한국식 삼겹살에 된장찌개, 여기에 소주까지 한잔하면 그냥 한국. 전반적으로 태국의 한식당들은 가격대도 합리적이라 큰 부담은 없다. 내부 공간이 넓어서 그룹 여행자들도 많이 찾는 편이다.

🚶 왓 쳇욧에서 도보 1분 🕐 10:00~21:00 🍽 비빔밥 150바트, 찌개류 150바트, 제육볶음 200바트, 삼겹살 200바트 📞 +66 53 752 300

본거지에서 만나는 태국 스페셜티 커피 ⑪
도이창 커피 Doi Chang Coffee 도이창 커피 치앙라이

도이창 커피는 치앙라이에서 1시간 거리인 도이창 지역에서 생산되는 프리미엄 아라비카 원두를 사용하는 대표적인 스페셜티 커피 브랜드다. 원래 아편 재배지였던 이곳은 왕실 프로젝트를 통해 커피 농장으로 탈바꿈했으며, 아카족 등 소수민족이 참여해 재배한 유기농 원두는 세계 상위 1%로 평가받는다. 유럽 PGI 인증까지 받은 고산 커피의 깊고 복합적인 풍미를 치앙라이 도심 속 카페에서 여유롭게 즐길 수 있다. 에어컨이 나오는 실내 좌석, 정원 느낌의 실외 좌석이 있으며 원두 판매점도 함께 운영한다.

🚶 치앙라이 워킹 스트리트에서 도보 3분 🕐 08:00~17:00 🍽 아이스 아메리카노 75바트, 도이창 아이스 커피 90바트 📞 +66 646 362 426

AREA ····②

태국 북부, 여행자들의 블랙홀
빠이 | Pai

치앙마이에서 북쪽으로 3시간, 굽이진 산길 끝에 닿는 작은 마을. 일단 도착하면 그 고요함과 자유로움에 누구나 마음을 빼앗긴다. 안개 낀 계곡, 탁 트인 논밭, 노을로 붉어진 하늘처럼 때 묻지 않은 자연이 있는가 하면, 히피 감성 가득한 거리는 재즈와 라이브 뮤직이 채우고 힙한 백패커들이 거리를 활보한다. 고요함과 활기가 공존하는 빠이의 시간은 묘할 만큼 느릿하게 흘러간다. 아무것도 하지 않아도 되는 일상에서의 해방을 얻을 수 있는 곳. 도시의 속도를 벗어나 진짜 '쉼'을 느끼고 싶은 여행자에게 빠이는 잊을 수 없는 안식처가 된다.

치앙마이에서
빠이 가는 법

치앙마이에서 빠이까지는 약 132km, 커브가 700개가 넘는 꼬불꼬불한 산길이라 스릴 만점의 드라이브 코스가 펼쳐진다. 그래도 예전에 비해 도로 사정이 좋아져 미니밴을 이용해도 3시간이면 갈 수 있다. 다만 멀미가 심하다면 탑승 전 꼭 멀미약을 챙기길 권한다.

미니밴

빠이 이동 시 가장 많이 이용하는 교통수단인 미니밴은 10명 정도의 승객이 탑승 가능하다. 치앙마이 아케이드2 버스터미널Chiang Mai Arcade 2 매표소에서 현장 구입하거나 프렘프라차Prempracha, 12Go 홈페이지에서 예약할 수 있다. 1인 150바트이며 좌석을 선택할 경우 10바트가 추가된다. 조수석 1A를 예약하면 뒷좌석들에 비해 훨씬 쾌적하고 편안하다. 온라인 예매 시 수수료가 붙긴 하지만 큰 금액은 아니라 부담 없다. 홈페이지에서 카드 결제가 되지 않을 경우 세븐일레븐 편의점에서 지불하는 방법을 선택하면 되는데 추가 수수료가 더 부과된다. 캐리어, 배낭도 무료로 실을 수 있으며 중간에 한 번 휴게소에서 쉬어간다. 치앙마이로 돌아가는 버스 티켓은 빠이에 도착하자마자 바로 현장에서 구입해두는 게 좋다. 빨리 예약할수록 1A석을 사수할 확률이 높다.

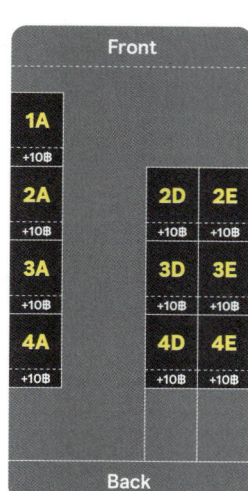

빠이 미니밴 티켓 예약
🏠 https://premprachatransports.com
🏠 https://12go.asia/en

프라이빗 차량

일행끼리 프라이빗하게 이동하고 싶다면 전용 차량을 대절한다. 차량 1대 기준 2000~3000바트에 예약 가능하며 현지 여행사에 문의해도 되고 클룩, 케이케이데이, 마이리얼트립 등의 예약 플랫폼을 이용할 수 있다. 산길이고 커브가 많기 때문에 좀 더 비용을 들이더라도 렌터카보다 기사가 딸린 차량을 이용하는 게 안전하다. 당일치기로 다녀올 여행자들은 아예 개별 차량이 포함된 일일 투어를 선택하는 것도 좋은 방법이다.

빠이
대중교통

대중교통이랄 게 딱히 없는 빠이에서는 오토바이를 대여하거나 도보로 다니는 게 일반적이다. 하지만 웬만한 유명 볼거리들은 여행사의 투어 차량으로 커버가 되고 가격대가 높지만 택시도 이용 가능하니 자유여행, 망설일 필요가 없다.

오토바이

빠이에서는 오토바이가 가장 흔한 이동 수단이다. 그래서 렌털 숍도 많고 가격도 저렴하다. 아야 투어에서 운영하는 숍이 버스 터미널에서 가까워 인기가 많은데 시간 여유가 있다면 좀 더 둘러보고 비교한 후 정하는 게 좋다. 여행자들이 많이 이용하는 125cc의 경우 24시간 기준 100~150바트부터 시작하고, 대여 시 국제 운전면허증과 여권, 보증금이 필요하다. 태국은 오토바이 운전 시 원동기 면허가 필수인데 빠이에서는 자동차 운전면허증만 있어도 빌려주기도 한다. 하지만 단속을 하거나 사고가 날 경우 개인에게 문제가 생길 수 있으니 신중히 판단해야 한다.

투어 차량

오토바이를 못 타는 뚜벅이 여행자도 빠이 여행을 잘할 수 있을까? 걱정이 앞서겠지만 그것은 기우. 빠이의 인기 관광지들은 대부분 조인 투어로 다녀올 수 있다. 100~300바트 정도로 저렴한 금액으로 단일 스폿에 가거나 반나절 투어를 다녀오면 된다. 다만 체류 시간이 정해져 아쉬울 때가 있지만 가성비로 어느 정도 커버가 된다. 한국인 여행자들이 투어를 많이 이용하기 때문에 자연스럽게 동행도 찾을 수 있다.

택시

흔하진 않지만 빠이에도 택시는 있다. 워킹 스트리트 곳곳의 'TAXI'란 간판이 걸린 곳에 문의하면 된다. 조인 투어보다 가격이 비싸지만, 일행끼리 원하는 곳을 선택해서 다녀올 수 있다는 장점이 있다. 반나절~하루 일정을 짜고 기사와 가격 흥정을 하는 것도 가능하다. 반나절 정도에 대략 1000바트 선이다. 최근 그랩 서비스도 시작했는데 드라이버 수가 현저히 적어 호출이 안 되는 경우가 많다.

빠이
이렇게 여행하자

빠이는 시내 구석구석을 돌아봐도 한두 시간이면 충분하고 의외로 외곽에 볼거리가 많다. 아무것도 하지 않고 여유를 즐겨도 좋은 빠이지만, 부지런한 한국인 여행자는 관광을 포기하기 힘들다. 맘 먹고 돌아보려면 최소 2~3일은 필요하다. 오토바이를 빌려 자유롭게 둘러보는 게 베스트지만 원동기 면허가 없거나 운전이 미숙하다면 투어를 추천한다. 버스 터미널 근처 아야Aya 투어가 접근성도 좋고 다양한 투어 상품을 운영해 인기가 많다. 투 헛츠, 10라이, 캐니언까지 빠이 대표 일몰 명소들도 1인 100바트면 조인 투어로 다녀올 수 있다.

1일 차
조인 투어로 외곽 명소들을 한 번에!

- 빠이 버스 터미널
- 차량 6분
- 왓 프라탓 매옌
- 차량 20분
- 윤라이 전망대
- 차량 4분
- 산티촌 빌리지
- 차량 22분
- 팸복 폭포
- 차량 5분
- 뱀부 브리지
- 차량 20분
- 빠이 캐니언
- 차량 12분
- 빠이 워킹 스트리트

2일 차
부지런히 움직여 빠이 곳곳 정복

- 아야 투어
- 차량 1시간 10분
- 반자보 일출 전망대(반자보 국수)
- 차량 35분
- 탐럿 동굴
- 차량 1시간
- 싸이 응암 온천
- 차량 25분
- 빠이 워킹 스트리트
- 차량 11분
- 투 헛츠 빠이
- 차량 10분
- 워킹 스트리트 펍, 라이브 바

빠이 상세 지도

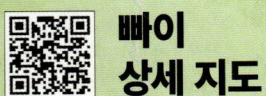

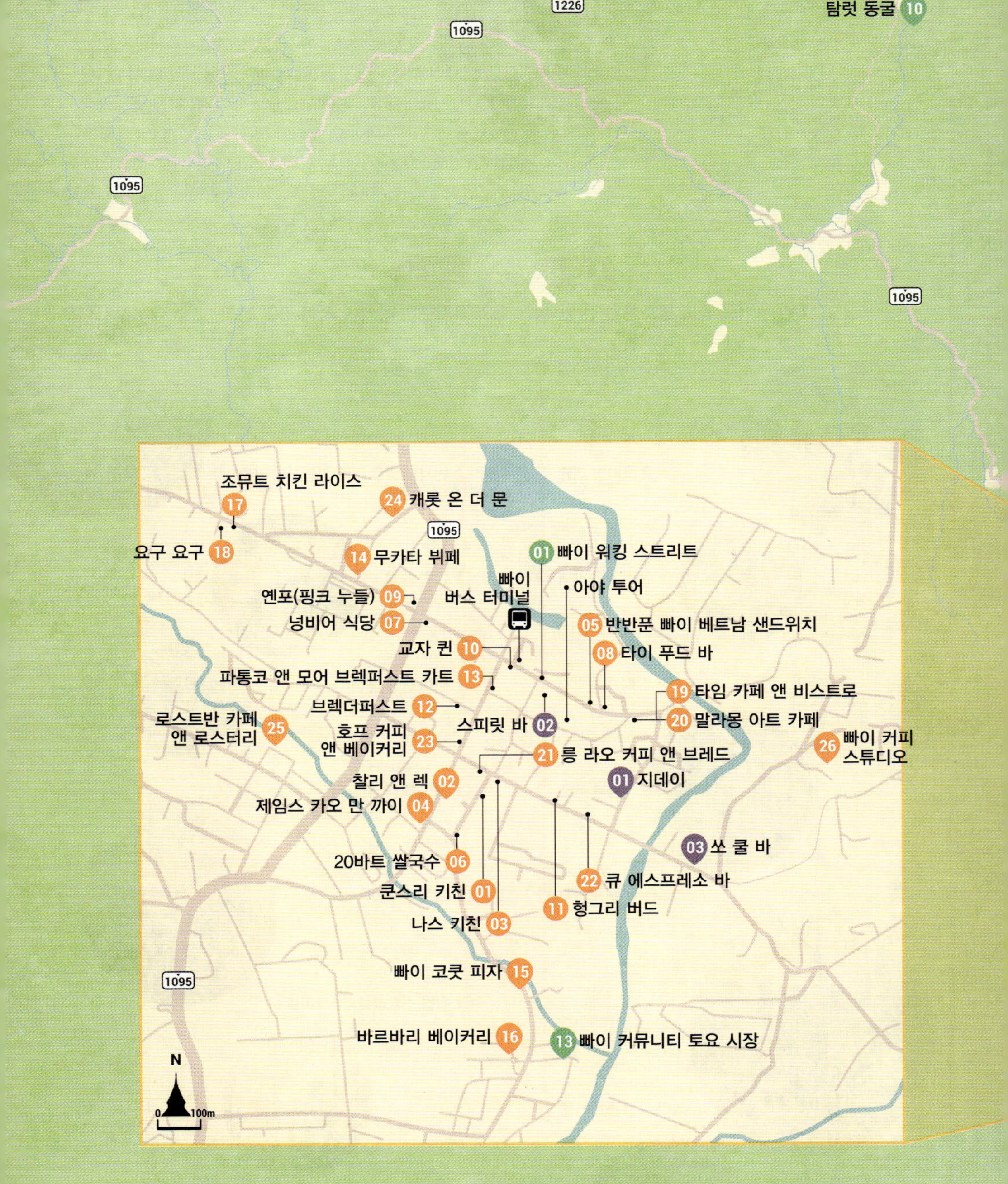

- 03 반자보 일출 전망대
- 10 탐럿 동굴
- 17 조뮤트 치킨 라이스
- 24 캐롯 온 더 문
- 18 요구 요구
- 14 무카타 뷔페
- 01 빠이 워킹 스트리트
- 빠이 버스 터미널
- 아야 투어
- 09 옌포(핑크 누들)
- 07 넝비어 식당
- 05 반반푼 빠이 베트남 샌드위치
- 10 교자 퀸
- 08 타이 푸드 바
- 13 파통코 앤 모어 브렉퍼스트 카트
- 12 브렉더퍼스트
- 19 타임 카페 앤 비스트로
- 25 로스트반 카페 앤 로스터리
- 23 호프 커피 앤 베이커리
- 02 스피릿 바
- 20 말라몽 아트 카페
- 02 찰리 앤 렉
- 21 릉 라오 커피 앤 브레드
- 26 빠이 커피 스튜디오
- 04 제임스 카오 만 까이
- 01 지데이
- 06 20바트 쌀국수
- 03 쏘 쿨 바
- 01 쿤스리 키친
- 22 큐 에스프레소 바
- 03 나스 키친
- 11 헝그리 버드
- 15 빠이 코콧 피자
- 16 바르바리 베이커리
- 13 빠이 커뮤니티 토요 시장

- 명소
- 식당/카페
- 나이트라이프

12 싸이 응암 온천

09 모팽 폭포
윤라이 전망대 06   05 산티촌 빌리지
04 왓 프라탓 매옌
커피 인 러브 27
• 10라이 선셋 뷰 카페
• 투 헛츠 빠이
뱀부 브리지 07   08 팸복 폭포
빠이 캐니언 02   11 타 빠이 온천

낮과 밤, 다른 매력 ①
빠이 워킹 스트리트 Walking Street 🔍 빠이 워킹 스트리트

빠이의 중심을 이루는 워킹 스트리트는 낮과 밤, 서로 다른 얼굴로 여행자를 맞이한다. 낮에는 노곤한 공기가 거리를 감싸며, 로컬 카페와 기념품 가게들이 조용히 문을 열고 여행자들은 천천히 골목을 누빈다. 햇살 아래, 커피 한잔 마시며 흘러가는 시간을 즐기면 그만이다. 하지만 해가 지면 거리는 완전히 다른 풍경으로 탈바꿈한다. 다양한 노점과 음식 트럭이 등장하고, 거리 공연과 음악 소리가 분위기를 달군다. 전 세계에서 모인 여행자들이 이 작은 골목에 모여 현지 음식을 맛보고, 맥주잔을 부딪치며 밤의 자유를 만끽한다. 조용한 낮과 활기찬 밤, 워킹 스트리트는 빠이의 이중적인 매력을 오롯이 보여주는 공간이다.

🚶 빠이 버스 터미널 앞 대로

아야 투어 Aya Tour

워킹 스트리트의 중심, 버스 터미널에서 가까워 하루에도 여러 번 지나치는 곳에 아야 투어가 있다. 오랫동안 영업해온 로컬 여행사로 다양한 투어와 여러 도시를 오가는 미니밴 서비스를 제공한다. 바로 옆에 오토바이 렌탈 숍도 운영해 빠이를 찾는 여행자들은 모두 이곳으로 모인다. 직원들도 친절하고 일 처리도 깔끔한 편. 빠이 내에서의 투어는 100~300바트 정도면 된다. 여행사 앞 배너에서 진행하는 투어를 확인할 수 있다.

태국의 그랜드 캐니언 ②
빠이 캐니언 Pai Canyon 🔍 빠이 캐니언

부드러운 붉은 사암이 오랜 시간 동안 빗물과 바람 등에 침식되면서 30m 높이에 이르는 급경사 절벽을 따라 이어지는 협소한 능선의 특별한 지형이 만들어졌다. 주차장에서 정상까지는 금세 올라가는데, 모험은 여기서부터 시작된다. 한 사람이 겨우 지나갈 수 있는 좁다란 협곡을 통과해야 하고 칼날같이 뻗은 길을 따라 걷다 보면 절로 손에 땀이 밴다. 하지만 그 끝에 만나는 오렌지빛 하늘과 더욱 짙어진 붉은 캐니언을 보면 용기를 낸 보람이 있다. 길이 미끄러울 수 있으니 슬리퍼보단 샌들이나 운동화를 신는 것이 좋다. 고소공포증이 있거나 겁이 많은 사람은 무리하지 말고 정상까지만 올라 풍경을 감상해도 괜찮다. 안전 사고 우려가 있는 곳에선 늘 주의해야 한다.

🚶 아야 투어에서 차량으로 12분   🕐 06:00~19:00

일출 보고 국수 한 그릇 ③
반자보 일출 전망대
Ban Jabo Ban Jabo

유독 한국인 여행자가 많은 빠이 투어가 하나 있다. 새벽 4시~4시 반쯤 출발해 1시간 넘게 구불거리는 산길을 달려야 해서 부지런한 사람들만 갈 수 있다는 반자보 일출 투어다. 오토바이를 빌려 개별적으로 가도 되지만, 어둑한 산길이니 여행사에서 운영하는 투어를 이용하는 것이 안전하다. 반자보는 해발고도 1000m 내외 고지대에 위치해 새벽이면 운해가 마을 전체를 뒤덮는 장관을 연출한다. 해가 떠오르면서 온 세상이 주황빛으로 물들고 운해가 사르르 걷히는 풍경은 11~2월 사이 서늘한 계절에 좀 더 뚜렷하게 나타난다. 일출만큼 유명한 것은 밑이 뻥 뚫린 나무 데크에 대롱대롱 앉아서 먹는 국수 한 그릇. 고도가 높아 살짝 쌀쌀하기도 한데 뜨끈한 국물 한 모금 마시면 피로가 싹 풀린다. 시내보다 기온이 낮으니 외투를 챙겨가길 권한다.

🚶 아야 투어에서 북서쪽으로 차량 1시간 10분

빠이의 수호자, 빅 붓다 ……… ④
왓 프라탓 매옌 Wat Phra That Mae Yen ○ Wat Phra That Mae Yen

현지인들에겐 불심의 장소, 여행자들에겐 뷰 포인트, 일몰 명소로 유명한 왓 프라탓 매옌. 약 23m에 달하는 순백의 좌불상이 있어 '빅 붓다'란 별칭으로 통한다. 19세기 란나 양식과 버마 스타일의 우산형 체디가 조화를 이루는데 이를 보려면 353개의 계단을 올라야 한다. 사원의 꼭대기에 오르면 불상 뒤로 빠이 시내가 한눈에 들어온다. 산으로 둘러싸인 마을, 논과 밭이 있는 목가적인 풍경이 마음을 평온하게 한다. 시내에서도 비교적 멀지 않으니 해 질 무렵 방문해 일몰을 감상하는 것도 좋은 방법.

🚶 빠이 버스 터미널에서 남동쪽으로 차량 6분 🕐 06:00~18:00

빠이에서 만나는 작은 중국 ……… ⑤
산티촌 빌리지 Ban Santichon ○ 산티촌 빌리지

'차이니즈 빌리지'로도 불리는 이곳은 1949년 중국 국민당을 지지했던 윈난 지역 사람들이 도피해 정착하며 생긴 마을이다. 현재도 2000여 명의 주민이 윈난 고유의 문화와 언어를 지키며 살아가고 있으며, 2005년부터 관광지로 자리를 잡았다. 전통 의상 대여도 가능하고, 목제 관람차, 승마 체험, 활쏘기 등의 다양한 액티비티도 있다. 중국 음식과 차를 판매하는 곳들도 있어 빠이 속 작은 중국을 경험해볼 수 있다. 한국인 여행자에겐 크게 이색적인 곳은 아니지만 입장료가 없으니 윤라이 전망대에 갈 때 들러볼 만하다.

🚶 빠이 버스 터미널에서 북서쪽으로 차량 10분 🕐 05:00~18:00

접근성 좋은 일출 명소 ⑥
윤라이 전망대
Yun Lai Viewpoint 🔍 윤라이 전망대

'윤라이'는 한자로 운래雲來, '구름이 오는 곳'이란 뜻이다. 해가 뜨기 전 전망대에 오르면 짙은 운해에 뒤덮인 빠이의 풍경을 만날 수 있어 일출 명소로 인기다. 햇살이 산자락을 타고 내려와 짙은 운해를 천천히 걷어내는 마법 같은 순간을 놓치기 아깝다. 시내에서 오토바이로 15분 남짓이면 갈 수 있어 반자보다 부담 없이 다녀올 수 있다는 것도 장점이다. 청명한 한낮, 일몰 무렵에 올라가도 탁 트인 풍경은 언제나 매력적이다. 중국식 붉은 등, 하트 포토존, 그네 등도 있어 빠이 속 중국에서 특별한 사진도 남길 수 있다. 산티촌 빌리지와 가까우니 함께 다녀오는 일정으로 계획해보자.

🚶 산티촌 빌리지에서 차량 4분
🕐 05:00~20:00   💰 20바트

목가적인 공덕의 다리 ⑦
뱀부 브리지
Kho Ku So Bamboo Bridge 🔍 빠이 뱀부 브리지

팸복 마을과 아담한 사원을 잇는 대나무 다리의 현지 이름은 분 코쿠소Boon Kokuso, '공덕의 다리'라는 의미다. 승려들이 비 오는 계절에도 탁발하러 다닐 수 있도록 주민들이 지은 800m가량의 대나무 다리는 드넓은 논 위를 가로지는 유용한 길이 되어준다. 대나무를 엮은 매듭마다 마을 주민들의 정성과 불심이 담겨 있다. 우기에는 초록빛, 건기에는 황금빛 논이 펼쳐지고, 곁에서는 물소들이 평화롭게 노닌다. 바람결을 따라 울려 퍼지는 워낭 소리마저 빠이의 나른한 오후를 닮았다. 나무로 지은 '제이 카페Jaey café' 2층에는 널브러져 있기 좋은 쿠션과 해먹들이 걸려 있는데, 여기서 보는 전망 또한 기가 막히니 놓치지 말자. 곳곳에 포토존도 많다.

🚶 팸복 폭포에서 차량 5분   💰 30바트

절벽에서 쏟아지는 시원한 물줄기 ⑧
팸복 폭포 Pam Bok Waterfall ♀ Pam Bok Waterfall

바다가 없는 빠이에서 물놀이를 즐길 수 있는 대안은 계곡이다. 일부러 찾아갈 정도까진 아니지만, 투어와 묶어서 많이 다녀오는 곳 중 하나인 팸복 폭포는 좁은 협곡 사이에 위치해 우기 땐 제법 웅장한 물줄기를 쏟아낸다. 높이 약 40m의 절벽에서 계단식으로 쏟아지는 물줄기 아래는 제법 물이 고여 있어 자연 수영장을 만든다. 주변을 감싼 바위와 나무들이 만든 자연 그늘에서 흩어지는 물줄기를 맞으며 더위를 살짝 식힐 수 있다. 규모도 작고 입장료까지 있어 단독으로 찾아가면 살짝 실망할 수 있다.

🚶 빠이 버스 터미널에서 남서쪽으로 차량 19분
💲 100~400바트

빠이에서 즐기는 계곡 물놀이 ⑨
모팽 폭포 Morpaeng Waterfall

산티촌 빌리지, 윤라이 전망대에서 조금 더 안쪽으로 들어가면 물놀이하기 좋은 폭포가 나온다. 3개의 계단식 경사로 이루어져 있는데 널찍한 바위를 평상 삼아 쉬어가기 좋다. 맑고 시원한 물이 넓은 바위층을 따라 흐르는데 물줄기가 그리 거센 편은 아니다. 그마저도 건기에는 물이 줄어드니 방문 시기에 강수량을 체크하고 가는 것이 좋다. 이곳의 하이라이트는 자연산 미끄럼틀. 바위 사이로 흐르는 폭포수에 그저 몸을 맡기기만 하면 된다. 간단히 먹을거리를 준비해가 한국식 계곡처럼 피크닉을 즐기는 것도 색다른 재미다.

🚶 빠이 버스 터미널에서 북서쪽으로 차량 17분
🕐 08:30~18:00 💲 100바트

뗏목 타고 신비한 동굴 탐험 ·······⑩
탐럿 동굴
Tham Lod Cave　🔍 **Tham Lod Cave**

빠이 북서쪽, 깊은 산속에 자리한 탐럿 동굴은 길이 1.6km, 최고 높이 50m에 달하는 카르스트 동굴이다. 수천 년에 걸쳐 형성된 종유석과 석순은 여전히 자라고 있으며, 동굴 안에서 고대 라와족의 유골과 티크 목관이 발견돼 선사 시대 인류의 흔적으로 지질학, 고고학적 의미가 크다. 탐럿 동굴은 3개 구역으로 나뉘는데 각각의 특징이 뚜렷하다. 600m 길이의 강이 동굴 안을 지나 두 번째~세 번째 구역을 이동할 땐 대나무를 길게 연결한 뗏목을 타고 건너야 한다. 물고기 밥을 준비해가면 엄청난 물고기 떼도 볼 수 있다. 박쥐와 제비 떼가 무리 지어 날아다니는 것도 흔한 풍경이다. 동굴은 현지 가이드와 함께 이동해야 하며 어둡고 바닥이 울퉁불퉁하니 편한 신발을 착용하는 것이 좋다. 오가는 길이 험하고 동굴 안도 매우 후텁지근하지만 이색적인 탐험이 될 것이다. 워킹 스트리트에 있는 투어사에서 반일 투어를 이용하면 된다.

🚶 아야 투어에서 차량으로 1시간 10분
🕗 08:00~17:30
💰 그룹별(최대 3인) 동굴 1개 300바트, 동굴 2개 350바트, 동굴 3개 600바트

이열치열, 뜨거운 것이 좋아! ·······⑪
타 빠이 온천 Tha Pai Hot Springs 🔍 타 빠이 온천

시내에서 남쪽으로 약 4km 거리에 있는 후아이 남당Huai Nam Dang 국립공원 안에 있는 타 빠이 온천은 싸이 응암과 함께 빠이에서 가장 인기 있는 온천이다. 계곡 상부에 지하 단층대에서 데워진 80℃ 정도 고온의 온천수가 지표로 솟구치는 간헐천이 있고, 계곡을 따라 아래로 흐르면서 찬물과 섞여 온도가 낮아진다. 입수가 가능한 구역은 물의 온도가 30~36℃로 우리가 흔히 가는 대중탕 온도와 비슷하다. 유황 성분 때문에 특유의 냄새가 나기도 하는데, 피부 미용에 도움이 되니 오히려 좋다. 뜨거운 온천수에 삶아 먹는 달걀도 놓치지 말자.

🚶 빠이 버스 터미널에서 남동쪽으로 차량 14분　🕗 08:00~18:00
💰 300바트

숲속에서 즐기는 노천욕 ⑫
싸이 응암 온천 Sai Ngam Hot Springs 🔍 싸이 응암 온천

타 빠이 온천과 함께 여행자들이 가장 많이 찾는 빠이의 온천이다. 시내에서 좀 더 멀긴 하지만 숲에서 내추럴한 노천욕이 가능해 도시 남녀에게 특별한 경험이 될 수 있다. 낙차가 작은 계단식 냇가에 미지근한 온천수가 흘러 날씨와 상관없이 몸을 담그기 좋으며, 이른 아침에 방문하면 방문객이 없어 더욱 프라이빗한 시간을 보낼 수 있다. 탈의실, 화장실 정도는 있지만 시설이 열악하니 수영복은 미리 입고 가는 것을 추천한다. 마지막 2km 정도는 비포장도로에 경사도 높아 길이 험하므로 오토바이를 이용할 땐 주의를 기울일 것.

🚶 빠이 버스 터미널에서 북서쪽으로 차량 25분
🕐 08:00~17:00 💰 400바트

토요일엔 무조건 여기! ⑬
빠이 커뮤니티 토요 시장
Community Saturday morning market
🔍 pai community saturday morning market

매주 토요일 오전 9시 반부터 오후 3시까지 비엥타이 공원Vieng Tai Public Park에서 소소한 마켓이 열리는데, 시내 중심과는 살짝 떨어져 있지만 도보로 충분히 다녀올 수 있다. 핸드메이드 제품, 빈티지 의류와 잡화, 인테리어 소품과 먹거리를 판매하고 라이브 공연을 하기도 한다. 한눈에 다 들어오는 규모라 구경할 게 많진 않지만 현지인들의 일상에 잠시 들어가 여유로운 주말 아침을 즐기기엔 제격이다. 근처에 인기 빵집, 바르바리 베이커리Barbari bakery와 카페, 숍들도 있어 함께 다녀오기도 좋다.

🚶 빠이 버스 터미널에서 도보 15분   🕐 토요일 09:30~15:00

리얼 가이드

핑크빛 낭만이 흐르는 빠이 일몰 명소

평화로운 산골 마을의 일상 속에서 가장 특별한 시간은 뉘엿뉘엿 해가 지기 시작할 때다. 고층 건물 없이 탁 트인 시야, 논밭을 배경으로 천천히 물드는 붉은 노을은 도시의 그것과는 빛깔도 속도도 다르다. 그 매력에 빠진 빠이의 여행자들은 늦은 오후만 되면 일몰 스폿을 찾아 나선다.

빠이의 낭만은 여기로 통한다
투 헛츠 빠이 Two Huts Pai ♀ Two Huts Pai

노을빛이 빠이의 논 위로 퍼져 나가는 시간, 많은 여행자가 일몰을 보기 위해 시내에서 오토바이로 10분 정도 거리인 '투 헛츠'로 모여든다. 탁 트인 야외 공간에 야자 지붕 오두막 두 채가 나란히 자리하는데 하나는 음식과 음료를 주문하는 곳, 나머지 하나는 손님들이 시간을 보낼 수 있는 공간이다. 이 외에도 나무 데크, 테이블, 해먹이 넉넉하게 배치되어 있어 편한 곳에 자리를 잡으면 된다. 하늘이 점차 핑크빛으로 물들기 시작하면 라이브 음악이 울려 퍼지는데, 이 순간엔 누구나 빠이의 낭만에 젖어든다. 맥주나 칵테일, 과일 주스 등과 간단히 요기할 만한 음식들을 판매하는데 가격도 합리적이다. 프라이드치킨이 있어 한국인 여행자들은 치맥을 많이 한다. 시내 투어사에서 운영하는 픽업 & 드롭 차량을 1인 100바트 정도에 이용할 수 있어 오토바이를 대여하지 않더라도 다녀올 수 있다.

🚶 아야 투어에서 차량으로 11분 ⏱ 11:00~21:00 🍗 프라이드치킨 100바트, 프렌치 프라이 80바트, 맥주 70~80바트 📞 +66 811 699 004

힙한 DJ 공연과 함께
10라이 선셋 뷰 카페
10RAI sunset view cafe ♀ 10RAI sunset view cafe

'투 헛츠'와 함께 빠이 선셋 카페의 양대 산맥 중 하나인 '10라이'는 투 헛츠에서 차로 1~2분 거리다. 두 곳 모두 병풍처럼 둘러싸인 산과 논밭 뷰가 비슷하지만 분위기는 완전히 다르다. 음식을 주문하는 메인 건물과 일부 나무 데크, 테이블이 있긴 하지만, 약간 경사진 야외 잔디밭에 빈백 체어들이 놓여 있다. 삼삼오오 모여서 빈백 위에 기대앉아 맥주 한잔 마시는 분위기가 좀 더 자유분방하다. 중앙에 전용 부스가 있어 디제잉을 하는데, 힙한 음악들이 주를 이뤄 어느새 클럽 분위기가 되기도 한다.

🚶 아야 투어에서 차량으로 10분 ⏱ 12:00~20:00 🍹 칵테일 100~180바트, 팟타이 80바트, 비프 버거 180바트, 맥주 80바트 📞 +66 922 294 499

호불호 없는 가성비 음식 ······ ①
쿤스리 키친 ◎쿤스리 키친

한국인 여행자들에게 유명한 빠이 맛집 중 하나로 대부분의 메뉴가 40~50바트대로 저렴해서 언제든 부담 없이 방문하기 좋다. 강한 불에 달달 볶아주는 볶음식 타이 요리들이 대부분인데, 오랜 경력에서 나오는 주인 아주머니의 웍질이 예사롭지 않다. 타이 바질 향을 제대로 살린 팟 끄라파오 무쌉에 달걀프라이 하나 추가해서 먹으면 맛도 영양가도 10점 만점에 10점. 고기와 각종 재료를 넉넉하게 넣은 수키도 쿤스리 키친의 인기 메뉴다. 덮밥에 수키 조합은 한국인 여행자들에게 무조건 '호'다.

🚶 빠이 버스 터미널에서 도보 5분 　🕗 08:00~17:00
🅱 수키 40바트, 팟 끄라파오 무쌉 40바트, 팟타이 40바트
📞 +66 86 114 1314

비건 친화적 건강식 전문 ······ ②
찰리 앤 렉 Charlie & Lek ◎Charlie & lek

빠이에도 베지테리언을 위한 식당이 꽤 많다. 찰리 앤 렉도 중부 태국 음식을 중심으로 비건 친화적 옵션들을 모두 갖추고 있다. 메뉴를 정한 다음 두부, 채소, 치킨, 돼지고기, 새우, 소고기 등 토핑을 선택할 수 있어 취향 맞춤 주문이 가능하다. MSG를 사용하지 않아 음식 맛이 정갈하고 텁텁함이 없다. 팟타이, 팟씨유, 볶음밥, 각종 커리류까지 외국인이 좋아할 만한 무난한 태국 음식들이 주를 이룬다. 음식 가격도 대부분 100바트 내외에 양도 넉넉한 편이다.

🚶 빠이 버스 터미널에서 도보 5분
🕗 월~토 11:00~20:30　❌ 일요일　🅱 커리 80~135바트, 팟씨유·팟타이 65~80바트
📞 +66 817 339 055

여행자 입맛에도 찰떡인 가정식 ③
나스 키친 Na's Kitchen ◉ Na's Kitchen

늦은 오후, 목조 건물에 불이 켜지며 영업이 시작된다. 저녁 장사밖에 하지 않는 아담한 식당은 금세 손님들로 채워진다. 팟타이, 볶음밥, 모닝글로리 볶음 같은 메뉴들은 언제 주문해도 실패가 없다. 더 이국적인 태국 요리를 먹고 싶다면, 마사만 커리를 추천한다. 매콤한 페이스트에 코코넛 밀크를 넣어 매운맛, 단맛, 짠맛, 신맛이 복합적으로 느껴져 밥 한 그릇 뚝딱이다. 입안이 얼얼하다면, 망고 스티키 라이스로 마무리해보자.

🚶 빠이 버스 터미널에서 도보 4분 🕐 일~금 17:00~22:00 ✖ 토요일
💲 마사만 커리 120바트, 볶음밥 70바트, 팟타이 70바트
📞 +66 813 870 234

태국식 갈비탕이 꿀맛 ④
제임스 카오 만 까이 ◉ 제임스 국수

구글 지도에도 한글로 등록되어 있고, 가게 앞에도 한글 이름이 적혀 있어 인기를 실감하게 한다. 하이난식 치킨 라이스인 카오 만 까이가 대표 메뉴지만 한국인들에겐 본 수프 Bone Soup로 유명하다. 오래 삶아 야들야들해진 큼지막한 돼지 뼈가 들어간 맑은 국물 요리로 담백하고 시원한 육수 맛이 갈비탕이랑 비슷하다. 라이스나 누들 중 선택할 수 있는데, 취향에 따라 고춧가루나 칠리소스를 더해 먹으면 얼큰하기까지 하다.

🚶 빠이 버스 터미널에서 도보 6분 🕐 월·수~토 16:00~23:00, 화 17:00~23:00 ✖ 일요일 💲 카오 만 까이 40~50바트, 돼지 뼈 갈비탕(밥 or 국수) 60바트

사이즈 넉넉한 반미 ⑤
반반푼 빠이 베트남 샌드위치 Banh Banh Pun Pai Sandwich Vietnam ◉ Banh Banh Pun Pai

아담한 가게 안에 테이블이 있어 먹고 갈 수도 있고, 테이크아웃을 하는 사람도 많다. 신선한 바게트 안에 토핑을 꽉꽉 채워서 만들어주는데 크기도 상당하다. 돼지고기, 치킨, 두부, 베지 옵션이 많고 토핑 조합도 워낙 다양해서 메뉴를 고를 때 고민에 빠질 수 있다. 굽거나 튀긴 돼지고기, 치킨을 넣은 반미의 경우 한 번에 다 먹기 힘들 정도이니 먹는 양이 적은 편이라면 2인이 1개를 셰어해도 괜찮다. 고수를 넣을지 말지, 소스 종류도 선택 가능하다.

🚶 빠이 버스 터미널에서 도보 2분 🕐 월~토 12:30~22:00, 일 12:00~22:00 💲 반미 80~150바트 📞 +66 973 518 329

사장님, 이렇게 팔면 뭐가 남아요! ······⑥
20바트 쌀국수 ○ 20바트 쌀국수

조용한 골목 안, 실제 가정집 주차 공간, 창고를 개조해 만든 곳으로 새벽부터 영업해 아침 식사를 하러 가기도 좋다. 구글 지도에도 '20바트 쌀국수'로 검색 가능한데, 실제로 기본 국수들이 20바트, 한 그릇에 1000원이 채 되지 않는다. 깔끔하게 맑은 육수, 선지를 넣어 살짝 매콤한 육수, 똠얌 육수 중 선택 가능하다. 삶은 닭고기를 얹은 카오 만 까이도 이 집의 인기 메뉴다. 함께 내주는 닭 육수는 맑고 시원해 한국인 입맛에도 잘 맞는다. 인상 좋은 사장님 부부가 말아주는 국수 한 그릇이 참 따스하다.

🚶 빠이 버스 터미널에서 도보 6분 🕕 06:30~14:00
🍜 누들 20~30바트, 치킨 라이스 30~40바트

빠이의 터줏대감 ······⑦
넝비어 식당 ○ 넝비어 식당 빠이

북부 지역 외 태국 전역에서 먹을 수 있는 음식들이 총망라되어 있는 대중적인 넝비어 식당은 4대째 이어가고 있는 빠이의 터줏대감이다. 어떤 메뉴를 주문해도 평타 이상이며 외국인 입맛에 맞게 조리하기 때문에 태국 음식 초보자도 부담 없이 먹을 수 있다. 카오소이, 깽항레 같은 북부 현지 음식들도 인기가 많다. 다른 로컬 식당들에 비해 조금 비싼 감은 있지만 다양한 메뉴를 맛보고 싶다면 이만한 곳도 없다.

🚶 빠이 버스 터미널에서 도보 4분 🕕 10:00~21:30
🍜 푸팟퐁커리 250바트, 코코넛 볶음밥 120바트
📞 +66 53 699 103

푸드 트럭계의 최강자 ······⑧
타이 푸드 바 Thai Food Bar ○ thai food bar pai

사원 앞 골목길, 밤이 되면 푸드 트럭들이 하나둘 자리를 잡는다. 그중에서도 사람들의 발길이 끊이질 않는 곳이 바로 구글 평점 4.9의 '타이 푸드 바'다. 큰 철판에 쉴 새 없이 팟타이를 볶아준다. 팟타이 외에 그린 커리도 인기가 많으며 두부, 버섯, 아보카도 같은 재료들을 이용한 베지테리언 옵션도 있다. 워낙 인기가 많아서 대기도 있고 큼지막한 테이블에 다닥다닥 붙어 앉아 먹기도 해야 하지만, 그것 또한 여행의 맛 아닐까?

🚶 빠이 버스 터미널에서 도보 3분 🕕 화~일 17:30~22:30
❌ 월요일 🍜 팟타이 80바트, 그린 커리 100바트, 볶음밥 80바트
📞 +66 810 346 196

컬러만큼 매력적인 소스의 맛 ······⑨
옌포(핑크 누들) Yen Fo ♀ Yen Fo(Pink Noodle)

특별한 국수가 먹고 싶다면, 옌타포가 정답이다. 깔끔한 목조 건물, 넓은 테이블에서 편하게 식사를 하기 좋은 옌포로 가보자. 면 종류를 선택하고 클리어 수프 또는 스파이스 똠얌 수프 중 하나를 선택하면 된다. 피시볼, 선지, 생선 껍데기 튀김, 버섯 등 토핑도 다양하게 들어 있다. 발효 두부, 마늘, 케첩 등으로 만든 옌타포 소스는 핑크 컬러에 새콤달콤한 맛이라 육수의 감칠맛을 배로 끌어올려준다. 살짝 낯설 수 있지만, 중독성이 있어 어느새 젓가락질을 멈출 수 없다.

🚶 빠이 버스 터미널에서 도보 4분　🕐 10:30~17:00
💰 핑크 누들 55바트　📞 +66 929 936 405

야시장 최고의 간식, 교자 ······⑩
교자 퀸 Gyoza Queen ♀ 교자 퀸 빠이

밤이 되면 더욱 활기가 넘치는 워킹 스트리트에서는 각종 노점상의 맛있는 음식이 오감을 자극한다. 거부하기 힘든 기름 냄새에 발길을 멈추면, 그곳이 바로 교자 퀸. 돼지고기, 치킨, 새우, 채소 만두가 있는데 추가 토핑으로 치즈까지 올리면 금상첨화다. 주문하면 바로바로 구워주는 따끈한 교자 위에 치즈까지 올리면 칼로리만큼 행복해질 수 있다. '빠이까지 가서 교자를?'이라는 생각이 들 수 있지만, 역시 아는 맛이 제일 무서운 법. 10년 넘게 꾸준히 영업을 해온 이유는 교자 한입 베어 물면 알게 된다.

🚶 빠이 워킹 스트리트 야시장 내　🕐 16:00~23:00
💰 교자 S/M/L 65/100/140바트　📞 +66 846 399 551

트렌디, 건강, 맛을 모두 잡은 브런치 ······⑪
헝그리 버드 Hungry Bird Café ♀ Hungry Bird Pai

신선한 재료로 만든 브런치 메뉴들이 주를 이루며 서양인 여행자에게 특히 인기라 아침~점심시간대엔 조용한 길가에서 이 아담한 카페만 유난히 북적인다. 오픈 샌드위치, 베이글 샌드위치, 토르티야 같은 메뉴들이 다양한 재료들과의 조합으로 구성된다. 아보카도, 토마토, 달걀 등 건강한 재료들에 간이나 소스도 자극적이지 않아 담백하다. 물론 로컬 태국 음식도 있다. 커피 맛도 전문 카페 못지않지만, 과일 스무디와 말차 음료도 퀄리티가 좋다.

🚶 빠이 버스 터미널에서 도보 6분　🕐 월~토 09:00~17:00　❌ 일요일
💰 아보카도 토스트 180바트, 토르티야 180바트, 아이스 말차 라테 80/130바트
📞 +66 959 628 969

가성비 좋은 브런치 맛집 ······ ⑫
브렉더퍼스트 BREAKTHEFAST 🔎 breakthefast pai

골목 안에 있지만 일부러 찾아오는 사람이 많은 조식 맛집이다. 신선한 과일을 올린 요거트볼부터 팬케이크, 샌드위치, 각종 에그 요리에 사이드까지 취향대로 선택할 수 있다. 프렌치토스트로 만든 샌드위치도 이색적이다. 약간의 추가 요금을 지불하면 담백한 사워도, 글루텐 프리 빵으로 변경 가능하다. 친절한 직원들의 응대까지 완벽하다.

🚶 빠이 버스 터미널에서 도보 3분   🕐 07:30~15:00   🍴 햄 치즈 프렌치토스트 125바트, 누텔라 팬케이크 120바트, 클럽 샌드위치 165바트
📞 +66 954 509 354

한국인에게 인기 많은 파통코 노점 ······ ⑬
파통코 앤 모어 브렉퍼스트 카트
Patong go and more breakfast cart 🔎 Patong go and more breakfast cart

태국에서 아침으로 많이 먹는 파통코는 밀가루 반죽을 기름에 튀겨서 연유에 찍어 먹거나 쌀국수, 콘지(죽) 등에 담가서 먹는다. 주문하면 바로 반죽을 떼서 모양을 만들어 튀겨주는데 기름도 깨끗해서 안심이다. 여기에 담백하고 고소한 두유까지 한잔 곁들이면 꽤 든든하다. 옆집 콘지 노점은 이곳 주인장 아내분이 운영하는 곳인데, 두 곳 모두 저렴하고 맛있으니 간 김에 둘 다 맛보고 오자.

🚶 빠이 버스 터미널에서 도보 1분   🕐 06:00~22:30
🍴 파통코 1개 5바트, 두유 7바트   📞 +66 654 237 730

199바트의 행복 ······ ⑭
무카타 뷔페 🔎 241 11 Wiang Tai

빠이에 무카타 전문점이 꽤 있지만, 도보로 갈 수 있는 추천 맛집은 바로 여기다. 야시장을 살짝 벗어나 쿼터 호텔로 The Quarter 가는 길에 있으며 현지인에게 인기다. 태국식 BBQ인 무카타를 단돈 199바트(우리 돈 9000원)도 안 되는 가격에 각종 고기와 해산물, 채소를 원하는 대로 가져다 먹을 수 있다. 그릴뿐만 아니라 오목한 부분에 육수를 넣고 샤부샤부처럼 재료를 익혀 2가지 스타일로 즐길 수 있다는 것도 장점. 과일과 디저트까지 있으니 가성비 끝판왕으로 인정한다.

🚶 빠이 버스 터미널에서 도보 6분   🕐 16:00~22:30
🍴 무카타 뷔페 1인 199바트

담백한 화덕 피자의 매력 ⑮
빠이 코쿳 피자 PAI KOH KOOD PIZZA 🔍 Pai Koh Kood Pizza

워킹 스트리트를 벗어나 일부러 찾아가거나 토요 마켓 가는 길에 들르면 좋을 만한 이곳은 외관이 크게 존재감이 없어 그냥 지나치기 쉽다. 하지만 화덕에 구운 피자 맛을 보면 아지트 삼고 싶은 맛집으로 등극한다. 직접 숙성한 도우를 얇게 펴고 신선한 재료들을 얹어 철제 화덕에 구워준다. 확실한 오픈 키친이라 만드는 과정도 모두 볼 수 있다. 도우가 얇고 담백해서 부담스럽지 않고 재료의 조합도 좋다. 비건 치즈 옵션도 있어 베지테리언들도 맛있는 피자를 먹을 수 있다. 나무 그늘 아래, 평상 같은 느낌의 야외 좌석도 빠이의 분위기와 잘 어울린다.

🚶 빠이 버스 터미널에서 도보 12분
🕐 10:00~22:00 🍽 마르게리타 피자 135/220바트, 4치즈 피자 160/275바트
📞 +66 856 178 081

빠이의 아침을 열어주는 유럽 감성 빵집 ⑯
바르바리 베이커리
Barbari Bakery 🔍 barbari bakery pai

빠이 토요 마켓이 열리는 비엥타이 공원 Vieng Tai Public Park 근처에 위치한 바르바리는 빠이에서 보기 드물게 유럽식 빵들을 맛볼 수 있는 곳이다. 그러다 보니 서양인 여행자, 장기 체류자들에게 특히 인기다. 시그니처인 바르바리 베이커리는 중동식 플랫 브레드로 담백, 고소, 쫄깃한 식감이라 함께 판매하는 후무스, 삭슈카 등과 함께 먹으면 최고의 조합이다. 그 밖에 크루아상, 뱅 오 쇼콜라, 바게트는 물론 건강한 천연 발효 빵도 많아 식사용 빵을 구입하러 오는 사람도 많다. 테라스 좌석에 앉으면 잠시, 빠이 속 작은 유럽에 온 듯한 느낌.

🚶 빠이 버스 터미널에서 도보 14분, 토요 마켓 근처 🕐 월 08:00~17:00, 수~일 08:00~16:00 ✖ 화요일 🍽 삭슈카 100~120바트, 후무스 130바트, 포카치아 60바트, 올리브 바게트 80바트 📞 +66 918 627 575

닭고기 덮밥의 최고봉 ……… ⑰
조뮤트 치킨 라이스
Jomyut chicken rice 🔍 jomyut chicken rice pai

한국인 여행자들이 많이 묵는 쿼터The Quarter 호텔 근처에 위치한 조뮤트 치킨 라이스. 구글 맵스에 '닭고기 덮밥'으로 등록되어 있다. 초록 초록한 야외 공터에 있어 나무 그늘 아래서 식사를 할 수 있다. 닭 육수로 지은 감칠맛 나는 밥 위에 부드럽게 삶아낸 닭고기를 얹어주는 하이난식 치킨 라이스가 기본이지만 튀긴 치킨, 구운 치킨, 매콤한 양념의 스파이시 프라이드까지 다양한 스타일의 치킨 토핑을 고를 수 있다. 2~3종류 믹스로도 선택 가능한데 각각 어울리는 소스도 달라서 하나의 플레이트에서 다채로운 맛을 볼 수 있다. 바로 근처에 요거트 전문점 요구 요구Yogu Yogu와 트라이발 커피 브레드Tribal Coffeebread도 있어 커피와 디저트까지 한 번에 해결할 수 있다.

🚶 빠이 버스 터미널에서 도보 11분 🕐 목~화 07:00~15:00
❌ 수요일 🍽 치킨 덮밥 S/M/L 25/40/50바트, 치킨 누들 M/L 40/50바트 📞 +66 984 268 068

담백한 수제 두유 요거트 ……… ⑱
요구 요구 Yogu Yogu 🔍 Yogu Yogu pai

조뮤트 치킨 라이스 바로 옆에 자리한 작은 가게 요구 요구는 이름에서도 알 수 있듯이 수제 요거트 전문점이다. 다만 우유 대신 100% 두유로 만들어서 좀 더 라이트하지만 담백하고 고소하며, 과일과 견과류 토핑을 취향대로 선택할 수 있다. 생과일, 채소 주스와 스무디도 있어 치킨 라이스를 먹고 디저트로 즐기기에 딱 좋다. 비건 친화적, 유당 프리 음식을 선호하는 여행자들에게 특히 사랑받는다.

🚶 빠이 버스 터미널에서 도보 11분, 조뮤트 치킨 라이스 옆집
🕐 08:00~17:00 🍽 두유 요거트 50바트, 스무디 50바트, 타이 디저트 50바트 📞 +66 812 461 766

식사까지 가능한 인기 카페 .... ⑲
타임 카페 앤 비스트로 Time cafe & bistro Time cafe & bistro pai

메인 스트리트의 카페들 가운데 가장 인기 있는 곳 중 하나로 이른 아침부터 늦은 오후까지 꾸준하게 손님들이 오간다. 빈티지한 느낌의 나무 건물에 내부는 깔끔하게 화이트 톤으로 마감되어 있고, 좌석도 넓게 배치돼 느긋하게 시간을 보내기 좋다. 특히 창가에 자리를 잡으면 바깥 풍경과 오가는 사람들 구경하는 재미도 쏠쏠하다. 헬씨 스무디볼, 샐러드, 베이글, 에그 베네딕트 등의 조식, 브런치 메뉴들이 다양해 식사를 하러 오는 사람도 많다. 로컬 타이 푸드에 비해선 비싼 편이지만 재료들이 신선하고 맛있어서 단골손님도 많은 편이다.

🚶 빠이 버스 터미널에서 도보 4분
🕗 08:00~18:00 💲 스무디볼 190바트,
아보카도 토스트 220바트,
케사디야 브렉퍼스트 220바트
📞 +66 884 078 593

보헤미안 감성의 찻집 .... ⑳
말라몽 아트 카페
Malamong Art Cafe Malamong Art Cafe

아침저녁으론 꽤 선선하기도 한 빠이에서 몸을 따스하게 데워줄 따뜻한 차 한잔이 생각날 때, 보헤미안 감성이 살아 있는 찻집 말라몽 아트 카페로 가보자. 커다란 도자기 팟을 숯불 위에 올려 차를 우려내는데 그 어디에서도 보기 힘든 방식이다. 생강차, 히비스커스, 버터플라이피, 각종 허브로 블렌딩한 차까지 종류도 다양하다. 꿀이나 레몬, 과일 청을 추가한 레시피도 있어 맛과 향을 다채롭게 즐길 수 있다. 현지 작가들의 수공예 제품들을 전시 및 판매도 하고 종종 라이브 공연도 열리는데, 예술과 어우러진 자유분방한 분위기가 빠이와 너무 잘 어울린다.

🚶 빠이 버스 터미널에서 도보 4분 🕗 10:00~24:00
💲 레몬그라스·진저티 40바트, 버터플라이피 허니 레몬티 60바트 📞 +66 960 278 008

커피의 변신은 무죄 ····· ㉑
릉 라오 커피 앤 브레드
Reung Rao Coffee and Bread
🔍 Reung Rao Coffee and Bread

아담한 정원이 있는 청록색 카페 외관은 멀리서부터 눈에 들어온다. 아늑한 실내도 좋지만, 역시 야외 테라스석이 빠이의 분위기엔 더 잘 맞는다. 빠이 로컬 싱글 오리진을 기본으로 브라질, 과테말라 등의 외국산 원두 블렌드를 시즈널 커피로 선보인다. 빠이 내에서도 커피 맛이 좋기로 소문이 나 단골손님이 많다. 오렌지, 피치, 코코넛, 허니 레몬, 말차를 더한 스페셜 커피도 다양해 이색 조합에 도전해보는 재미도 있고 산뜻하고 달달한 맛이 무더위의 갈증을 해소시켜준다. 사워도, 케이크, 베이글 등의 베이커리와 굿즈들도 함께 판매 중.

🚶 빠이 버스 터미널에서 도보 4분 🕐 08:00~16:00 ☕ 커피 온 코코넛 워터 80바트, 아이스아메리카노 60바트, 프렌치토스트 120바트 📞 +66 612 246 228

맛, 가격, 분위기를 모두 갖춘 곳 ····· ㉒
큐 에스프레소 바
Queue Espresso Bar 🔍 queue espresso bar pai

유럽 감성의 에스프레소 바로 조용히 커피를 즐기기에 최적의 장소다. 내부는 아담하지만 야외에 입석 테이블이 있어 가볍게 한 잔 마시고 가는 사람이 많다. 현지와 해외 스페셜티 원두를 사용하며 로스팅 강도를 선택할 수 있다. 그럼에도 불구하고 50~60바트의 합리적인 가격이라 맛, 가격, 분위기 삼박자를 모두 갖춘 곳이란 평을 받는다. 고소하고 적당한 산미의 커피는 우유와 만났을 때도 빛을 발해 플랫화이트나 라테로 먹어도 맛있다.

🚶 빠이 버스 터미널에서 도보 7분 🕐 07:00~17:00
☕ 에스프레소·카페 라테 50바트, 아이스아메리카노 55바트

라테 아트가 예술 ······(23)
호프 커피 앤 베이커리 Hope Coffee & Bakery 🔎 Hope Coffee & Bakery pai

아담하고 트렌디한 감성의 카페로 화이트 톤과 나무 소재가 조화를 이루면서 아늑하고 차분한 분위기를 준다. 테이블이 많지 않지만 외부에도 자리가 있어 나무 그늘 아래서 야외 티타임을 가질 수 있다. 치앙마이산 싱글 오리진 원두를 사용하는데 로스팅 정도도 선택 가능하다. 라테나 플랫 화이트를 주문하면 아트를 해주는데 바리스타의 정성과 스킬이 기대 이상이라 절로 카메라를 들게 된다. 바스크 치즈케이크, 당근 케이크 외에도 시즈널 케이크를 판매 중이고 가격대도 합리적이다.

🚶 빠이 버스 터미널에서 도보 3분   🕐 07:30~15:00
🅑 호프 라테 60바트, 바스크 치즈케이크 85바트   📞 +66 623 080 300

고양이가 맞아주는 힐링 포인트 ······(24)
캐롯 온 더 문
Carrot on the Moon 🔎 carrot on the moon

메인 거리에서 살짝 벗어나 골목으로 들어가면 숙소와 함께 운영하는 귀여운 이름의 카페가 나온다. 현지 주택을 개조해 만든 마당 카페는 모두 야외석으로 되어 있다. 나무 그늘, 천막도 있어 완전히 한낮만 아니면 크게 덥지 않다. 카페에서 기르는 고양이들이 곳곳을 어슬렁거리거나 널브러져 있는 모습들이 나른한 빠이의 오후를 닮았다. 아침부터 영업을 시작하고 오픈 토스트, 달걀 요리, 샐러드까지 다양한 메뉴가 있어 조식을 먹으러 가기도 좋다. 파스타류와 태국 음식들도 있다. 스콘, 당근 케이크, 두리안 케이크 등의 디저트로 당 충전도 완전 가능.

🚶 빠이 버스 터미널에서 도보 8분   🕐 09:00~20:00
🅑 슈림프 파스타 220바트, 두리안 케이크 150바트, 아이스아메리카노 55바트   📞 +66 979 370 017
📷 @carrotonthemoon

빠이 최고의 스페셜티 커피 ㉕
로스트반 카페 앤 로스터리 RoastBarn Cafe & Roastery 🔎 RoastBarn Cafe & Roastery

메인 스트리트에서는 꽤 벗어나 있지만 도보로 충분히 다녀올 만한 곳에 위치한 로스터리 카페. 동네 분위기와 걸맞지 않은 인더스트리얼 무드가 살짝 이질적으로 다가오지만, 내부로 가득 들어오는 햇살과 초록 초록 싱그러운 플랜테리어, 향긋한 커피 향에 "역시 빠이야!"를 외치게 된다. 매홍손 지역에서 생산되는 싱글 오리진 원두를 직접 로스팅해서 정성스럽게 내려주는 커피 한 잔엔 신선함과 정성이 가득하다. 빠이에서 커피 맛으로는 둘째가라면 서러울 정도이고 가격대도 합리적이다. 원두도 판매해 선물용으로 구입하기도 좋다.

🚶 빠이 버스 터미널에서 도보 12분 🕐 08:00~16:00
🅱 드립 커피 110바트, 캐러멜 마키아토 85바트, 머핀 90바트
📞 +66 850 334 812
📷 @roastbarn.cafe

논밭 뷰 보면서 커피 한잔 ㉖
빠이 커피 스튜디오
Pai Coffee Studio 🔎 Pai Coffee Studio

워킹 스트리트를 벗어나 강만 건너면 빠이는 시골 그 자체다. 논밭, 바나나 나무, 풀 뜯는 소 떼들, 고요함 속에 풀벌레 소리와 새소리만 가득해 절로 마음의 힐링이 된다. 이렇게 외곽으로 나가면 띄엄띄엄 카페와 식당들이 있는데 한낮만 아니면 걸어 다닐 만하다. 언덕 위에 자리한 빠이 커피 스튜디오는 방갈로, 별장 같은 분위기로 산과 논 뷰를 품고 있다. 아늑하고 천장이 높은 실내엔 에어컨이 나와서 쾌적하게 쉬어갈 수 있다. 그래서 장기 여행자, 디지털 노마드들에게 특히 인기다.

🚶 빠이 버스 터미널에서 출발, 강 건너 동쪽으로 도보 18분
🕐 08:00~17:00 🅱 아이스아메리카노 50바트, 오렌지 아메리카노 70바트, 버터 케이크 20바트
📞 +66 935 046 565

전망 좋은 카페 ㉗
커피 인 러브 Coffee in Love 🔍 coffee in love pai

태국, 중국의 인기 영화에 배경으로 등장하면서 유명세를 타게 된 카페다. 시내에서 조금 떨어진 언덕 위에 자리한 카페는 산과 계단식 논밭을 조망할 수 있어 뷰도 좋고 공간도 넓어서 지나가는 길이라면 들러볼 만하며, 여행사 투어 일정에 포함되는 경우도 많다. 커피 외에도 과일 주스, 디저트와 간단히 요기할 만한 음식도 있으며 가격도 합리적인 편이나 맛이 특별하진 않다. 'I am PAI' 조형물 같은 포토존이 곳곳에 있어 인증 사진을 남기기 좋다.

🚶 빠이 버스 터미널에서 남쪽으로 차량 7분
💰 커피 50~60바트, 치즈케이크 80바트
📞 +66 53 698 251

한국인 여행자들의 아지트 ①
지데이 G'Day 🔍 지데이바 빠이

메인 스트리트에서 살짝 벗어난 골목 끝, 작은 가게 앞을 지나다 보면 익숙하게 들려오는 한국말에 발걸음을 멈추게 된다. 원 테이블에 둘러앉아 술 한잔 마시며 이야기를 나누는 사람들 중심에는 지데이의 사장님도 계시다. 자유로운 영혼의 소유자, 한국인 사장님이 운영하는데 그만큼 바의 분위기도 자유롭고 편안해 누구나 금세 친구가 될 수 있다. 그러다 보니 빠이 일정 내내 지데이로 출근 도장을 찍는 한국인 여행자도 많다. 술 인심까지 후해서 위스키를 양껏 넣은 강력한 쌩쏨 소다를 마실 수 있다는 것도 장점. 딱히 정해진 건 없지만, 그때그때 분위기에 따라 라이브 공연도 열린다.

🚶 빠이 버스 터미널에서 도보 7분 🕐 19:00~01:00
💰 맥주 S/L 70/120바트, 쌩쏨 소다 60바트, 와인 120바트

숨겨진 빠이 감성 바 ②
스피릿 바 Spirit bar 🔍 Spirit bar pai

강렬한 벽화와 화려한 조명이 춤추는 좁은 복도를 통과하면 펼쳐지는 스피릿 바. 입구에 비해 탁 트인 내부엔 아늑한 중정이 있고 다층 구조의 좌석 공간과 옥상 테라스까지 갖춰 어디에 자리를 잡느냐에 따라 달라지는 분위기를 느낄 수 있다. 루프톱 중앙에 숯불을 피울 수 있는 화덕도 있어 선선한 시즌에 방문하면 불멍 하면서 따끈하게 차 한잔 마시기도 좋다. 칵테일 맛도 가격 대비 퀄리티가 좋은 편이라 빠이의 감성과 알코올까지 더블 충전이 가능하다. 다양한 장르의 라이브 공연도 열려서 지루할 틈이 없다.

🚶 빠이 버스 터미널에서 도보 1분 🕐 17:00~24:00
💰 칵테일 100~150바트 📞 +66 962 730 344

쿨하게 늦게까지 영업하는 곳 ③
쏘 쿨 바 SO COOL BAR 🔍 so cool bar pai

빠이의 바는 대부분 자정을 전후해 문을 닫는다. 하지만 흥이 오를 대로 오른 사람들은 숙소로 돌아갈 수 없는 법. 그 시간대, 우르르 모여서 이동하는 사람들을 따라가면 거기가 바로 '쏘 쿨 바'다. 딱히 장식이랄 건 없는 야외 마당과 실내 스테이지만 화려한 조명과 귓가를 가득 메우는 음악에 다들 몸을 맡기고 즐긴다. 따로 입장료도 없고 맥주나 칵테일 가격도 다른 곳들과 비슷하다. 보통 새벽 3시까지 영업한다.

🚶 빠이 버스 터미널에서 도보 10분, 강 건너편 🕐 18:00~03:00
💰 맥주 80~100바트
📞 +66 869 799 469

PART 5

실전에 강한 여행 준비

한눈에 보는 여행 준비

STEP 1
항공권 예약

치앙마이 항공권은 시기와 예약 시점에 따라 가격 차이가 크므로 보통 때는 최소 1~2개월 전, 여름·연말 성수기에는 3개월 전부터 예약을 서두르는 것이 좋다. 인천에서 치앙마이 직항 편(대한항공, 제주항공, 타이항공 등)이 있어 편리하며, 방콕을 경유해 저가 항공으로 연결하는 방법도 많이 이용한다.

STEP 2
숙소 예약

숙소 타입이 다양해 예산과 취향에 따라 고르면 된다. 다만 성수기와 비수기의 숙소 요금 차이가 많이 나는 편이라 성수기에 가성비 좋은 숙소를 예약하려면 미리 서두르는 것이 좋다. 특히 장기 렌트의 경우 보증금, 공과금 포함 유무 및 금액 산정 방법, 예약 변경 및 취소 규정을 꼼꼼히 체크하자.

STEP 3
현지 교통편 예약

도시 간 이동 시 국내선 항공은 예약 시기에 따라 가격 차이가 나며, 저가 항공사의 경우 위탁 수하물 비용이 추가되는 점을 고려해 가격을 비교해야 한다. 성수기, 장거리 노선이 아니라면, 기차와 버스는 현지에서 예약해도 괜찮다. 단, 방콕-치앙마이 슬리핑 기차는 인기가 많아 미리 예약해야 한다.

STEP 4
현지 투어 및 입장권 예약

치앙마이의 투어는 현지 투어사에서 비슷한 일정으로 다양하게 운영하기 때문에 예약을 서두 필요는 없다. 다만 겨울 성수기, 여름 방학 시즌에 짧은 일정으로 떠나는 경우엔 원하는 날짜에 맞춰 미리 예약해두는 게 좋다.

STEP 5
각종 증명서 준비 및 여행자 보험 가입

렌터카, 오토바이를 이용할 예정이라면 국제운전면허증을 발급받아야 한다. 해외 결제가 가능한 신용카드 및 체크카드를 준비하고, 장거리 여행인 만큼 여행자 보험도 꼭 가입하는 게 좋다. 출국일 이후엔 보험 가입이 안 되니 미리 해둘 것!

STEP 6
여행 예산 고려 및 환전

은행 모바일 앱을 통해 환전 신청을 하고 공항에서 찾으면 편리하다. 트래블 카드나 신용카드를 사용하거나 GLN 결제를 해도 된다. 하지만 방콕에 비해 현금만 사용 가능한 곳이 많아 현금을 넉넉하게 준비하는 게 좋다. 달러를 가져가 현지 시내 환전소에서 환전을 해도 된다.

STEP 7
짐 꾸리기

짐은 간소하게 챙긴다. 현지에서 쇼핑을 한다면 무조건 짐이 늘어나기 때문에 생필품들은 소분하거나 일회용으로 준비하자. 도시 간 이동을 항공편으로 할 계획이면 해당 항공사의 수하물 규정도 고려해야 한다.

STEP 8
출국

출국 당일에는 최소 2시간 전에 공항에 도착해야 한다. 공항이 붐비는 성수기이거나 공항 환전소 이용 및 인도받을 면세품이 있다면 좀 더 여유롭게 가야 한다.

항공권 예약

항공권 예약이 진정한 여행의 결심이자 시작이다. 여행 경비에서 큰 부분을 차지하는 만큼 언제, 어떤 항공사를 이용해 떠나는 게 좋을지 고민하게 된다. 그래서 여행을 떠나기 전 알아두면 좋은 항공권 예약 팁을 소개한다.

최적의 예약 시기 찾기

보통 동남아는 건기가 성수기다. 한국인 여행자들은 건기인 겨울 시즌 11~2월, 그리고 여름 방학이자 휴가 시즌인 7~8월에 많이 떠나 항공권이 가장 비싸다. 그리고 3~6월, 9~10월은 상대적으로 저렴하다. 보통 출발 40~50일 전에 예약하는 게 가장 저렴하고, 시기와 관계없이 항공사별로 진행하는 프로모션을 잘 활용하면 합리적인 가격대로 구매할 수 있다.

항공 예약 플랫폼 활용

대략적인 여행 시기를 결정했다면 스카이스캐너, 카약, 네이버항공, 구글항공 등을 이용해 요금을 확인한 후 예약하면 된다. 다만 각각의 플랫폼마다 가격과 조건이 다르니 여러 곳을 비교한 후 가장 합리적인 요금과 조건에 맞는 항공권을 찾는 것이 좋다. 최근에는 챗GPT를 활용하기도 한다.

항공권 가격 비교 사이트
- 🏠 **스카이스캐너** skyscanner.com
- 🏠 **카약** kayak.com
- 🏠 **네이버항공** flight.naver.com

직항 편 vs 경유 편 장단점

시간과 체력을 아끼고 싶다면 당연히 직항. 치앙마이는 대한항공, 아시아나항공 외 대부분의 저가 항공에서 직항 편을 운항해 선택의 폭도 넓은 편이다. FSC(대형 항공사)의 경우 왕복 최저 40만 원대부터, 저가 항공의 경우 최저 20만 원대부터 구입할 수 있다. 방콕행 항공이 운항 횟수가 많고 가격도 더욱 저렴해 여행 일정이 유연하다면 방콕 IN-치앙마이 OUT 같은 방식으로 예약하면 합리적인 비용으로 두 도시를 여행할 수 있다.

마일리지 활용

대한항공, 아시아나항공의 경우 마일리지로도 예약할 수 있으며, 프레스티지석은 할당 좌석이 많지 않으므로 서둘러 좌석을 확보해야 한다.

항공권 예약 시 주의사항
① 출발지/도착지 확인
② 여권의 영문 이름과 동일하게 예약
③ 항공권 유효기간 확인
④ 변경 및 취소 규정 확인
⑤ 충분한 환승 시간(경유 편)
⑥ 항공사 마일리지 적립 여부
⑦ 도착 시각 및 시내까지 이동 시간 고려

숙소 예약

항공권과 함께 여행을 준비하면서 가장 신경을 많이 쓰는 부분이 숙소다. 대략적인 여행 일정을 계획한 후 예산과 취향에 맞는 숙소 옵션을 정해야 한다.

어느 지역에 숙소를 잡는 게 좋을까?

공항과 시내가 가깝고 시내의 웬만한 가볼 만한 곳들은 택시로 부담 없이 다닐 수 있으므로 접근성보다는 취향에 맞는 지역을 선택한다. 지역마다 다른 특색을 갖고 있으니 일정을 나눠서 숙소를 정하는 것도 좋은 방법이다.

- **올드타운** 붉은색 게이트 안쪽에 자리한 올드타운 안으로 들어서는 순간 시간 여행이 가능하다. 크고 작은 사원들과 현지인들의 소소한 일상이 담긴 골목길 풍경이 치앙마이 감성이라 고즈넉한 분위기를 좋아하는 여행자에게 제격이다. 란나 스타일, 콜로니얼 건축 스타일의 앤티크한 숙소, 합리적인 가격대의 게스트 하우스가 많다. 다만 오래된 건물이 많아 님만해민 숙소들보다 시설은 떨어질 수 있다.

- **님만해민** 치앙마이에서 가장 세련되고 힙한 지역인 만큼 고급 호텔과 레지던스, 부티크 호텔이 많다. 새로운 숙소가 계속 생기고 있어 언제 가도 신상 호텔을 경험해볼 수 있다. 가격대는 비싼 편이지만 위치가 좋고 깔끔한 콘도들은 장기 여행자, 디지털 노마드에게도 인기다. 쇼핑몰, 레스토랑, 카페가 많아 트렌디함을 추구하는 여행자에게 최적!

- **나이트 바자 & 핑강 주변** 올드타운에서 멀지 않고 활기가 넘치는 나이트 바자 일대, 좀 더 한적하고 강변 특유의 낭만이 있는 핑강을 따라서도 숙소가 많다. 이 일대에 글로벌 5성급 체인 호텔부터 휴양을 즐기기 좋은 조용한 리조트와 부티크 호텔, 합리적인 가격대의 중급 호텔들이 있어 선택 옵션이 다양하다. 관광과 휴양을 동시에 즐길 수 있다.

- **치앙마이 외곽** 시내에서 조금만 벗어나면 완전한 자연 속에서 쉬기 좋은 숙소가 많다. 이런 곳들은 수영장이나 레스토랑, 스파 등 부대시설들을 잘 갖춰 호캉스를 즐기는 이들에게 그만이다. 대중교통을 이용할 경우 교통비가 만만치 않으므로 숙소에서 운영하는 무료 셔틀 서비스를 체크해볼 필요가 있다.

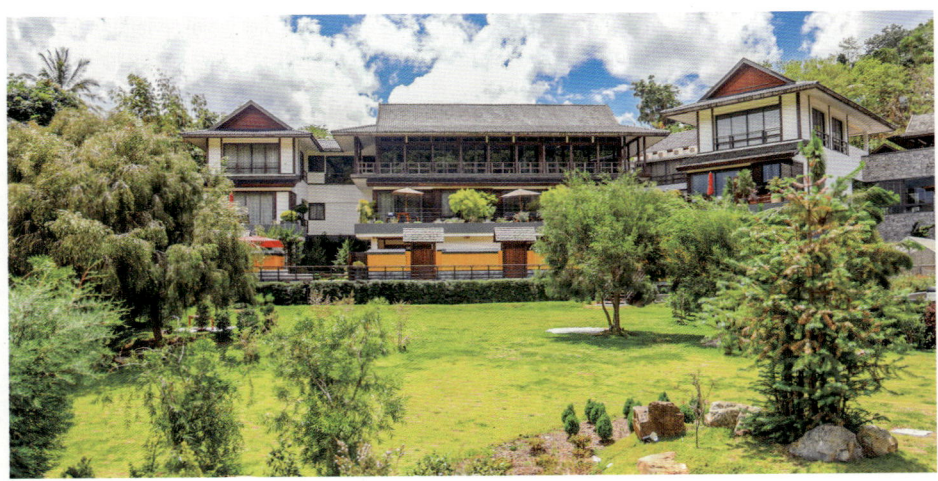

치앙마이 숙소 종류

- **호텔** 편리함과 안정적인 서비스를 원한다면 호텔이 가장 무난한 선택이다. 객실 청소, 조식, 24시간 리셉션, 수영장, 피트니스센터 등 다양한 서비스와 부대시설을 이용할 수 있다. 글로벌 체인, 개성 있는 부티크 호텔, 프라이빗한 풀빌라 등 여러 스타일이 있어 여행 목적과 취향에 따라 정할 수 있다. 호텔 예약 사이트마다 프로모션 혜택, 카드 할인 등이 다르니 가격 비교는 필수.
    - 🏠 아고다 agoda.com
    - 🏠 부킹닷컴 booking.com
    - 🏠 트립닷컴 kr.trip.com

- **콘도** 치앙마이에서 장기 체류를 계획한다면 콘도가 좋은 대안이다. 주방이 있어 직접 요리를 해 먹을 수 있고, 세탁기 등 생활 편의 시설이 갖춰져 내 집처럼 지낼 수 있다. 호텔보다 숙박비가 저렴하고, 수영장, 헬스장 등 부대시설이 잘 갖춰진 곳도 많다. 단, 공과금이나 청소 비용이 별도로 부과될 수 있으니 사전에 잘 체크해야 한다. 에어비앤비 또는 리브애니웨어에서 예약이 가능하며, 좀 더 꼼꼼하게 살펴보고 예약하고 싶다면 현지에서 직접 발품을 팔아볼 것.
    - 🏠 에어비앤비 www.airbnb.co.kr
    - 🏠 리브애니웨어 www.liveanywhere.me

- **호스텔** 나 홀로 여행자, 적은 예산으로 장기간 묵을 곳을 찾는다면 호스텔을 이용하는 것도 좋은 방법이다. 비용도 상당히 저렴하고 전 세계 여행자들과 교류할 수 있는 좋은 기회가 된다. 다만 여럿이 함께 사용하는 공간이기 때문에 욕실이 잘 갖춰져 있는지, 물건을 보관할 개인 사물함과 에어컨 유무 등을 잘 따져봐야 한다. 한국인이 운영하는 게스트 하우스도 있다.

    👍 **추천 한인 게스트 하우스** 코쿤 스테이 한인 호스텔, 데이지 하우스, 미소네, 빵집, 리틀 서울

각종 증명서 준비 및 여행자 보험 가입

모든 여행객에게 필요하진 않지만, 각자의 상황에 따라 필요한 증명서가 있다. 여행자 보험은 해외에서 발생할 수 있는 신체 사고나 배상 책임을 위해 가입을 적극 권장한다.

국제운전면허증

태국에서 차량을 대여할 때는 국제운전면허증, 대한민국 운전면허증, 여권을 함께 소지해야 한다. 오토바이의 경우 2종 소형 면허증이 필수이니 한국에서 따서 국제면허증을 받아 가거나, 장기간 지낸다면 현지에서 면허증을 따는 방법도 있다. 국제면허증은 전국 운전면허시험장, 경찰서, 인천공항 국제운전면허 발급 센터에서 신청 가능하며 온라인 발급도 된다.

🚗 도로교통공단(유효기간 1년 / 8,500원, 등기 수령 시 3,800원 추가) 🏠 www.safedriving.or.kr

여행자 보험

여행 중 발생할 수 있는 사고나 도난에 대비해 가입하는 보험이다. 비용이 많이 들지 않으니 만약의 경우를 대비해 가입하는 것이 좋다. 대부분 휴대품 도난의 보상 한도는 낮은 편이라 귀중품을 도난당했을 경우에는 큰 도움이 되지 않지만, 현지에서 불의의 사고를 당하거나 질병으로 병원을 이용하는 등 큰 비용이 발생했을 때 개인 부담을 덜 수 있다. 단, 출국 이후엔 가입이 불가능하니 꼭 미리 준비할 것.

여행 예산 고려 및 환전

여행 예산을 세우는 것은 즐거운 여행을 위한 필수적인 과정이다. 예산 초과 없이 여행을 즐기기 위해서는 꼼꼼한 계획이 필요하다.

여행 예산

항공권 + 숙박비 + 1일 경비(입장료 + 식비 + 교통비 + 잡비) × 여행 일수 + 쇼핑 비용 + 비상금

전체 여행 예산에서 미리 예약하는 항공료와 숙박료, 도시 간 이동 요금을 제외하면 현지에서 필요한 대략적인 예산이 잡힌다. 식당 및 카페마다 가격 차이가 크고 취향과 경제적인 상황에 따라 1일 경비는 천차만별이다. 방콕에 비해 현금 결제만 가능한 곳이 많고, GLN 결제가 시스템적으로 불가한 곳들도 있어 현금 비중을 높이는 게 좋다.

- **현금** 대략적인 예산을 산정해 한국에서 태국 바트로 환전해가거나 달러를 준비해 현지에서 환전하면 된다. 은행 모바일 어플을 사용하면 최대 50%까지 환율 우대를 받을 수 있고, 출국 전 시내 은행이나 공항에서 찾으면 된다. 현지 ATM 수수료가 비싸므로 현금을 넉넉하게 가져가는 게 낫다.

  📱 **모바일 환전 앱** 신한은행(신한SOL), KEB하나은행(하나원큐), 우리은행(우리WON 외환), 국민은행(KB스타뱅크), 토스뱅크, 카카오뱅크

- **해외 사용 가능한 신용카드, 체크카드** 태국도 카드 결제가 보편화되어 있으니 Visa, Master, Amex 등 해외 사용이 가능한 신용카드, 체크카드를 준비해가자. 사용 시 현지 통화로 결제해야 추가 수수료가 빠져나가지 않는다. 만일에 대비해 '카드 이용 문자 알림'과 '해외 원화 결제 차단 서비스'를 신청해두면 좋다.

- **여행의 필수품, 트래블 카드** 요즘은 모바일 어플로 환전해 사용할 수 있는 외화 충전식 트래블 카드가 해외여행의 필수템으로 자리 잡았다. 환율이 저렴할 때 외화를 미리 환전해두거나 필요할 때마다 수시로 충전해 현지에서 카드로 결제하거나 ATM에서 인출해 사용할 수 있다. 환전뿐만 아니라 인출 및 결제 수수료도 없어 일반 신용카드, 체크카드에 비해 경제적이다.

트래블 카드 사용 시 인출 수수료 면제 조건이라도 현지 ATM 업체 수수료가 부과될 수 있다. 태국 내 ATM 기기에서는 출금 금액과 관계없이 보통 220바트가량의 수수료가 부과되니 최대한 현지 출금을 하지 않거나 횟수를 줄이는 게 좋다.

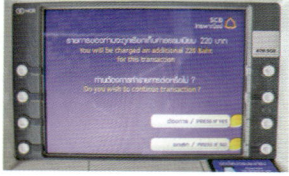

- **GLN** QR 코드 스캔으로 간단히 결제할 수 있는 시스템으로 태국 및 동남아 지역에서 주로 쓰인다. 따로 환전할 필요도 없고 잃어버릴 위험도 없으며, 거스름돈이나 남은 돈을 처리하는 번거로움도 없다. 레스토랑, 카페는 물론 시장에서 소액 결제도 가능하다. 하지만 GLN 결제가 가능한 곳임에도 불구하고 시스템상 불가한 경우도 있으니 여윳돈을 챙겨 다니는 게 좋다. 모바일 앱을 통해 카드 없이 ATM 출금도 가능하며, 프로모션을 통해 환전 수수료도 아낄 수 있다.

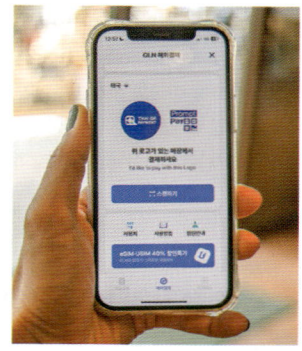

  🔲 QR 코드 결제 이용 가능 앱 GLN, 토스, 네이버페이, 하나은행, 하나머니, 하나카드, KB국민지갑, iM뱅크,
  🔲 태국 ATM 출금 이용 가능 앱 토스, GLN

- **태국 디지털 입국 카드 작성** 2025년 5월부터 태국에 입국하는 모든 외국인 여행객은 디지털 입국 카드를 작성해야 한다. 홈페이지 안내에 따라 개인정보(성명, 국적, 전화번호, 이메일 주소, 여권 정보)와 여행정보(항공편 명, 여행 목적, 태국 내 체류 주소 등)를 입력해서 제출하면 접수 확인 메일을 받을 수 있다. 태국에 입국하는 날을 포함해 입국 전 3일 이내에 작성 및 제출해야 한다. 육로나 해로로 이동할 때도 필요하며 별도의 비용은 없다.

  예 **5월 4일 태국 입국 시** 5월 2~4일 사이에 작성해서 제출
  🏠 **TDAC 홈페이지** http://tdac.immigration.go.th

짐 꾸리기

여행 기간이 일주일에서 열흘 정도라면 20~24인치 크기 캐리어가 적당하다. 택시비가 저렴해 이용하는 데 부담이 없기 때문에 캐리어 크기와 무게가 문제가 되진 않는다. 만약 치앙라이, 빠이까지 여러 도시를 돌아보려면 배낭으로 단출하게 움직이는 것도 좋다.

치앙마이 여행 시 꼭 필요한 아이템

자외선이 매우 강하기 때문에 자외선 차단제, 선글라스, 모자는 꼭 챙기는 게 좋다. 고산 지역이라 시즌에 따라 일교차가 크므로 카디건이나 바람막이 등의 외투도 준비해야 한다.

비상약은 한국에서 준비

감기약, 두통약, 해열제 등은 현지 약국에서도 구하기 쉽지만 의사소통이 어려울 수 있으니 상비약은 미리 준비해 가는 것이 좋다. 급하게 약국에 가야 한다면 구글 맵스에서 현재 위치 기준 'Pharmacy(약국)'를 검색하면 된다.

멀티 어댑터와 멀티탭!

태국의 전원은 220V, 50Hz로 우리나라의 220V, 60Hz와 거의 유사하며, 한국의 플러그 타입과 같은 곳이 많아 그대로 사용할 수 있다. 하지만 다양한 플러그 타입이 혼용되기 때문에 멀티 어댑터를 챙기는 것이 좋다. 휴대폰, 카메라, 태블릿, 보조 배터리 등 충전할 제품이 많다면 멀티탭도 챙겨가면 유용하다.

소소하지만 있으면 유용한 것들

속옷이나 수건 등 손빨래 후 말릴 때 필요한 옷걸이나 빨래걸이를 챙기면 요긴하다. 과일을 좋아한다면, 과도용 칼이나 맥가이버 칼을 준비해가면 좋다. 사원을 방문할 때 민소매, 짧은 바지는 입장이 불가하니 스카프도 하나 챙겨보자.

체크 리스트

기본
- [ ] 여권과 사본
- [ ] 항공권 E 티켓과 사본
- [ ] 여행 경비
- [ ] 신용카드, 체크카드
- [ ] 각종 증명서
- [ ] 가이드북
- [ ] 예약 관련 바우처(교통, 공연 등)

의류 및 액세서리
- [ ] 의류
- [ ] 속옷
- [ ] 양말
- [ ] 모자
- [ ] 실내용 슬리퍼
- [ ] 선글라스
- [ ] 옷걸이
- [ ] 수영복

전자 기기
- [ ] 카메라
- [ ] 메모리 카드
- [ ] 각종 충전기
- [ ] 보조 배터리
- [ ] 멀티탭

기타
- [ ] 세면도구
- [ ] 화장품(자외선 차단제)
- [ ] 상비약(모기 퇴치제)
- [ ] 여성용품
- [ ] 우산, 우비
- [ ] 물티슈
- [ ] 지퍼백, 여분 비닐
- [ ] 과도 또는 맥가이버 칼

출국 및 입국하기

인천 국제공항에 도착하는 순간부터 여행이 시작된다. 탑승 수속부터 출국 그리고 치앙마이에 입국하기까지의 과정을 정리했다.

인천 국제공항에서 출국하기

① **터미널 도착** 최소 출발 2시간 전에 도착하는 것이 좋다. 공항이 복잡한 성수기에는 3시간 전쯤 도착해야 안전하다.

② **탑승 수속** 공항 도착 후 해당 항공사 체크인 카운터에서 여권과 전자 항공권인 E 티켓 제시 후 탑승권을 발권하고 수하물을 위탁한다. 이때 보조 배터리는 위탁 수하물에 넣으면 안 되고, 안내하는 보관 방법에 따라야 한다.

> **수하물**
> 항공사마다 다르지만 이코노미석 23kg 1개, 비즈니스석 32kg 2개까지로 제한이 있다. 기내 수하물은 세 변의 합이 115cm 이내 크기인 휴대용 가방과 개인 소지품이 허용된다. 저가 항공은 구입한 위탁 수하물 무게에 따라 상이하다.

> **웹·모바일 체크인 & 셀프 체크인**
> 웹·모바일 체크인은 빠른 탑승 수속을 위해 사전에 직접 체크인하는 방법이다. 원하는 좌석을 선점하기 위해서는 서두르는 게 좋다. 출국장에 설치된 전용 키오스크를 통해 셀프 체크인을 한 뒤 위탁 수하물을 부치면 된다.
>
> **웹·모바일 체크인 이용 시간**
> ⓒ 대한항공, 아시아나항공, 제주항공, 이스타항공
>   출발 48시간~1시간 전까지
> ⓒ 티웨이항공, 진에어 출발 24시간~1시간 전까지

③ **보안 검색** 출국장 입장 시 여권과 탑승권 제시 후 보안 검색대를 통과한다. 기내 반입이 금지된 액체류, 위해 물품이 있는지 미리 체크해두자.

④ **출국 심사** 출국 심사대에서 여권을 제시한다. 만 19세 이상 대한민국 국민은 사전등록 절차 없이 자동 출입국 심사가 가능하다. 면세 지역으로 진입하면 일반 지역으로 되돌아 나올 수 없다.

⑤ **게이트 이동 및 탑승** 탑승권의 게이트 번호와 위치 확인 후 면세점이나 라운지를 이용하면 된다. 탑승권에 적힌 탑승시간 Boarding Time보다 조금 일찍 게이트에 도착하는 게 좋다.

치앙마이 국제공항 입국하기

① **터미널 도착** 도착 후 입국 심사를 위해 'Passport Control' 표지판을 따라 이동한다.

② **입국 심사** 디지털 입국 카드 접수 확인 메일과 함께 여권을 제시하면 된다. 심사 시 방문 목적, 체류 기간, 일정, 숙소 정도로 간단한 질문을 하거나 아예 묻지 않는 경우도 있으니 부담 가질 필요는 없다.

③ **수하물 찾기** 입국 심사를 마치고 'Baggage Claim'으로 이동한다. 안내 전광판에서 수하물 수취대 번호를 확인한 후 짐을 찾는다. 만약 파손이나 분실되었다면 분실신고 센터에 접수한다.

> **수하물이 도착하지 않았다면**
> 가끔 수하물이 도착하지 않은 경우가 생긴다. 'Baggage Service'로 가서 체크인할 때 받은 수하물 태그를 보여주고 신고서를 작성한다. 보통 1~2일이면 숙소로 배달해준다. 수하물이 도착하기 전에 구입한 기본 생필품의 영수증은 잘 챙겨서 항공사 또는 여행자 보험에 청구한다.

④ **세관 신고** 입국 시 따로 신고해야 할 품목이 있다면 'Goods to declare', 없다면 'Nothing to declare'를 거치면 된다.

> **태국 입국 시 허용 면세 범위**
> • 면세 허용 물품 합 20,000바트 이하
> • 담배 200개비
>   ※전자 담배 반입 불가, 최대 500,000바트 벌금 또는 징역형
> • 주류 종류와 상관없이 1L 이하

치앙마이에서 출국 시 세금 환급받는 방법

태국에서는 외국인이 물건을 구입하면 부가가치세(VAT) 7%를 돌려준다.
여행을 마치고 치앙마이 국제공항에서 세금을 환급받을 수 있으며 절차도 간단하니 놓치지 말자.

세금 환급 조건

'VAT Refund For Tourists' 표시가 있는 VAT 환급 가능 매장에서 2000바트 이상 물품을 구입할 경우, 여권을 제시하고 즉시 서류를 받아야 한다. 추후 발급은 불가능하다. 백화점이나 대형 쇼핑몰에서 물건을 구입할 경우, 여러 매장에서 구입한 금액을 합쳐서 서류를 받아도 된다.

세금 환급 절차 *구입 금액에 따라 방법 상이

- **20,000바트 이상** 국제선 1층 도착장 11번 게이트 맞은편 'Customs Inspection for VAT Refund'에서 세관원에게 도장을 받고, 출국 심사 후 'VAT Refund' 카운터에서 환급을 받으면 된다.
- **20,000바트 이하** 세관 도장을 받을 필요가 없어 출국 심사 후 공항 내부 'VAT Refund' 카운터에서 바로 환급받으면 된다.

 * 도장을 받을 때 구입한 물품을 확인할 수도 있으니 개인 휴대 수하물로 준비하는 것이 좋다. 특히 고가품은 물건을 체크할 확률이 높다.
 * 치앙마이 국제공항에선 현금 환급만 가능하며 소정의 수수료가 공제된다.

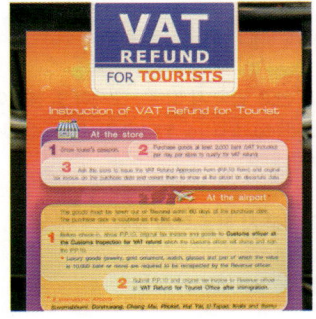 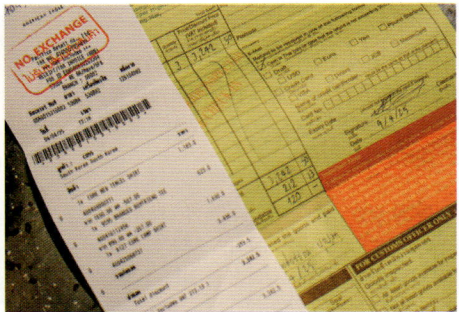

현지에서 어떤 앱이 필요할까?

구글 맵스 Google Maps 현재 위치, 원하는 목적지까지 가는 다양한 방법을 알려주니 여행 중 구글 맵스가 없으면 미아가 될 수도 있다. 렌터카로 움직일 때도 내비게이션 역할을 해준다. 또한 숙소나 레스토랑, 상점 등의 평점과 리뷰를 통해 생생한 현지 정보를 얻을 수 있고, 레스토랑 예약도 가능하다.

파파고 Papago, 구글 번역 Google Translate 요즘은 번역 앱이 너무 똑똑해서 어딜 가든 의사소통이 가능하다. 음성뿐만 아니라 이미지 번역도 돼 대화를 할 때, 메뉴판이나 안내문 등을 파악할 때도 큰 도움이 된다. AI 번역 기능이 탑재된 최신 스마트폰은 이런 앱도 필요 없다.

그랩 Grab, 볼트 Bolt 태국에서도 스마트폰을 기반으로 한 차량 호출 서비스를 많이 이용한다. 볼트와 그랩을 가장 많이 사용하며, 그랩 대비 볼트가 대체로 저렴한 편이다. 차량 호출이 잘 안 되는 지역에선 2개의 앱을 켜고 동시에 체크해보면 좋다. 휴대폰 번호 인증을 받아야 하기 때문에 한국에서 미리 다운로드를 받아 갈 것을 추천한다.

GLN, 토스 뱅크 Toss Bank 태국에서는 QR 코드 결제를 많이 하기 때문에 GLN, 토스 뱅크 등의 관련 앱을 깔고 미리 충전해두면 좋다. 현지에서도 바로 필요한 만큼 충전해서 사용할 수 있고 카드 없이 ATM 출금도 가능하다.

라인 Line, 왓츠앱 Whatsapp 태국에선 메신저로 라인과 왓츠앱을 많이 사용한다. 에어비앤비 숙소 호스트, 호텔, 투어 예약을 했을 때 현지 담당자와도 라인으로 연락을 주고받는 경우가 많다. 여행지에서 현지 친구를 사귈 때도 필수다.

에어 비주얼 AirVisual, 윈디 Windy 일교차가 크고 변화무쌍한 치앙마이의 날씨를 비교적 정확하게 예보해주는 날씨 어플 윈디, 3~4월 화전 기간에 방문한다면 공기질을 확인할 수 있는 에어 비주얼도 유용하다.

인터넷 사용하기

이젠 스마트폰 없는 여행은 상상할 수 없다. 지도도 봐야 하고 여행 정보도 찾아야 하니깐. 데이터 사용 방법은 크게 3가지! 데이터 로밍, 포켓 와이파이 대여, 현지에서 사용 가능한 유심 또는 이심 구입이다. 각각의 장단점이 있으니 본인에게 맞는 방법을 선택하자. 현지 유심 또는 이심은 국내에서 미리 구입하거나 공항 내 통신사 부스에서 구입할 수 있다.

	장점	단점	이럴 때 추천!
데이터 로밍	・별도의 준비 없이 국내에서 사용하던 유심 그대로 이용 가능 ・전화 및 문자 수신 가능	・해외망 이용 시 속도가 느려질 수 있음 ・데이터 무제한 상품의 경우 1일 단위로 요금이 부과되며 요금이 가장 비싼 편	・짧은 기간 여행 ・가끔씩 인터넷 사용 ・한국과 수시로 전화 및 문자 수신이 필요한 경우
포켓 와이파이	・여러 기기 동시 연결 가능 ・안정적인 와이파이 환경 제공 ・데이터 무제한 상품 선택 가능	・추가 장비 휴대 필요 ・배터리 소모가 빠름 ・분실 시 비용 발생	・여러 명이 함께 하는 여행 ・안정적인 와이파이 환경이 필요한 경우 ・노트북 등 여러 기기를 연결해야 하는 경우
유심	・저렴한 요금 ・현지 통신망 사용으로 빠른 속도	・유심 교체 필요 ・한국 번호 사용 불가 ・한국에서 오는 통화, 문자 수신 불가 ・분실 시 불편	・장기간 여행 ・현지 통신망을 자주 이용하는 경우 ・저렴한 요금으로 데이터를 많이 사용하고 싶은 경우
이심	・물리적인 유심 교체 없이 스마트폰 설정만으로 사용 가능 ・여러 개의 이심을 동시에 사용 가능 ・저렴한 요금	・지원 기기 제한적 ・아직 모든 국가에서 사용 가능하지 않음	・최신 스마트폰 사용자 ・장기간 여행 ・현지 통신망을 자주 이용하는 경우 ・저렴한 요금으로 데이터를 많이 사용하고 싶은 경우

* **유심, 이심 이용 시 주의사항**
심 카드를 교체하면 한국에서 사용하던 번호가 아닌 새로운 현지 전화번호가 부여된다. 그래서 기존 번호로는 통화 및 문자 수신이 어려우니 휴대폰 인증을 받아야 하는 웹이나 모바일 어플은 꼭 출국 전에 준비해두는 게 좋다. 카카오톡, 네이버 등 인터넷 서비스는 그대로 사용 가능하다.

🏠 AIS www.ais.th
🏠 DTAC www.dtac.co.th
🏠 True www.true.th

저자가 추천하는
치앙마이 숙소

숙소가 여행에서 차지하는 비중은 사람마다 다르겠지만, 숙소를 정하면 다음 일정을 계획하기가 용이하다. 특히 치앙마이는 큰 도시는 아니지만 머무르는 지역에 따라 분위기가 달라진다. 세계적인 체인형 럭셔리 숙소부터 치앙마이의 무드가 느껴지는 숙소, 밤 비행기 도착으로 잠시 머무르기 좋은 가성비 숙소까지 알아보자.

5성급 호텔에서
럭셔리 호캉스

국내에 비해 비용이 훨씬 저렴해 비교적 부담 없이 5성급 최고급 호텔에서의 숙박도 고려해볼 수 있다. 신상 도심형 호텔부터 치앙마이 감성을 살린 자연주의 호텔까지 선택 범위도 넓으니 호캉스를 좋아한다면 천국이 따로 없다. 단, 성수기와 비수기 요금 차이가 꽤 있는 편이니 감안해야 한다.

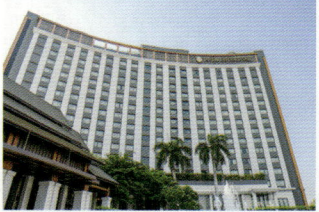

호캉스의 정석
인터컨티넨탈 치앙마이 더 매핑
InterContinental Chiang Mai the Mae Ping

2023년 12월, 새롭게 문을 연 인터컨티넨탈 치앙마이 더 매핑은 태국 북부 전통과 럭셔리 브랜드의 현대적 감각이 자연스럽게 어우러진 호텔이다. 나이트 바자 근처에 위치해 올드타운, 핑강 일대로의 접근성이 좋다. 총 240여 개의 객실은 란나 스타일과 컨템포러리 인테리어의 조합으로 세련되고 일부 객실에서는 도이수텝산 전망도 가능하다. 태국 북부 가정식과 인터내셔널 퀴진을 고급스럽게 풀어낸 더 갓 란나 The Gad Lanna, 가든 뷰가 아름다운 캄 로비 라운지 Kam Lobby Lounge, 야외 수영장, 클럽 라운지, 스파까지 즐기려면 숙소 밖을 나갈 시간이 없다. 수세기 전부터 이 도시에 자리를 잡은 왓 창콩 사원이 호텔 내에 자리해 도시의 철학과 이국적인 분위기를 모두 담았다. 17층 루프톱, 홍스 스카이 바 P.216에서 즐기는 선셋 칵테일 낭만도 놓칠 수 없다.

🚶 나이트 바자에서 도보 7분　📞 +66 52 090 998　🌐 ihg.com

치앙마이 감성에 제일 잘 어울리는 곳
라야 헤리티지 Raya Heritage

치앙마이 도심에서 북쪽으로 20분, 핑 강변에 자리한 라야 헤리티지는 태국의 유명 건축가가 설계해 북부의 전통과 현대적 미감을 조화롭게 담아냈다. 입구로 들어가자마자 마주하게 되는 중정과 갤러리 느낌의 하얀색 건물, 주변을 가득 채우는 잔디와 나무들이 하나의 야외 갤러리 같다. 총 38개의 스위트룸은 모두 자연 소재 가구, 현지 예술품, 핸드 위빙 패브릭으로 꾸며져 있다. 프라이빗 테라스를 품고 있다는 것도 장점이다. 조식은 원하는 메뉴를 주문해 먹는 방식으로 리조트 내 텃밭에서 키운 채소와 유기농 재료들을 사용하는데 건강뿐 아니라 맛까지 잘 살렸다. 맛있는 커피와 신선한 착즙 주스까지 완벽하다. 스파와 티 룸, 장인들의 작품이 가득한 부티크 숍도 함께 즐겨보자. 일상의 속도를 늦추고 자연과 예술이 어우러진 공간에서 머무르고 싶다면, 라야 헤리티지가 가장 가까운 대답이 되어줄 것이다. 참고로 미쉐린 1키!

🚶 타패 게이트에서 북쪽으로 차량 20분, 핑강 앞 📞 +66 53 111 670
🏠 www.rayaheritage.com/en/

인기 많은 데는 이유가 있지!
아난타라 치앙마이 리조트 Anantara Chiang Mai Resort

치앙마이 핑 강변에 자리한 아난타라 리조트는 세계적인 호주 건축가 케리힐이 설계한 곳으로 리셉션부터 건물 동 하나하나가 눈길을 사로잡는다. 100년도 넘은 영국 영사관 건물을 중심으로 태국 전통 스타일과 현대 건축 양식이 어우러진다. 개방형 구조라 핑강까지 탁 트인 뷰를 볼 수 있으며 넓은 회랑, 곳곳에 장식된 조형물들이 야외 뮤지엄 같다. 리조트 규모 대비 객실 수가 84개로 적고, 스위트룸이 많아서 전반적으로 모든 공간이 여유롭고 프라이빗하게 쉬어가기 좋다. 1921년 건립된 구 영국 영사관 건물은 다이닝 레스토랑과 칵테일바로 이용되고 있다. 애프터눈 티 세트, 스파, 핑강 디너 크루즈 등 다양한 즐길 거리로 호텔 스테이가 더욱 풍성해진다. 특히 치앙마이 호텔 중에 유일하게 자체 운영하고 있는 크루즈 P.200의 경우 훌륭한 코스 요리에 무제한 주류 페어링 옵션까지 있어 인기다.

🚶 나이트 바자에서 남동쪽, 핑강 방향 도보 10분　📞 +66 53 253 333
🏠 www.anantara.com/en/chiang-mai

논밭 뷰, 럭셔리 스테이의 끝판왕
포시즌스 치앙마이
Four Seasons Chiang Mai

시내에서 북서쪽으로 약 20km 떨어진 조용한 시골 마을 매림에 치앙마이에서 유일하게 미쉐린 3키를 획득한 최고급 리조트 포시즌스가 있다. 계단식 논과 밭, 그 너머 산자락이 병풍처럼 펼쳐진 뷰를 배경으로 전통 란나 양식의 목조 파빌리온과 빌라들이 자리한다. 객실마다 펼쳐지는 풍경은 모두 다른데 별거 아닌 것 같은 시골 풍경이 한없이 고급스러운 힐링 포인트로 다가온다. 로컬 마켓처럼 꾸민 주방에서 북부 음식을 직접 배워보고 논밭을 보며 요가를 하고, 무에타이나 테니스 등의 액티비티도 즐길 수 있다. 미쉐린 셰프가 이끄는 '카오 바이 포시즌스'에서의 식사도 놓칠 수 없다. 다만 특별한 점이 가득하지만, 그만큼 치앙마이의 그 어떤 호텔과도 비교할 수 없이 가격대가 높다.

🚶 타패 게이트에서 북서쪽으로 차량 33분, 매림 지역 📞 +66 53 298 181
🏠 fourseasons.com/chiangmai

이야기가 담긴 럭셔리 부티크 숙소
137 필라스 하우스 137 Pillars House

1889년 영국 보르네오 회사가 북부 태국 관리자의 주거 공간으로 지은 오랜 역사의 티크 목조 저택을 2011년 대대적 복원을 해 부티크 호텔로 탈바꿈시켰다. 이름은 건물을 받치는 137개의 티크 기둥에서 유래했으며, 전통 란나와 식민지풍 콜로니얼 건축 양식이 조화를 이룬다. 객실은 모두 독립 스위트 타입으로 고풍스러운 정원과 수영장, 스파를 품고 있다. 고급스러운 빈티지 인테리어와 넉넉한 공간이 조화를 이루며, 현지 식재료를 활용한 창의적인 태국 요리를 선보이는 '팔레트Palette' 레스토랑이 유명하다. 핑강 주변의 한적한 왓껫 지역에 위치해 도심과의 적절한 거리감을 유지하며, 역사 깊은 공간에서 품격 있는 휴식을 원하는 여행객에게 안성맞춤이다.

🚶 나이트 바자에서 핑강 건너 차량 6분
📞 +66 53 247 788
🏠 137pillarshotels.com/en/chiangmai/

포토존 많은
느낌 좋은 호텔

좋은 호텔, 예쁜 호텔에서 묵으면 카메라를 내려놓을 수가 없다. 숙소 자체가 핫플레이스! 이런 호텔들은 MZ 세대에게 특히 더 인기다.

찍었다 하면 인생 사진
G 님만 G Nimman

님만해민의 중심에 위치한 G 님만은 2020 아시아 건축 어워드 수상에 빛나는 디자인 호텔로, 중국 푸젠 지역의 토루 건축에서 영감을 받아 가운데가 뻥 뚫린 원형 건물로 설계되었다. 흰색의 미니멀 외관과 곡선의 조화가 돋보이며, 건물 중앙에 자리한 원형 수영장이 특별하다. 시간, 날씨에 따라 햇빛과 그림자가 만들어내는 분위기가 달라서 찍기만 하면 인생 사진이다. 객실 역시 미니멀한 스타일로 깔끔하다. 조식 서비스는 따로 없지만 2층 라운지에서 아침엔 커피와 컵라면, 시리얼, 과일이 제공되고, 저녁 해피 아워 땐 와인과 스낵류를 자유롭게 먹을 수 있다.

🚶 원 님만에서 도보 8분 📞 +66 52 010 111
🏠 gnimmanchiangmai.com

갤러리 무드 속 호텔 스테이
아트 마이? 갤러리
Art Mai? Gallery

원 님만 바로 근처에 위치해 최고의 접근성을 자랑하는 아트 마이 갤러리는 예술 애호가를 위한 부티크 호텔로, 모던한 외관에 예술적 감성과 알록달록한 디자인의 인테리어가 인상적이다. 8개 층은 누드, 추상, 초현실주의, 인상주의, 란나, 팝아트 등 각기 다른 콘셉트로 꾸며져 있고, 태국 아티스트들과 협업한 시그니처 룸들도 있어 묵는 객실에 따라 완전히 다른 분위기를 느낄 수 있다. 갤러리 속에 머무는 듯한 특별한 경험! 루프톱 수영장은 규모는 작지만 님만 일대를 내려다보며 여유를 즐길 수 있다. 올 데이 다이닝을 제공하는 1층 레스토랑 자리드 P.162, 8층 칵테일바 수르 바 P.185는 투숙객이 아닌 사람들도 많이 찾는다.

🚶 원 님만 옆 📞 +66 53 894 888 🏠 artmaigalleryhotel.com

올드타운 인기 신상 숙소
부리랏타나 호텔 Burirattana Hotel

올드타운의 중심에 자리했으며 2022년 5월에 오픈했다. 과거 라마 5세 시절 총독 관저였던 '쿰 자오 부리랏'에서 영감을 받아 흰 회반죽 벽과 고풍스러운 목재, 붉은 벽돌을 조화롭게 녹여낸 건축미가 돋보이며, 중앙의 수영장이 예쁘기로 유명하다. 객실 발코니에선 수영장과 너머의 올드타운 뷰가 함께 펼쳐진다. 조식은 카티 브렉퍼스트 앤 브런치Kati Breakfast & Brunch에서 제공하는데 전날 원하는 메뉴 1개와 음료 2개를 미리 주문해 먹는 방식이다. 투숙객이 아닌 여행자들에게도 인기 있는 브런치 카페라 만족도가 높다. 타패 게이트와 왓 프라싱, 선데이 마켓 등 치앙마이의 핵심 명소도 도보 거리이고 합리적인 가격대라 한국인 투숙객 비율이 높다.

🚶 타패 게이트에서 도보 7분
📞 +66 53 283 579 🏠 burirattanahotel.com

다락방 감성의 예쁜 숙소
아르테 하우스 Arte House

올드타운 북서쪽, 애매한 지역에 위치하지만 예약하기 힘들다는 치앙마이의 대표 감성 숙소, 아르테 하우스. 유럽풍 2층 건물에 예쁜 정원까지 있어 한국인 여행자들에게 인기가 많은 '카페 아르테'에서 함께 운영 중이다. 카페는 1층, 숙소는 2층, 단 2개의 객실뿐이라 원하는 날짜에 예약하려면 좀 서둘러야 한다. 나무 바닥에 우드 마감, 빈티지 가구들로 꾸며져 있는데 유럽 가정집 게스트 하우스에 초대된 듯한 느낌이다. 창밖, 테라스에서 만나는 초록 초록한 싱그러움도 매력적. 조식은 카페에서 원하는 메뉴를 주문해 먹을 수 있다.

🚶 원 님만에서 차량 6분 📞 +66 818 219 250

매력 넘치는
럭셔리 부티크 호텔

규모가 작고 객실 수도 적어서 조용한 쉼이 가능한 부티크 호텔. 각 호텔마다 고유의 콘셉트가 있고, 고객 맞춤형 서비스를 제공해 대형 체인 호텔들에 비해 좀 더 프라이빗하고 세심한 배려를 느낄 수 있다.

도심 속 오아시스
말라디 랑데뷰 호텔 Maladee Rendezvous Hotel

치앙마이 차로엔 프라텟 지역의 조용한 골목에 위치한 말라디 랑데뷰 호텔은 2022년 4월에 오픈한 디자인 중심의 럭셔리 부티크 호텔이다. '말라디Maladee'는 꽃을 뜻하는 고어로, 전통과 현대가 공존하는 공간 철학이 곳곳에 스며 있다. 과거 주택 양식을 모티프로 한 목조 창살, 테라코타 기와, 고풍스러운 석재 등이 조화를 이뤄 건축 어워드에서 수상도 했다. 총 34개의 객실은 모던하고 테라스에서 정원과 수영장을 조망할 수 있다. 중국식 다리, 원형 자쿠지가 있는 수영장이 특히 이국적이다. 조식은 원하는 메뉴를 주문하거나 뷔페를 함께 즐길 수 있으며 늦은 오후엔 모든 투숙객에게 간단한 다과와 음료를 제공한다.

🚶 나이트 바자에서 도보 13분, 아난타라에서 도보 3분
📞 +66 53 270 081 🏠 maladeehotel.com

섬세한 서비스에 감동
호텔 센사이 님만 Hotel Sensai Nimman

2023년 하반기에 문을 연 신상 호텔로 타이 전통과 세련된 일본 미감을 절묘하게 혼합한 '타임리스 엘레강스'를 콘셉트로 단 24실만 운영한다. 중간에 수영장을 두고 객실 건물이 마주 보고 있어 모든 객실이 풀 뷰다. 규모는 작지만 수영장으로 바로 연결되는 풀 액세스 룸, 스위트룸, 펜트하우스도 있어 다양한 취향을 커버한다. 성인만 투숙 가능하며, 체크인을 하면 웰컴 드링크로 즉석 칵테일을 만들어줘 첫인상부터 특별하다. 로비가 레스토랑으로도 사용되며, 이자카야도 함께 운영해 저녁 시간엔 일식에 칵테일을 즐길 수 있다. 미식을 즐기러 오는 외부인도 꽤 많다. 직원들이 투숙객 이름까지 기억하고 세심하게 케어해줘 일본어로 '섬세함'을 뜻하는 "센사이"라는 호텔의 이름이 절로 수긍이 간다.

🚶 원 님만에서 남동쪽으로 도보 11분 📞 +66 52 079 621
🏠 hotelsensai.com

조용한 치유의 미학
알린타 리트리트 Aleenta Retreat

2023년 오픈한 알린타 리트리트는 전통 란나 건축과 현대적 감각이 공존하는 44개 객실 규모의 프라이빗 웰니스 리조트다. 전통 목재와 천연 소재로 꾸민 객실이 중앙 정원과 수영장을 둘러싸듯 배치돼 고요하고 안정된 분위기다. 리트리트에 특화된 곳인 만큼 요가, 명상, 싱잉볼 등의 프로그램을 무료로 체험할 수 있고 고퀄리티의 스파도 있어 몸과 마음의 안식을 준다. 200년 된 티크 하우스에 자리한 레스토랑 '더 가든The Garden'에선 파머-투-테이블 식재료로 만든 북부 태국 요리와 웨스턴 퓨전 등을 제공하며, 2층 바에선 애프터눈 티 세트와 훌륭한 칵테일을 즐길 수 있다. 미쉐린 1키, 내셔널지오그래픽 웰니스 어워드 등 다양한 수상 이력이 호텔의 품격을 증명한다. 진정한 쉼과 미식, 힐링을 모두 갖춘 치앙마이 최고의 리트리트 공간이다.

🚶 왓 우몽에서 도보 9분 📞 +66 52 090 333
🏠 www.aleenta.com/chiang-mai

가성비 좋은
24시간 스테이 호텔

한국에서 출발하는 항공은 대부분 늦은 밤에 도착해 숙박비가 아깝다는 생각이 들 수 있다. 그래서 체크인 기준으로 24시간 스테이를 할 수 있는 호텔들이 인기다.

접근성 최고 24시간 스테이 호텔
U 님만 U Nimman

님만해민의 중심, 원 님만 바로 옆에 위치해 공항에서 차량으로 15분이면 갈 수 있는 호텔로 24시간 스테이를 할 수 있어 인기가 많다. 한국에서 출발하는 여행자들은 대부분 늦은 밤에 인, 아웃을 해야 하는 항공 일정이라 체크인 시간을 기준으로 하루를 가득 채워 묵을 수 있는 게 큰 장점이다. 모던하고 깔끔한 객실, 미니바 무료, 정해진 조식 시간 외에도 룸서비스로 아침 식사 주문이 가능하다. 'U Choose' 프로그램을 통해 사전에 베개 종류와 객실 향기, 비누까지 나만의 취향으로 고를 수 있는 섬세한 서비스도 만족도를 높인다. 루프톱 수영장과 피트니스 센터, 사우나 등 부대시설도 잘 갖춰져 있어 접근성 좋은 도심형 호텔을 찾는 여행자에게 딱이다.

🚶 원 님만 옆, 공항에서 차량 15분   📞 +66 52 005 111
🏠 uhotelsresorts.com

예술을 품은 호텔
SYN 부티크 호텔
SYN Boutique Hotel

님만해민에서 살짝 벗어난 곳에 위치한 SYN 부티크 호텔은 예술과 디자인이 어우러진 감각적인 공간이다. 란나 전통 스타일을 베이스로 미니멀한 디자인과 세련된 감성을 담았다. 로비층의 SYN 갤러리에서는 국내외 아티스트들의 전시가 정기적으로 열려 투숙객에게 창의적인 영감을 제공한다. 체크인 시점부터 24시간 동안 머무를 수 있는 24시간 스테이 서비스는 유연한 여행 일정을 가능하게 하며, 마이애미 느낌의 루프톱 수영장과 사우스비치 바, 그리고 현지 퓨전 요리를 선보이는 사보르Savour 레스토랑 등 편의 시설도 수준급이다. 5성급인데 평수기 기준 1박에 10만 원 초반대로 가성비도 훌륭하다.

🚶 원 님만에서 북서쪽으로 차량 5분   📞 +66 53 215 215   🏠 synhotel.com

초록빛 한가득,
자연 속 힐링

초록 초록한 산과 숲, 정원을 품고 있는 싱그러운 호텔들이 치앙마이엔 참 많다. 자연 친화적인 분위기의 숙소에 묵으면 절로 마음이 편안해지고 여유가 생긴다. 보통 외곽에 위치한 경우가 많지만, 시내 중심에도 핑강과 가든 뷰가 예쁜 곳들이 있어 숙소에 묵는 것 자체가 힐링이다.

치앙마이 속 일본 료칸
온센 몬짬 Onsen at Moncham

해발 약 1,200m의 몬짬 산자락에 자리한 이곳은 이색적인 힐링 숙소다. 나뭇결이 살아 있는 다다미 스타일의 인테리어, 프라이빗 자쿠지를 갖춘 객실에서 일본의 정갈함이 느껴진다. 산으로 빙 둘러싸인 객실 동과 일본식 정원, 그리고 자연 속에서 노니는 오리, 토끼, 백조들까지 그림 같이 펼쳐진다. 매림 지역 지하에서 끌어올린 평균 40~45℃의 진짜 온천수는 황, 마그네슘, 칼슘 등이 풍부해 피부 진정과 피로 회복에 탁월하다. 족욕탕, 대중탕, 개별 노천탕도 갖춰 취향대로 온천을 즐길 수 있다. 숙소 내 레스토랑에서 정통 가이세키 요리와 일식, 태국식 단품을 올데이 다이닝으로 제공해 머무는 동안 식사 걱정도 없다.

🚶 몬짬에서 남쪽으로 차량 5분 📞 +66 53 111 606
🏠 onsenmoncham.com

심심할 틈 없는 산 중 스테이
베란다 하이 리조트 Veranda High Resort

시내에서 30분가량 떨어진 항동 지역에 있다. 녹음 가득한 산자락이 숙소를 빙 둘러싸고 있고 입구에서부터 펼쳐지는 란나 전통 건축의 웅장한 리셉션과 트리하우스 느낌의 레스토랑, 인피니티 풀에 치앙마이의 자연과 감성이 함축적으로 담겨 있다. 부지도 상당히 넓은 편인 데다 자쿠지 파빌리온, 풀 빌라 객실들은 개별 동으로 나뉘어 있어 더욱 프라이빗하다. 또한 2개의 레스토랑이 있어 리조트 내에서도 충분히 미식을 즐길 수 있다. 야외 레스토랑에서 먹는 태국식 BBQ, 무카타를 추천하는 바! 벼 수확, 사원 탐방, 요가, 무에타이 등의 무료 액티비티도 많다. 시내로 나가는 셔틀 서비스도 있다.

🚶 원 님만에서 남서쪽으로 차량 25분
📞 +66 53 365 007 🏠 all.accor.com

로하 프라삿 스리 무앵 퐁 Loha Prasat Sri Mueang Pong

베란다 하이 리조트 메인 레스토랑, 더 하이어 룸The Higher Room에서 식사를 하다 보면 인피니티 풀 너머 산 위에 우뚝 솟은 사원이 눈에 들어온다. 보기엔 상당히 멀어 보이지만, 호텔에서 도보로 충분히 다녀올 수 있고 무료 투어 프로그램도 있다. 금속 첨탑이 있는 사원은 전 세계적으로도 드문 건축 스타일로 새하얀 외관과 금빛 장식 때문에 '화이트 캐슬'이라고 불린다. 기부금만으로 지어 완공된 지도 얼마 안 됐다. 999개의 계단을 올라야 하지만 사원과 탁 트인 전망이 매우 아름답다.

올드타운 속 오아시스
타마린드 빌리지 Tamarind Village

타마린드 빌리지는 전통 란나 건축과 현대적 시설이 어우러진 부티크 호텔이다. 200년 된 타마린드 나무가 호텔 정원의 중심에 우뚝 서 있는데, 이 나무는 풍요와 생명의 상징으로 평화롭고 자연 친화적인 분위기를 더해준다. 높은 천장에 목재 기둥과 격자 창살, 핸드메이드 패브릭 등으로 꾸민 객실도 특색 있다. 나무로 둘러싸인 수영장은 싱그러움 가득하고 풀사이드 레스토랑에서 신선한 재료로 만든 조식과 올 데이 다이닝을 즐길 수 있다. 주요 사원과 선데이 마켓, 맛집과 카페가 지척인 올드타운의 가장 중심이지만, 대나무 길을 통과해 숙소로 들어가는 순간 도시의 번잡함이 싹 잊히는 오아시스 같은 공간이다. 자매 호텔인 라야 헤리티지와 함께 미쉐린 1키에 이름을 올렸다.

🚶 왓 체디루앙에서 도보 5분 📞 +66 53 418 896
🏠 tamarindvillage.com

잔잔한 핑강 뷰 호텔
크로스 치앙마이 리버사이드
Cross Chiang Mai Riverside

핑 강변에 위치한 리조트로 2017년 오픈 이래로 모던함과 전통이 조화를 이루는 디자인으로 사랑받고 있다. 전 객실이 스위트룸으로 운영되며 모던한 인테리어에 넓은 발코니가 딸려 있다. 100년 된 타마린드 나무와 잘 관리된 넓은 정원, 핑강이 숙소 전면에 펼쳐져 싱그러운 강변의 낭만을 즐길 수 있다. 카약과 패들도 무료 대여가 가능하다. 메인 레스토랑, 옥시즌 다이닝 룸Oxygen Dining Room에서 조식과 다이닝을 즐길 수 있다. 아침은 원하는 메뉴를 주문하거나 뷔페식을 이용하면 된다. 스파클링 와인도 제공돼 느긋하게 브런치를 즐겨도 좋다. 프렌치 퓨전 요리를 전문으로 미쉐린 가이드에 이름을 올려 근사한 저녁 식사도 가능하다.

🚶 타패 게이트에서 북동쪽으로 차량 8분, 핑강 앞
📞 +66 53 931 999
🏠 crosschiangmairiverside.com

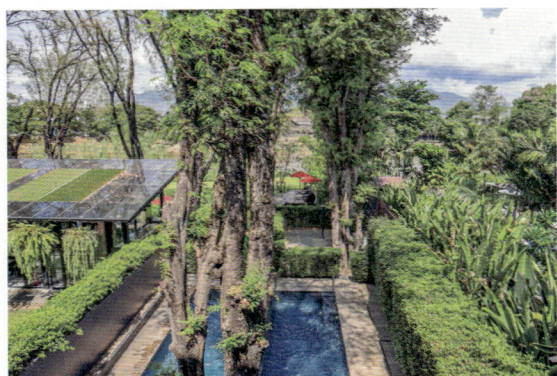

합리적인 가격의
가성비 호텔

치앙마이엔 합리적인 가격에 깔끔한 호텔도 참 많다. 올드타운, 님만해민 중심에서 멀어질수록 숙박비는 저렴해진다. 하지만 짧은 일정으로 떠난 여행자는 위치도 중요하니 위치와 가성비, 2가지 조건을 모두 갖춘 숙소를 잡는 게 좋다.

타패 게이트 3분 거리
슬립 마이 Sleep Mai

올드타운 밖, 타패 게이트에서 도보 3분 거리에 위치한 접근성 좋은 호텔로 님만해민의 아트 마이 갤러리와 같은 계열이다. 골목 안에 위치한 약 70개 객실 규모로 1층에 아담한 야외 수영장이 있다. 군더더기 없이 깔끔한 인테리어에 베란다가 딸린 객실도 있는데 일상이 담긴 동네 풍경을 만날 수 있다. 리셉션이 있는 1층 공용 공간에서 조식이 제공되는데, 종류가 다양하진 않지만 충분히 요기를 할 만한다. 위치 좋은 5만 원 내외 숙소를 찾는 여행자에게 딱이다.

🏃 타패 게이트에서 도보 3분 📞 +66 53 114 780 🏠 sleepmaihotel.com

마야몰이 코앞!
호텔 마유 Hotel MAYU

바로 근처에 마야몰, 원 님만과도 멀지 않은 곳에 위치한 호텔로, 전체 70여 개 객실을 갖춘 미드 스케일 규모다. 깔끔하고 현대적인 감성의 객실은 넓은 창과 밝은 우드톤 인테리어로 마감되었다. 1층에는 야외 수영장과 피트니스 공간이 있고, 공용 라운지에서 조식 뷔페가 제공된다. 수영장 레인이 길고 물 관리도 잘되는 편이라 물놀이를 하기도 좋다. 쇼핑과 님만해민 핫 플레이스 탐방에 중점을 둔 여행자들에게 최적의 위치다. 단, 비행기 소리와 도로의 소음이 있으니 이 부분을 고려하자.

🏃 원 님만에서 도보 6분
📞 +66 988 065 896
🏠 hotelmayuchiangmai.com

님만해민 중심, 신상 호텔
스테이 컬렉션 Stay Collection

님만해민 중심 중 중심, 원 님만에서 5분 거리에 위치한 스테이 컬렉션은 최근에 오픈한 신상 호텔로 최고의 위치에 가격대까지 합리적이라 점점 인기가 높아지고 있다. 따뜻하고 아늑한 분위기의 객실, 비정형 곡선의 수영장과 정원이 이국적인 분위기를 더해준다. 수질 관리도 잘되고 있어 물놀이를 하기도 좋다. 조식은 따로 추가해야 하는데, 근처에 일찍부터 오픈하는 카페, 식당들이 많기 때문에 나가서 먹는 것도 좋은 방법이다.

🚶 원 님만에서 도보 5분
📞 +66 52 079 533
🌐 staycollectionhotel.com

치앙마이 첫날 묵기 좋은 숙소
푸라마 치앙마이 Furama Chiang Mai

한국에서 출발하는 비행기는 대부분 늦은 밤에 도착하기 때문에 여행 첫날은 가성비 좋은 호텔에서 잠만 자고 다음 날부터 본격 호텔 스테이를 하는 여행객이 많다. 그럴 때 묵기 좋은 푸라마 치앙마이는 마야몰, 원 님만에서 가깝고 5만 원 이하로도 예약이 가능해 한국인 여행자들에게 인기가 많다. 17층 규모에 300개 정도의 객실을 갖춰 단체 여행객도 많은 편. 객실이나 분위기가 다소 올드한 편이지만 가격을 생각하면 충분히 받아들일 수 있다.

🚶 원 님만에서 도보 9분　📞 +66 53 415 222　🌐 furama.com/chiangmai

럭셔리 호캉스
치앙라이 숙소

치앙라이는 치앙마이에서 버스로 4시간 남짓 떨어진 도시다. 치앙마이와 달리 명소가 이리저리 흩어져 있어 2박 3일 정도의 일정으로 느긋하게 둘러보는 것을 추천한다. 럭셔리 호캉스는 덤이다.

리버사이드 럭셔리 호캉스
르 메르디앙 치앙라이 리조트
Le Méridien Chiang Rai

콕 강변에 자리한 르 메르디앙 치앙라이 리조트는 도심 속 자연에서 힐링하기 좋은 5성급 숙소다. 약 10만 평의 대지 위에 펼쳐진 리조트는 수백 년 된 레인 트리, 연못, 잔디밭, 현대적 예술 조형물로 구성된 정원이 있어 산책만으로도 여행 기분이 느껴진다. 150여 개 객실은 발코니를 갖추고 있으며, 대부분 강 또는 정원 전망이다. 북부식 로컬 퀴진과 인터내셔널 메뉴를 고급스럽게 선보이는 메인 레스토랑, 이탤리언 레스토랑, 선셋을 보며 칵테일 한잔하기 좋은 라운지 바까지 있어 호캉스를 즐기기 좋다. 키즈풀을 갖춘 야외 수영장, 스파, 무료 자전거 대여 서비스도 완비되어 리조트 내에서 모든 것을 누릴 수 있다. 다른 지역, 동급 호텔들에 비해 가격이 합리적이라는 것도 큰 장점이다.

🚶 치앙라이 버스 터미널1에서 콕강 동쪽 방향 차량 8분
📞 +66 53 603 333 🏠 www.marriott.com

워터파크 부럽지 않아!
더 리베리에 바이 카타타니 치앙라이
The Riverie by Katathani Chiang Rai

콕 강변에 위치한 리베리에 바이 카타타니는 가족 단위 여행자부터 커플까지 모두 만족할 수 있는 5성급 리조트다. 치앙라이 시내와 주요 사원, 나이트 바자에 접근성이 뛰어나면서도 강과 정원으로 둘러싸여 조용한 휴식을 제공한다. 태국 전통미와 모던함이 어우러진 객실은 강, 정원, 산 전망 중 선택 가능하다. 워터 슬라이드와 유수풀을 갖춘 대형 야외 수영장, 키즈 클럽, 정원 놀이터는 가족 여행자에게 특히 장점이다. 10층엔 선셋을 보며 식사를 할 수 있는 더 피크 와인 앤 그릴 루프톱 레스토랑 P.255도 있다. 다양한 현지 음식과 인터내셔널 메뉴를 고루 갖춘 조식 뷔페도 훌륭하다. 글로벌 체인 호텔에 비해 가격도 좀 더 합리적이다.

🚶 치앙라이 버스 터미널1에서 콕강 서쪽 방향 차량 6분
📞 +66 53 607 999 🏠 https://www.theriverie.com

찾아보기

치앙마이

🚶 명소

나이트 바자	192
님 시티	156
라 루나 갤러리	197
란나 민속 박물관	111
마야 라이프 스타일 쇼핑센터	157
무앙마이 시장	199
반캉왓 예술가 마을	154
부악 하드 공원	113
블루 커피 치앙마이 대학교 농대점	159
삼왕상	110
센트럴 플라자 에어포트	157
아난타라 핑강 크루즈	200
아이언 브리지	195
옐로 코워킹 스페이스	158
와로롯 시장	198
와일드 로즈 요가 스튜디오	114
왓 껫 까람	197
왓 록몰리	109
왓 부파람	196
왓 센팡	196
왓 수안독	153
왓 시수판	110
왓 우몽	153
왓 체디루앙	108
왓 쳇욧	155
왓 치앙만	109
왓 프라싱	107
왓 프라탓 도이수텝	150
요가 아난다	159
원 님만	148
찡짜이 마켓	194
차오낭 치앙마이 스튜디오	115
찰롬 프라끼앗 공원	156
치앙마이 국립 박물관	155
치앙마이 대학교	152
치앙마이 시립 예술 문화 센터	111
치앙마이 하우스 오브 포토그래피	112
캄 빌리지	113
캠프	158
코코넛 마켓	194
크래프트 마켓	149
클롱 매카	199
타패 게이트	106
파플로엔 마켓	193
프리덤 요가 스튜디오	114
화이트 마켓	149
TCDC 치앙마이	112

🍴 식당

%아라비카 커피	171
구 퓨전 로티 앤 티	168
그래비티 카페 앤 비스트로	130
그래프	179
그린 타운 커피	172
금수정	206
깅 그라이	162
까이양 청더이	161
꼬쁘악 꼬담	175
끼얏 오 차	124
나나 베이커리	174
나인 원 커피	173
냅스 커피 앤 로스터스	132
넘버원	168
넹 무옹옵 항아리 구이	206
더 굿 뷰 바 앤 레스토랑	203
더 바리스트로 커피 로스터	211
더 하우스 바이 진저	121
데크 1	204
떵뗌또	163
라밍 티 하우스	210
람 야이	179
로스터리 커피 플래그십 스토어	178
로티 빠 데	213
룽 카존 왓 껫	212
리스트레토 오리지널	178
리틀 서울	166
림 라오 응오우	123
마고코로 티 하우스	212
마니프레시토 카페 앤 레스토랑	167
마데 슬로 피시 키친	201
마츠	126
미떼미떼	202
미스터 카이	120
미쾀팡	168
바이 핸드 피자 카페	121
바코 가스트로 와인 바	208
바트 커피	132
반피엠숙	208
볼크스X로스티브	172
분차스 슬로 바	209
브루기닝 커피	207
블루 누들	117
비건 소사이어티	128
사루다 파이니스트 페이스트리	169
샐러드 콘셉트	179
센세이션 커피 로스터스	177
셰누 왓켓	205
슈 홈메이드	122
스위트 홈 커피	127
시아 어묵국수	164
싸앗 어묵국수	124
아로이 줌 잡	166
아리밋 커피	175
아오이자이 키친	123
아카아마 커피	116
앨리스 키친	119
에인션트 비프 누들	203
에카찬	204

올 블랙커피	171	퐁가네스 커피	131	노스 게이트 재즈 코옵	139
우티 쏨땀	133	프란스	165	노스 컨트리	217
임프로바이즈 커피	133	프루트 카고	133	노파부리 바	138
잇츠 굿 키친	125	피티 슬로 푸드	122	누아 치앙마이	218
자리드	162	한강 식당	166	더 라이브러리	185
자이트 로스터	211	한통	176	더 마켓 치앙마이	184
지아 통 헝	160	헝태우 인	161	더 컨티넨탈 바	184
지앙 어묵국수 수안독문점	126	홈완	171	디어터	219
진저 팜 키친	160	후언 펜	119	램 쇼 바	219
쨈아줌마 바나나튀김	124	흐언 무언 짜이	174	바. 산.	217
차다 베지테리언	128	SP 치킨	120	브리트 바 앳 1921 하우스	218
창푸악 수끼	129			비터 트루스 바	138
춤 노던 키친 @올드시티	125	🛍 쇼핑		수르 바	185
치윗치와	170	농 핸드메이드 레더 앤 캔버스 백스	136	우아라이 토요 마켓	137
카오_소_이	207	더 북스미스	181	웜업 카페	185
카오소이 님만	163	더 스토리 라이프 스타일	215	조 인 옐로	139
카오소이 매싸이	173	딥디 바인더	136	치앙마이 선데이 마켓	137
카오소이 쿤야이	127	란라오 서점	181	타패 이스트 라이브 바	219
카지	209	로열 프로젝트 숍	183	투브 바	218
카페 아르테	176	리버스 앤 로즈	214	하이드랜드	216
캣츠 키친	118	미쓰 부티크	182	홍스 스카이 바	216
코코넛 쉘	117	반크래프트 님만	183		
쿤머 퀴진	161	빅 씨	213	🌿 리얼 플러스	
쿤캐 주스 바	128	신더 앤 스모크	182	더 아이언우드	222
크레이프 맛집	129	실버 서플라이즈 앤 코	135	도이 인타논 국립공원	234
크루아 답 롭	118	싱하랏 약국	134	로열 파크 라차프룩	224
크루아 빠 어이	165	어 저니 인 포스터스	214	몬쨈	221
클레이 카페	167	엘리펀트 퍼레이드 하우스	216	무앙온 동굴	231
타이툰반	201	윈 플러스	180	미나 라이스 베이스드 퀴진	232
테즈 커피 앤 이터리	177	찬야 숍 앤 갤러리	135	보쌍 우산 마을	229
토피 로스터스	172	창모이 라탄 거리	215	사이프레스 레인스	227
통 스미스	164	치앙마이 코스메틱	134	스쿠가 에스테이트	232
트웬티 마르	131	플레이웍스 숍	180	싼캄팽 온천	230
팟타이 하룻	202	허브 베이식스	136	엘레핀 팜 카페	227
펀 포레스트 카페	130			왓 프라탓 도이캄	225
포하이드	170	🌙 나이트라이프		참차 마켓	231
폭랭쌥	177	1892 피아노 바	184		

찾아보기

치앙마이 나이트 사파리　226
플로르　222
훼이 뜽 타오 호수　221

치앙라이

명소
골든 트라이앵글 전망대　253
깟 루앙 시장　250
나이트 바자　248
도이뚱 로열 빌라　252
매 파 루앙 정원　252
멩라이 왕 동상　246
반담 박물관　245
싱하 파크　249
왓 롱 쓰어 텐　246
왓 롱쿤　244
왓 프라깨우　247
왓 후아이 플라 캉　250
추이퐁 차 농장　251
치앙라이 토요 야시장　248
퐁 프라밧 온천　251
황금 시계탑　247

식당
더 윈즈　256
더 피크 와인 앤 그릴　255
도이창 커피　257
로테 이얌 비프 누들　256
로티 파 야　257
립스 앤 코　254
멜트 인 유어 마우스　254
바랍　256
서울식당　257
옐로 트럭 커피　255
치윗 탐마다 커피 하우스　253

빠이

명소
10라이 선셋 뷰 카페　272
모팽 폭포　269
반자보 일출 전망대　266
뱀부 브리지　268
빠이 워킹 스트리트　264
빠이 캐니언　265
빠이 커뮤니티 토요 시장　271
산티촌 빌리지　267
싸이 응암 온천　271
왓 프라탓 매옌　267
윤라이 전망대　268
타 빠이 온천　270
탐럿 동굴　270
투 헛츠 빠이　272
팸복 폭포　269

식당
20바트 쌀국수　275
교자 퀸　276
나스 키친　274
넝비어 식당　275
로스트반 카페 앤 로스터리　283
릉 라오 커피 앤 브레드　281
말라몽 아트 카페　280
무카타 뷔페　277
바르바리 베이커리　278
반반푼 빠이 베트남 샌드위치　274
브레더퍼스트　277
빠이 커피 스튜디오　283
빠이 코쿳 피자　278
옌포(핑크 누들)　276
요구 요구　279
제임스 카오 만 까이　274
조뮤트 치킨 라이스　279

찰리 앤 렉　273
캐롯 온 더 문　282
커피 인 러브　284
쿤스리 키친　273
큐 에스프레소 바　281
타이 푸드 바　275
타임 카페 앤 비스트로　280
파통코 앤 모어 브렉퍼스트 카트　277
헝그리 버드　276
호프 커피 앤 베이커리　282

나이트라이프
스피릿 바　285
쏘 쿨 바　285
지데이　284